BEELDSCHERMKINDEREN

Beeldschermkinderen

Theorieën over kind en media

Patti M. Valkenburg

Boom
Amsterdam

Verzorging omslag
Karin van der Meer, Amsterdam

Verzorging binnenwerk
h&r Communicatieve Vormgeving, Purmerend

ISBN 90 5352 703 6
NUGI 656

Woord vooraf

Er zijn in de afgelopen decennia vele duizenden onderzoeken uitgevoerd op het gebied van kinderen en de media. Toch verkeren wetenschappers nog steeds in een beginfase wat betreft hun kennis over het gebruik, de voorkeuren en de effecten van media. Dit boek biedt inzicht in de stand van zaken met betrekking tot het onderzoek en de theorievorming over kinderen en de media. Zoals de titel van het boek al suggereert, beperk ik me tot de *beeldschermmedia*, waaronder televisie, films, computerspellen en internet. De *verbale* media, zoals boeken en de radio, komen soms aan bod, maar vormen niet het hoofdbestanddeel van dit boek. *Beeldschermkinderen* is in eerste instantie bedoeld voor studenten, maar het is zo geschreven dat het ook toegankelijk is voor geïnteresseerde ouders, docenten en beleidsmakers.

Bij de totstandkoming van het boek heeft een aantal mensen een belangrijke rol gespeeld. In de eerste plaats zijn dat mijn collega's van de afdeling Communicatiewetenschap van de Universiteit van Amsterdam, *Juliette Walma van der Molen, Moniek Buijzen, Joost de Bruin, Jeroen Jansz en Irene Meijer.* Hun inspirerende ideeën hebben een belangrijke bijdrage geleverd aan diverse hoofdstukken van dit boek. Tevens dank ik een aantal andere collega's met wie ik de laatste jaren onderzoek heb gedaan dat relevant was voor dit boek, onder wie *Joanne Cantor* (University of Wisconsin), *Allerd Peeters* (NOS Kijk- en Luisteronderzoek) en vijf oud-studenten: *Sabine Janssen, Marjolein Vroone, Karen Soeters, Chantal van Wijnbergen en Petra Smale.* Ten slotte wil ik de Koninklijke Nederlandse Akademie van Wetenschappen danken voor haar subsidieverlening in de vorm van een KNAW-*fellowship*. Zonder dit *fellowship* had veel van het onderzoek dat in dit boek gerapporteerd wordt, niet plaats kunnen vinden. Het boek is opgedragen aan mijn echtgenoot, *Frank Mauritz.* Bij ieder hoofdstuk heeft hij zowel inhoudelijk als redactioneel advies verleend. Dit boek heeft veel te danken aan de toets van zijn kritiek.

Amsterdam, oktober 2001
Patti Valkenburg

Inhoud

Denkbeelden over kinderen en de media

Vanaf het moment dat de media een rol gingen spelen in het leven van kinderen, zijn ze onderwerp geweest van geagiteerde debatten over de positieve en negatieve effecten ervan. Dit eerste hoofdstuk geeft een overzicht van de ontwikkeling van denkbeelden over kinderen en de media. Het hoofdstuk bestaat uit drie delen. In het *eerste* deel geef ik een schets van de maatschappelijke visies op kinderen vanaf de zeventiende eeuw tot op heden. Zoals duidelijk wordt, zijn niet alleen de opvattingen over *media* veranderd in de loop der geschiedenis, maar is ook de visie op *kinderen* onderhevig aan pendelbewegingen die tot op de dag van vandaag voortduren. Het *tweede* deel gaat over de twee belangrijkste hedendaagse stromingen die zich bezighouden met kinderen en de media, de *mediapsychologie* en de *cultural studies*. Ik bespreek de belangrijkste aandachtspunten, de belangrijkste verschillen en geef aan hoe deze stromingen, die zich tot op heden weinig van elkaar hebben aangetrokken, elkaar zouden kunnen aanvullen. In het *derde* en laatste deel geef ik een vooruitblik op de overige vijf hoofdstukken van het boek.

Maatschappelijke visies op kinderen en de media vanaf de zeventiende eeuw

Tot de zeventiende eeuw bestonden er geen aparte media voor kinderen. Kinderen en volwassenen lazen, voorzover ze al konden lezen, dezelfde teksten: de bijbel, volksboeken en, incidenteel, de krant. Er werd zonder schroom geschreven over zaken als armoede, ziekte en de dood, en over dronkenschap, seksualiteit en overspel. De kranten brachten politiek en militair nieuws, maar ook sensationeel nieuws, over angstaanjagende natuurverschijnselen, besmettelijke ziekten, heksenprocessen en abnormale geboorten. Kinderen werden tot de achttiende eeuw meer *geconfronteerd* met wat er in de maatschappij speelde dan dat ze werden *opgevoed* (Ghesquiere, 1988; Luykx, 1970).

In de tweede helft van de achttiende eeuw kwam hierin verandering. Binnen de scholen werden de kranten vervangen door *kinderboeken*. De inhoud van kranten, die tot dan toe als goedkoop schoolmateriaal diende, was volgens de moralistische pedagogen van die tijd niet geschikt voor kinderen. Ook ander gangbaar leesmateriaal, zoals de bijbel en sprookjesboeken, werd aangepast aan het bewustzijn van de kleine mens. Onwelvoeglijke passages, zoals het bijbelverhaal van *Daniël en Suzanna*, werden gecensureerd om de onschuldige kinderziel niet te beproeven. Sprookjes als *Roodkapje* en de *Kikkerkoning*, waarin bloot en seksualiteit voorkwamen, werden als kwalijk gezien voor de zedelijke ontwikkeling en derhalve gekuist (Ghesquiere, 1988; Van Setten, 1987).

De maatregelen om het gedrukte media-aanbod voor kinderen te censureren, kunnen niet los gezien worden van algemene achttiende-eeuwse verlichtingsideeën. De verlichtingsfilosofen gingen ervan uit dat de mens van nature goed en onbedorven is, en dat individuele verschillen moeten worden toegeschreven aan milieuomstandigheden. De omgeving kon volgens de verlichtingsfilosofen een positieve, stimulerende invloed op kinderen hebben, maar ook een negatieve en bedervende. De Franse filosoof Rousseau was een van de eersten die de gedachte verkondigde dat kinderen in vrijheid opgevoed moeten worden in een beschermde omgeving die losstaat van de vervormende invloeden uit de volwassenenwereld. In zijn boek *Émile ou l'éducation* (1762) pleitte Rousseau voor een jeugdperiode die niet gericht is op confrontatie en conformering, maar op opvoeding. Die opvoeding zou kinderen de kans moeten bieden zichzelf te ontdekken, zonder dat ze gehinderd werden door de zorgen en angsten van de volwassenenwereld. Naarmate de jeugd van kinderen vreugdevoller en zorgelozer is, zouden ze later, als volwassenen, minder wantrouwen en agressie vertonen, aldus Rousseau.

Het verschijnsel *jeugd*, de zorgeloze en vreugdevolle periode tussen vroege kindertijd en volwassenheid, dat in de tweede helft van de achttiende eeuw met Rousseau gestalte kreeg, bleef echter tot ver in de negentiende eeuw het voorrecht van de aristocratie en de gegoede burgerij. Pas bij de invoering van sociale wetten als het verbod op kinderarbeid (1874) en de Wet op de Schoolplicht (1900), drong het fenomeen jeugd tot alle lagen van de bevolking door. Voordat deze wetten werden ingevoerd, was het gebruikelijk dat kinderen uit de arbeidersklasse lange werkdagen maakten in de textielindustrie, glasblazerij of schoenfabriek. Het merendeel van deze kinderen (en hun ouders) had geen toegang tot de gedrukte media, eenvoudigweg omdat ze niet konden lezen. Arbeiderskinderen hadden zo'n lage gemiddelde levensverwachting, dat de gezinsopvoeding zich er vooral op toelegde kinderen te leren omgaan met pijn en hen voor te bereiden op een vroege dood (Musgrave, 1966).

Vanaf het begin van de twintigste eeuw ziet men dat de jeugdfase, de relatief zorgeloze periode waarin kinderen en jongeren ver van de volwassen maatschappij worden grootgebracht, zich langzaamaan verspreidt over alle lagen van de bevolking. Later begint de jeugdperiode zich in twee richtingen te verlengen. Kinderen beginnen op steeds jongere leeftijd de autonomie en mondigheid te vertonen die kenmerkend zijn voor de volwassenheid, terwijl tegelijkertijd de verantwoordelijkheden die bij de volwassenenwereld horen, zoals deelname aan het arbeidsproces en het krijgen van kinderen, worden uitgesteld (Cunningham, 1995; Dasberg, 1981).

Verdwijnt de kindertijd?

De jeugdfase heeft tot volle bloei kunnen komen in de eerste helft van de twintigste eeuw. Kinderen werden massaal afgeschermd van de realiteit van het dagelijkse leven. Onderwerpen als geboorte, dood, seks en geld werden niet met hen besproken. De gedrukte media voor de jeugd bleven, net als in de eeuw ervoor, voornamelijk bestaan uit moraliserende verhalen, gespeend van elk taboe. In sommige jeugdboeken was wel sprake van enige ondeugendheid, maar deze beperkte zich tot onschuldige stoutigheden. Er waren strikte regels voor wat kinderen van bepaalde leeftijden wel en niet behoorden te weten (Ghesquiere, 1988; Meyrowitz, 1985).

Gedurende de laatste decennia van de twintigste eeuw werd dit zogenoemde 'paradigma van het kwetsbare kind' steeds vaker ter discussie gesteld. Vooral vanaf de jaren zestig kreeg de visie gestalte dat het verkeerd is kinderen een schijnwereld voor te houden en dat het belangrijk is kinderen te confronteren met de realiteit om hen tot grotere bewustwording te brengen. Deze nieuwe visie op kinderen werd voor een belangrijk deel ingegeven door de opkomst van emancipatiebewegingen van jongeren, zoals de provo's en hippies, die ten strijde trokken tegen het burgermansfatsoen en hun eigen plek in de samenleving opeisten. Zo ontstond, net als in de tijd vóór Rousseau, opnieuw de trend om in media gericht op kinderen taboes zoals seksualiteit, dood en echtscheiding bespreekbaar te maken (Abma, 1990; Ghesquiere, 1988).

Deze emanciperende trend om kinderen te confronteren met de realiteit van de wereld van de volwassenen bleef niet zonder reactie. Met name vanaf de jaren tachtig signaleerde een groeiend aantal kinderpsychologen en cultuurcritici dat kinderen te weinig als kinderen werden behandeld en dat de jeugdfase daardoor dreigde te worden uitgeroeid. De kinderpsycholoog Elkind (1981) was een van de eersten die deze visie verwoordde in zijn beroemde boek The hurried child: Growing up too fast too soon. Volgens Elkind worden kinderen te veel behandeld als miniatuur volwassenen. Ze worden op een gehaaste manier door de jeugdfase gedwongen, waardoor ze te snel en te vroeg volwassen worden. Omdat kinderen te veel dingen opgedrongen krijgen waarvoor ze emotioneel nog niet klaar zijn, ontstaat er een soort pseudo-wereldwijsheid (pseudo-sophistication). De excessieve trend om kinderen te jong als volwassenen te behandelen kan volgens Elkind onder kinderen en jongeren leiden tot stress, onzekerheid, depressie en agressie.

Ook uit communicatiewetenschappelijke hoek waren in de jaren tachtig gelijksoortige geluiden te horen. De cultuurcritici Joshua Meyrowitz (1985) en Neil Postman (1983) waren het erover eens dat de jeugdfase als fenomeen aan het verdwijnen is, omdat kinderen worden blootgesteld aan informatie die volwassenen eeuwenlang voor hen verborgen hebben gehouden. Beide auteurs signaleerden een ver doorgevoerde homogenisatie van kinderen en volwassenen; kinderen gedragen zich als volwassenen en volwassenen gedragen zich als kinderen, niet alleen qua kledingstijl, maar ook qua taalgebruik, gedrag en voorkeur voor entertainment. De grens tussen kinderen en volwassenen is daardoor vertroebeld of zelfs verdwenen, aldus Meyrowitz en Postman.

Nu zijn er inderdaad de laatste jaren vele indicaties dat de jeugdfase aan het veranderen is. Hedendaagse kinderen van negen vertonen gedrag dat vroeger pas onder oudere adolescenten (vijftien tot achttienjarigen) te observeren was. In de marketingwereld is door deze ontwikkeling zelfs een nieuwe doelgroep ontdekt: de *tweenagers* of *tweens*. Dit zijn kinderen van negen tot twaalf jaar, wier voorkeuren en consumentengedrag in vele opzichten lijken op die van oudere adolescenten. Ze hebben geen interesse meer in speelgoed, maar houden vooral van producten met een sociale functie (muziek, kleding) en van entertainment voor volwassenen (bijvoorbeeld soaps), waarin de ontwikkeling van sociale relaties centraal staat (Valkenburg & Cantor, 2000).

Kinderen van nu gedragen zich niet alleen volwassener, ze blijken ook intelligenter te zijn dan hun leeftijdgenoten uit eerdere generaties. Een van de eerste onderzoekers die observeerde dat de IQ-scores van kinderen vanaf de jaren vijftig gestaag toenemen, is de Amerikaan James Flynn (1987). Hij vergeleek de scores op de intelligentietests vanaf 1952 tot 1982 in veertien landen, waaronder de Verenigde Staten, Duitsland, Frankrijk en Nederland. In vrijwel alle landen observeerde hij een significante toename in IQ-scores over deze periode. In Nederland, waar tijdens alle metingen achttienjarigen werden gebruikt, werd zelfs het grootste effect gevonden. Van 1952 tot 1982 namen de gemiddelde IQ-scores in Nederland toe met maar liefst 21 punten (van 100 tot 121). De IQ-toenames kunnen volgens Flynn uitsluitend veroorzaakt zijn door omgevingsfactoren, zoals een hogere sociaal-economische status en beter onderwijs. Een andere, opmerkelijke verklaring die Flynn biedt, is 'de televisie en een algemeen toegenomen blootstelling aan informatie' (Flynn, 1987, p. 189).

De rol van de televisie

Niemand kan ontkennen dat de kindertijd in westerse samenlevingen sinds de jaren zestig grondig veranderd is. De vraag blijft echter hoe deze verandering verklaard kan worden. De meeste auteurs die hiervoor genoemd zijn, schrijven de 'teloorgang' van de jeugdfase toe aan de komst van de elektronische media, in het bijzonder de televisie. Elkind (1981) stelt dat televisieprogramma's veel minder dan andere media een speciale doelgroep hebben. Jong en oud kijken naar dezelfde televisieprogramma's en identificeren zich met dezelfde hoofdpersonen. Doordat televisie jong en oud dezelfde identificatiemogelijkheden biedt, worden de ervaringen van volwassenen en kinderen gehomogeniseerd.

Ook Meyrowitz en Postman vinden dat het wijdverspreide gebruik van televisie de oorzaak is van het verdwijnen van de kindertijd. Postman gaat zelfs zo ver dat hij beweert dat de gedrukte pers de jeugdfase twee eeuwen geleden heeft gecreëerd, en dat de televisie deze weer van kinderen heeft afgenomen. Meyrowitz en Postman vinden, net als Elkind, dat het geschreven woord de verschillende leeftijdsfasen *segregeert*, terwijl de televisie deze *integreert*. Toen er nog geen televisie was, hadden kinderen immers geen zelfstandige toegang tot de gedrukte media, ofwel omdat ze niet konden lezen, ofwel omdat ze de volwassen teksten niet konden begrijpen. Deze segregerende functie van gedrukte media ontbreekt bij televisie, omdat televisie jong en oud aan zich bindt.

Verschillende studies gedurende de introductietijd van de televisie tonen inderdaad aan dat televisie al vanaf het eerste uur anders werd gebruikt dan andere media. In een studie van Maccoby uit 1951 wordt bijvoorbeeld al geconstateerd dat de voorkeuren van kinderen voor televisie in het geheel niet beperkt bleven tot kinderprogramma's. Volgens een studie van Schramm en collega's (1961) besteedden kinderen van zes en zeven ongeveer 40% van hun kijktijd aan volwassenenprogramma's, terwijl de twaalfjarigen maar liefst 80% van hun kijktijd aan dit soort programma's spendeerden. De reden dat kinderen graag naar volwassenenprogramma's kijken is dat deze programma's voorzien in hun behoefte om zich te oriënteren op de volwassenenwereld. Daarnaast bieden ze kinderen een gemeenschappelijke ervaring over onderwerpen waar zijzelf en hun leeftijdgenoten mee bezig zijn, waardoor hun sociale interactie met leeftijdgenoten vergemakkelijkt. Ten slotte blijkt hun status onder leeftijdgenoten door het kijken naar volwassenenprogramma's toe te nemen (Paik, 2001).

Historisch onderzoek toont aan dat de massale blootstelling van kinderen aan media-inhouden voor volwassenen inderdaad uniek is voor televisie. Zoals hiervoor werd gesteld, is het lezen van volwassen inhoud via het gedrukte woord voor jonge kinderen altijd moeilijker geweest, omdat ze niet konden lezen of er te weinig van begrepen. Maar ook de radio heeft publieksgroepen altijd meer gesegregeerd dan televisie, zelfs in zijn hoogtijdagen. In de jaren dertig luisterden kinderen ongeveer twee uur per dag naar de radio. Anders dan bij de televisie luisterden kinderen in het geval van de radio vooral naar kinderprogramma's die op speciale kindertijden werden uitgezonden (Paik, 2001).

Is het nu juist om de veranderingen in de kindertijd uitsluitend toe te schrijven aan de media in het algemeen of de televisie in het bijzonder? Het kan niet ontkend worden dat de veranderingen in de jeugdfase *parallel* lopen aan de opkomst van de televisie. Ook kan niet ontkend worden dat de televisie kinderen informeert over zaken waar ze vroeger nooit mee in aanraking kwamen. Hiermee is echter nog niet bewezen dat de komst van televisie de *enige* oorzaak is van de veranderingen in de kindertijd.

Sinds de jaren zestig zijn er verschillende maatschappelijke ontwikkelingen te onderkennen die mede verantwoordelijk kunnen zijn voor de waargenomen veranderingen in de jeugdfase. Om te beginnen is er vanaf die periode sprake van een toenemende democratisering van intermenselijke verhoudingen in het algemeen en gezinsverhoudingen in het bijzonder. Nog niet lang geleden golden er in het westerse gezin opvoedingspraktijken die gekenmerkt werden door gezag, gehoorzaamheid en respect. Dat is de laatste decennia sterk veranderd. In gezinnen van nu staan begrip, gelijkwaardigheid en compromissen centraal. Er wordt *onderhandeld* over wat moet en mag, en afhankelijk van de uitkomsten van dit onderhandelingsproces wordt uiteindelijk gehandeld. Ouders van nu zijn toegeeflijker, hebben vaker schuldgevoelens en hebben er alles voor over dat het hun kind aan niets ontbreekt. Dit is te verklaren door een samenspel van sociologische veranderingen. Ouders van nu hebben in vergelijking tot eerdere generaties een hoger inkomen en opleidingsniveau; ze krijgen minder en op latere leeftijd kinderen; en er is een toename in echtscheidingen en éénoudergezinnen (McNeal, 1992). Het is onvermijdelijk dat de verhoogde toegeeflijkheid van ouders ook het mediagebruik van kinderen betreft. Zoals eerder duidelijk werd, is de interesse van kinderen in media voor volwassenen niet nieuw. Wat wél nieuw is, is dat ouders toleranter zijn wat betreft de media-inhouden die hun kinderen mogen zien.

De veranderingen in de jeugdfase zijn daarnaast, zoals duidelijk werd, ook een symptoom van veranderende *opvattingen* over kinderen die sinds de jaren zestig in de maatschappij leven. Veranderingen in de kindertijd vinden uiteraard niet zomaar plaats. Daar moet een vruchtbare bodem voor bestaan. Sinds de jaren zestig bestaat er in vele politieke, journalistieke en culturele gremia een hang om bestaande conventies en idealen ter discussie te stellen. Een van de maatschappelijke idealen waartegen wordt gerebelleerd is het *paradigma van het kwetsbare kind*. Vooral de traditioneel strakke scheiding tussen kinderen en volwassenen en de bijbehorende autoritaire machtsrelaties worden ter discussie gesteld.

Concluderend kan gesteld worden dat de veranderingen in de kindertijd wél samengingen met de komst van televisie, maar dat de televisie niet de enige oorzaak is van de veranderingen. Zowel de democratisering van gezinsverhoudingen als de maatschappelijke kritiek op het kwetsbare kind bieden immers ook plausibele verklaringen voor de veranderingen in de jeugdfase. Beide ontwikkelingen hebben er waarschijnlijk mede voor gezorgd dat er in westerse samenlevingen niet één dominerende visie meer bestaat op de jeugd. Er bestaan verschillende visies naast elkaar die op een continuüm te plaatsen zijn tussen twee extreme paradigma's: het *paradigma van het kwetsbare kind* en dat van het *mondige kind*. Enerzijds is er nog steeds een maatschappelijke groep van felle aanhangers van het paradigma van het kwetsbare kind. In deze visie worden kinderen gezien als passieve en onschuldige wezens, die afgeschermd moeten worden van al het kwaad dat vooral via de media tot hen komt. Aanhangers van dit paradigma menen dat de invloed van de media groot is en dat kinderen er massaal door beïnvloed worden.

Lijnrecht tegenover het paradigma van het kwetsbare kind staat dat van het mondige kind. Aanhangers van dit paradigma zijn relatief vaak te vinden in commerciële en marketingkringen. Kinderen zijn in deze visie *kids*, en deze kids zijn mondig, slim, autonoom en door de wol geverfd. Ze doorzien onmiddellijk mogelijke pogingen tot bedrog of manipulatie, en ze zijn verwend en moeilijk te behagen. Het moge duidelijk zijn dat visies op de jeugdfase niet altijd neutraal of belangeloos zijn. De jeugdfase is niet alleen een biologisch bepaalde levensfase, maar ook een sociale constructie die onder invloed staat van historische, sociale en economische factoren (Buckingham, 2000).

Digitale media en de kindertijd

Zoals duidelijk werd, heeft de jeugdfase in de tweede helft van de twintigste eeuw een paradoxale metamorfose ondergaan. Enerzijds lijken kinderen eerder volwassen te worden, in de zin dat ze mondig zijn als nooit tevoren, dat ze worden blootgesteld aan informatie die eeuwenlang voor hen verborgen is gehouden, en dat ze zich in vele opzichten gedragen als miniatuur volwassenen. Anderzijds worden allerlei verantwoordelijkheden die traditioneel bij de volwassenheid horen, zoals het krijgen van kinderen en deelname aan het arbeidsproces, steeds meer uitgesteld. Beide veranderingen liepen parallel aan de opkomst van de televisie.

Een belangrijke vraag is nu hoe de jeugdfase zich zal ontwikkelen parallel aan de *digitale* media? Het is niet aannemelijk dat de hedendaagse paradox in de jeugdfase zal verdwijnen. Integendeel zelfs. Het zal steeds moeilijker worden kinderen af te schermen van de volwassenencultuur. In de eerste plaats vereisen digitale media in vergelijking met televisie een individueler gebruik. Het mediagebruik van kinderen zal in de toekomst steeds meer buiten het ouderlijk gezichtsveld plaatsvinden, hetgeen de controle erop extra bemoeilijkt. Daarbij komt nog dat toegang tot de nieuwste generatie digitale media relatief veel kennis vereist, waar het ouders en opvoeders vaak aan ontbreekt. Met de verspreiding van de digitale media binnen het gezin, verandert in feite de richting waarin traditioneel kennisoverdracht plaatsvindt. Waren vroeger ouders de deskundigen die hun kinderen inleidden in de cultuur, in het hedendaagse gezin zijn het de *kinderen* die hun ouders informeren over nieuwe technologieën. Ouders hebben daardoor niet vanzelfsprekend meer de autoriteit zoals die binnen het traditionele gezin gold. In dit verband wordt wel eens gesproken van een verschuiving van het traditionele *patriarchaat* en *matriarchaat* naar een zogenoemd *filiarchaat*, waarbij het gezag niet bij de ouders maar bij de kinderen ligt (McNeal, 1999). Hedendaagse en toekomstige generaties kinderen zullen hierdoor meer dan ooit kennis hebben van zaken die traditioneel tot de volwassenenwereld behoren.

Lijnrecht tegenover de trend dat kinderen in toenemende mate kennisnemen van de 'geheimen' van de volwassenen, staat het gegeven dat ouders in bepaalde opzichten nog nooit zo 'beschermend' zijn geweest als tegenwoordig. Hoewel deze trend van gezin tot gezin verschilt, observeren marktonderzoekers in verschillende landen dat ouders over het algemeen bezorgder zijn voor hun kinderen dan vroeger. Ouders van nu krijgen op latere leeftijd minder kinderen en zetten alles in om te realiseren dat hun kind het minstens even goed heeft als andere kinderen (McNeal, 1999). Was het enkele decennia geleden nog doodgewoon dat kinderen zelfstandig naar school en sportclub fietsten en buiten speelden, dit is nu bepaald niet meer vanzelfsprekend. Ouders van nu organiseren veel buitenschoolse activiteiten voor hun nakomelingen. De huidige generatie kinderen wordt met de auto naar school, de pianoles of de sportclub gereden.

Een andere hieraan gerelateerde ontwikkeling is dat veel buitenschoolse activiteiten van kinderen zich van de straat naar de huiskamer hebben verplaatst. Ten eerste omdat de elektronische media zo'n belangrijk deel van de vrije tijd van kinderen innemen, maar ook omdat hedendaagse ouders bezorgd zijn over de gevaren op straat. Deze bezorgdheid blijkt ook uit het snel toenemende gebruik van mobiele telefoons onder jonge kinderen. Uit een van onze onderzoeken blijkt dat kinderen vaak een mobiele telefoon bezitten omdat het apparaat hun bezorgde ouders een gevoel van veiligheid biedt. Hoewel de grenzen tussen kindertijd en volwassenentijd in enkele opzichten dus inderdaad zijn vervaagd, lijken ze in andere opzichten juist versterkt te zijn.

Theorievorming over kinderen en de media binnen wetenschapstradities

Hiervoor werd duidelijk dat kinderen en de media al vanaf de tweede helft van de achttiende eeuw onderwerp van discussie zijn. Toch is het empirisch onderzoek naar de effecten van media op kinderen en ook de theorievorming over dit onderwerp pas goed op gang gekomen in de jaren zestig. Tot die tijd bestonden er wel theorieën over de effecten van massamedia op het publiek in het algemeen, maar onderzoek specifiek gericht op kinderen kwam pas op gang met de komst van televisie.

De eerste algemene theorieën over de effecten van massamedia op het publiek ontstonden in het Interbellum, geïnspireerd door analyses van succesvolle propagandatechnieken die in de Eerste Wereldoorlog waren gebruikt. Deze theorieën, zoals die van Lasswell (1927), vormen de basis voor het hedendaagse denken over de effecten van massamedia op individu en maatschappij. Ze gingen ervan uit dat de massamedia een grote en uniforme invloed hadden en dat het publiek passief was en gemakkelijk te beïnvloeden. Deze vroege effecttheorieën worden daarom ook wel *injectienaaldtheorieën, stimulus-responstheorieën* of *theorieën van de uniforme effecten* genoemd.

Met onze huidige kennis van media-effecten weten we dat deze vooroorlogse effecttheorieën te simplistisch waren. Weinig onderzoekers

gaan er nog van uit dat de media een uniform effect op het publiek hebben. Men weet nu dat de effecten van media afhankelijk zijn van vele
andere factoren, die te maken hebben met de inhoud van het medium, de
kijker zelf, en de context van de blootstelling. Toch ziet het ernaar uit dat
de eerste media-effectmodellen vrij goed toepasbaar waren op het
publiek van de eerste helft van de twintigste eeuw, dat waarschijnlijk
inderdaad veel naïever en kwetsbaarder was voor media-invloeden dan
het hedendaagse publiek. Zo laat historisch onderzoek zien dat in de
begintijd van de bioscoop, omstreeks 1900, het volwassen publiek zat te
schreeuwen of zelfs de bioscoop uitvluchtte bij het zien van een treinon-
geluk of een instortend gebouw (Kirby, 1988). Ook het beroemde radiohoorspel The War of the Worlds, dat in 1938 werd uitgezonden, illustreert
dat het vroege mediapubliek zich liet beïnvloeden op een manier die
tegenwoordig ondenkbaar is. Dit hoorspel, van de schrijver H.G. Wells,
ging over een invasie van Noord-Amerika door buitenaardse wezens. Er
werden gefingeerde autoriteiten ondervraagd en ooggetuigenverslagen
gegeven over de invasie. Nog vóór de radio-uitzending was afgelopen,
belden drommen mensen buren en familie om te waarschuwen voor de
invasie. Velen vluchtten in blinde paniek de straat op in de gedachte dat
hetgeen ze op de radio hadden gehoord, werkelijkheid was (Cantril,
1940). Dit soort sterke reacties op fictieve mediaproducties is in onze
tijd, zelfs bij kinderen, onvoorstelbaar. Ze illustreren dat het publiek ten
tijde van het ontstaan van de eerste effecttheorieën aanzienlijk naïever en
goedgeloviger was. Het is daarom niet onwaarschijnlijk dat de vroege
effecttheorieën geldig waren in de tijd waarin ze ontwikkeld waren en de
werkelijkheid van de eerste helft van de twintigste eeuw op een adequate
manier beschreven (Severin & Tankard, 1997).

Het idee van de almachtige media is tot aan het begin van de jaren vijftig het dominante model van media-effecten geweest. Toen empirisch
onderzoek daarna liet zien dat de effecten van media niet zo groot en universeel waren als men aanvankelijk dacht, werd het model van de uniforme
effecten vervangen door het model van de beperkte effecten. Dit model
werd ontwikkeld door de Amerikaan Klapper (1960). Klapper onderken-
de dat de invloed van media beperkt is in verschillende opzichten. Ten
eerste hoeft een mediaboodschap niet iedereen te bereiken, omdat er
onder het publiek niet alleen sprake is van selectieve blootstelling, maar
ook van selectieve waarneming, herinnering en verwerking. Volgens

Klapper zijn kijkers lang niet altijd passief en kritiekloos ten aanzien van de op hen afkomende invloeden. Zij kunnen boodschappen op heel verschillende manieren interpreteren. Het is daarom niet waarschijnlijk dat een boodschap bij iedereen hetzelfde effect tot stand brengt.

Het model van de beperkte, of beter gezegd, van de selectieve effecten is tot op de dag van vandaag het heersende paradigma in de communicatiewetenschap, ook als het kinderen betreft. In de laatste twee decennia erkennen onderzoekers dat kinderen, net als volwassenen, geen passieve en willoze ontvangers zijn. Kinderen worden gezien als actieve en gemotiveerde mediagebruikers, die op een kritische manier evalueren wat er tot hen komt. Kinderen interpreteren media-inhouden zodanig dat zij deze kunnen inpassen in hun eigen leefwereld en referentiekader. Ook gaan moderne effectonderzoekers ervan uit dat effecten van media op kinderen afhankelijk zijn van de manier waarop een kind met de aangeboden media-inhouden omgaat. Zo is er meermalen gevonden dat het effect van mediageweld op kinderen het grootst is wanneer een kind ervan houdt om naar mediageweld te kijken, wanneer een kind zich met de gewelddadige hoofdpersoon identificeert, of wanneer het kind aanneemt dat fictieve gewelddadige acties echt zijn.

Hoewel het model van de selectieve effecten nu algemeen geaccepteerd is in de wetenschap, is het model van de uniforme effecten nog niet afgeschreven. De visie van de almacht van de media blijft tot op de dag van vandaag terugkomen, vooral wanneer het kinderen betreft. In de volgende twee onderdelen bespreek ik twee belangrijke onderzoekstradities die zich vanaf de jaren zestig specifiek met de studie van kinderen en de media hebben beziggehouden.

De (media)psychologische stroming

De theorievorming over en het onderzoek naar kinderen en de media vanuit psychologisch perspectief begon in de jaren zestig. Men concentreerde zich aanvankelijk vooral op het vaststellen van effecten van televisie op gedrag. Onderzoek naar de effecten op de cognitie en emotie, alsmede naar het mediagebruik en de -voorkeuren van kinderen kreeg pas veel later aandacht.

Een van de eerste onderzoekers naar de effecten van media op kinderen was de Amerikaan Albert Bandura met zijn onderzoek dat was geïn-

spireerd door zijn observationele leertheorie. Deze theorie, die in hoofdstuk 3 terugkomt, gaat ervan uit dat kinderen op verschillende manieren
gedrag aanleren. In de eerste plaats al doende, via directe ervaring, maar
ook door gedrag van anderen te observeren. Een kind bekijkt hoe anderen zich in bepaalde situaties gedragen en welke gevolgen deze geobser-
veerden daarvan ondervinden. Als de gevolgen positief zijn, is het kind
eerder geneigd gedrag van anderen over te nemen. Volgens Bandura werken deze principes op dezelfde wijze wanneer kinderen het gedrag van
anderen via de media observeren.

Bandura's theorie werd oorspronkelijk vooral geïnspireerd door het
behaviorisme, de psychologische stroming die interne mentale processen
negeert en ervan uitgaat dat het gedrag van kinderen geheel wordt
bepaald door positieve en negatieve invloeden vanuit de sociale omgeving. Bandura ging er van uit, net zoals dat in de vooroorlogse effecttheorieën het geval was, dat de effecten van media groot en universeel
waren. Kinderen werden gezien als een *tabula rasa*, een onbeschreven
blad, die via de invloeden vanuit hun omgeving (gezin, subcultuur en
massamedia) op een *passieve* manier in hun sociale rollen werden gema-
noeuvreerd. Bandura's theorie ging voorbij aan de inzichten over de
beperkte effecten van media, die toen al bekend waren.

De aanvankelijke behavioristische ofwel stimulus-responsbenadering
van media-effecten op kinderen werd in de jaren zeventig verlaten, ook
door Bandura. In die tijd ontstond zowel binnen de communicatiewetenschap als de psychologie een grotere nadruk op de *actieve* rol van het
kind. Deze aandacht voor het actieve kind kan enerzijds verklaard worden door de opkomst van de *uses-and-gratifications*-traditie, die ervan uitgaat dat mediagebruikers, inclusief kinderen, actief en selectief zoeken
naar informatie en entertainment om bepaalde behoeften te bevredigen.
Anderzijds kan de verhoogde aandacht voor het actieve kind verklaard
worden door de opkomst van de cognitieve psychologie, die in de jaren
zestig het behaviorisme als de dominante school verving. Cognitieve
psychologen onderzoeken hoe kinderen en volwassenen cognitie (lees:
kennis) verwerven, organiseren, onthouden en gebruiken om hun
gedrag te sturen. In tegenstelling tot de behavioristen hebben zij veel
aandacht voor de manier waarop interne cognitieve processen het effect
van informatie vanuit de omgeving kunnen vergroten, verkleinen of veranderen.

Een van de bekendste cognitieve ontwikkelingspsychologen die de Amerikaanse psychologie van de jaren zeventig beïnvloedde, was de Zwitser Jean Piaget. Piaget probeerde het gedrag van kinderen te verklaren met specifieke hypothesen over hun interne cognitieve structuren, *schema's* genoemd. Hij ging ervan uit dat kinderen deze schema's gebruiken om de wereld om zich heen te begrijpen. Maar omdat de schema's van kinderen sterk veranderen naarmate ze ouder worden, reageren jongere en oudere kinderen heel verschillend op informatie die via hun omgeving (inclusief de media) op hen afkomt.

Piagets ideeën over de verschillen in de cognitieve structuren van kinderen in verschillende leeftijdsfasen werden in brede kringen geaccepteerd. Ook het onderzoek naar kinderen en de media werd sterk geïnspireerd door zijn inzichten. De aandacht van mediapsychologen, die zich aanvankelijk vooral op het gedrag van kinderen had gericht, verbreedde zich naar cognitieve effecten. Er kwam meer oog voor variabelen als aandacht, begrip, en herinnering van media-inhouden. Geïnspireerd door Piaget kwam er ook systematischer aandacht voor individuele verschillen in het verwerken van reclame en mediageweld. Zo ontstond er onderzoek naar de vraag hoe het cognitieve niveau van kinderen hun vermogen beïnvloedt om de persuasieve intentie van reclame te doorzien. Ook werd onderzocht of kinderen die nog niet in staat zijn om fantasie van realiteit te onderscheiden meer door mediageweld beïnvloed worden dan kinderen die dit onderscheid wel doorhebben.

Ook Bandura, effectonderzoeker van het eerste uur, heeft onder invloed van de cognitieve kentering in de psychologie zijn observationele leertheorie aangepast. In een modernere versie ervan legt Bandura veel meer nadruk op cognitieve en zelfregulerende processen van kinderen. Hij gaat er niet meer van uit dat media *per se* effecten hebben. De invloed ervan hangt af van kenmerken van de mediaboodschap, het kind en de omgeving (Bandura, 1986). De aanname van mediapsychologen dat effecten op kinderen conditioneel en selectief zijn, is inmiddels zo gangbaar dat ze gezien moet worden als een van de meest fundamentele paradigma's binnen het psychologische effectonderzoek.

De kritische traditie: cultural studies

De tweede wetenschappelijke stroming die zich de laatste decennia met kinderen en media heeft beziggehouden is de zogenoemde *cultural studies*, die in het midden van de jaren zestig in het Verenigd Koninkrijk ontstond. De cultural studies valt binnen de *kritische traditie*. Ze houdt zich bezig met de studie naar alledaagse of populaire cultuur en maakt daarbij gebruik van methoden en theorieën uit verschillende wetenschapsgebieden, waaronder de letteren, literatuurwetenschap, geschiedenis, sociologie en culturele antropologie. Cultural studies vindt haar oorsprong in de marxistisch georiënteerde *Frankfurter Schule*, die in de jaren veertig van de vorige eeuw een kritische theorie ontwikkelde over de relatie tussen de media, massacultuur en de economische organisatie van de maatschappij.

De uitgangspunten van de cultural studies komen nog slechts ten dele overeen met die van de *Frankfurter Schule*. Zo gaan beide traditties ervan uit dat het functioneren van de media en de ideologische inhoud ervan bepaald worden door maatschappelijke omstandigheden. Ook menen beide dat de wetenschap zich normatief moet opstellen en dat in wetenschappelijk onderzoek rekening gehouden moet worden met de perspectieven en belangen van bepaalde onderdrukte groeperingen (jongeren, migranten, vrouwen). Ten slotte zetten beide traditties zich af tegen de traditionele wetenschapsbeoefening. Wetenschap wordt niet als waardevrij gezien en noties als objectiviteit en universele geldigheid worden in twijfel getrokken (De Boer & Brenneke, 1998).

Naast de overeenkomsten tussen deze twee kritische traditties bestaat er ook een aantal belangrijke verschillen. Zo neemt de cultural studies afstand van de elitaire en cultuurpessimistische uitgangspunten van de Frankfurters. Ook distantieert de cultural studies zich van het almachtige invloedsmodel van de Frankfurters, die de massamedia vooral zagen als een ideologische macht die een grote en manipulatieve invloed heeft op maatschappelijke opvattingen over sociale en economische verhoudingen. Binnen de cultural studies worden media als instanties gezien die slechts *mede* bepalend zijn voor het ontwikkelen en veranderen van maatschappelijke opvattingen. Ten slotte vestigt de cultural studies, in afwijking van de Frankfurters, de aandacht op het actieve publiek. Ze erkent dat de betekenis van mediaproducten slechts gedeeltelijk wordt vastgesteld door producenten en dat ze vooral worden *onderhandeld* door het publiek. Hiermee wordt bedoeld dat gebruikers media-inhouden op hun eigen wijze interpreteren, verwerken en relateren aan hun bestaande kennis, emoties en ervaringen. Het moge duidelijk zijn dat de visie van de cultural studies op dit punt sterk overeenkomt met die van de mediapsychologen.

De cultural studies heeft zich van oudsher meer op jongeren dan op kinderen gericht.[1] Dit heeft waarschijnlijk te maken met de aard van de traditie. Het uiteindelijke doel van elke kritische traditie is immers emancipatie. Onderzoek dat de naam kritisch verdient, moet verbonden zijn met een poging om de onrechtvaardigheid van bepaalde sociale structuren aan te tonen. Deze emanciperende doelstelling verklaart volgens Alexander en Morrison (1995) waarom kinderen zo weinig aandacht hebben gekregen vanuit het kritische perspectief. Een eerste voorwaarde voor emancipatie is immers dat de onderdrukten hun onderdrukking erkennen. Kinderen zijn hier nog te jong voor, maar jongeren niet.

Toch ontstond er in de jaren tachtig, parallel aan een wereldwijd exponentieel groeiende commerciële kindercultuur, een groep cultural-studiesonderzoekers die geïnteresseerd raakte in populaire cultuur voor kinderen. Deze eerste onderzoekers hadden in het algemeen een optimistische visie op kinderen en de media. Kinderen werden gezien als autonome wezens die onafhankelijk van volwassenen in staat zijn om betekenis te geven aan media-inhouden. Deze visie werd later enigszins genuanceerd. De huidige generatie onderzoekers van populaire kindercultuur is nog steeds relatief positief, maar heeft duidelijk een gematigder visie op de soevereiniteit van kinderen om hun eigen mediakeuzes te bepalen (zie bijvoorbeeld Buckingham, 2000; Howard, 1998; Kinder, 1999; Steinberg & Kincheloe, 1998).

Culturele onderzoekers zijn geïnteresseerd in andere vragen dan mediapsychologen. Zij houden zich bezig met de vraag of verschillende groepen kinderen wel gelijke toegang hebben tot cultuur. Ook leggen ze meer nadruk op onderzoek naar de inhoud van media. Ze onderzoeken bijvoorbeeld de manier waarop het beeld van vrouwen, kinderen of etnische minderheden in populaire cultuur voor kinderen wordt vormgegeven. Ook leggen ze meer nadruk op het alledaagse mediagebruik van kinderen, dat ze bestuderen binnen de context van hun sociale relaties.

Met andere woorden, ze houden zich met name bezig met de manier waarop kinderen te midden van al hun dagelijkse andere activiteiten met de media omgaan en welke rol het gezin en andere belangrijke personen om hen heen hierbij spelen.

Een illustratief voorbeeld van de verschillende uitgangspunten tussen de twee tradities, dat wordt gegeven door Buckingham (2000), betreft het onderzoek naar de realiteitsperceptie van kinderen. Zowel in de mediapsychologie als in de cultural studies stelt men er belang in om uit te zoeken welke media-inhouden kinderen als fantasie zien en welke als realiteit. In de mediapsychologische traditie is men hierin vooral geïnteresseerd omdat de realiteitsperceptie van kinderen de grootte van media-effecten bepaalt. Vooral het idee dat realiteitsperceptie belangrijk is om kinderen te beschermen tegen negatieve effecten heeft een reeks studies opgeleverd naar het begrip van kinderen van fantasie en realiteit in de media (Davies, 1997).

Ook cultural-studiesonderzoekers zijn geïnteresseerd in de realiteitsperceptie van media, maar om geheel andere redenen. In de studie van Buckingham bleek dat kinderen via hun oordelen over de realistische aard van tv-programma's informatie communiceerden over hun smaak en sociale identiteit. Meisjes klaagden bijvoorbeeld over de onrealistische verhaallijn in cartoons om te laten zien hoezeer ze zich distantieerden van de 'kinderachtige' smaak van jongens en om te tonen dat ze zelf een stuk volwassener waren. De kritiek van jongens op de onrealistische machomannen in *Baywatch* bleek een reflectie te zijn van hun zorgen over hun eigen fragiele masculiniteit.

Vaak lijkt het alsof cultural studies het onderzoek naar media-effecten heeft vermeden. Dat is voor een groot deel waar. Bepaalde effecten, zoals directe imitatie- en gedragseffecten, zijn inderdaad systematisch vermeden. Een aantal andere effecten is echter wél onderzocht, alleen onder een andere noemer. Veel van de concepten die in de mediapsychologie onder 'effecten' worden geschaard, worden in de cultural studies ondergebracht onder het bredere concept van 'ideologie'. Cultural-studiesonderzoekers doen vaak impliciet onderzoek naar effecten in hun onderzoek naar de reproductie of onderhandeling van betekenissen (Livingstone, 1998). Zo bestaat het idee dat Disney tekenfilms 'teaching machines' zijn die het begrip van jonge kinderen over zaken als patriarchaat (vaderlijk gezagsrecht) en racisme vormgeven (Giroux, 1998). Ook uit-

spraken dat gewelddadige media bij kinderen ideologieën over traditionele mannelijkheid en militarisme aanmoedigen, zijn 'effectclaims' die
uit de cultural-studieshoek komen (McLaren & Morris, 1998). Soms
baseren deze cultural-studiesonderzoekers hun conclusies uitsluitend
op de bestudering van mediateksten, en niet op onderzoek naar
publieksreacties, zoals de mediapsychologen zouden doen. Onderzoek
uit deze hoek van de cultural studies is vaak impliciet of expliciet gebaseerd op de visie dat culturele teksten 'geprefereerde' betekenissen hebben die moeilijk door het publiek kunnen worden weerstaan (Tobin,
2000).

Overeenkomsten en verschillen tussen de tradities

Een van de belangrijkste overeenkomsten tussen de mediapsychologie
en de cultural studies is hun geloof in het actieve kind. Zowel de cultural
studies als de mediapsychologie ziet kinderen als actieve mediaconsumenten, die op hen afkomende media-inhouden op hun eigen manier
interpreteren. Helaas veroorzaakt het concept van de actieve mediacon-
sument in beide tradities vaak dezelfde misverstanden. Al te vaak wordt
er impliciet mee bedoeld dat actieve (in plaats van passieve) mediaconsumenten niet of nauwelijks beïnvloed worden door de media, omdat ze
(volgens mediapsychologen) *cognitieve verdedigingsmechanismen* hebben of
(volgens cultural-studiesonderzoekers) *onderhandelen* over de inhoud van
media.

Het feit dat kinderen actief zijn in de zin dat ze media op hun eigen
manier interpreteren, hoeft echter niet te betekenen dat ze daardoor
noodzakelijk *minder* worden beïnvloed. Ze kunnen er ook juist *meer* door
beïnvloed worden, bijvoorbeeld omdat ze zich actief openstellen voor
bepaalde media-invloeden. Stel dat een zesjarige jongen een sterke voorkeur heeft voor gewelddadige animatieseries en elke gelegenheid aan-
grijpt om naar dit type series te kijken. Het is voorstelbaar dat de kans op
bepaalde media-invloeden, bijvoorbeeld imitatie-effecten, bij deze jongen groter is dan bij een jongen van dezelfde leeftijd die zich wegens een
gebrek aan interesse afwendt van dit type televisieprogramma's.

Een andere overeenkomst tussen de twee tradities is dat ze beide
erkennen dat de sociale context een belangrijke rol speelt in de manier
waarop kinderen met media omgaan en wat ze eruit oppikken. De twee

tradities verschillen wél in het jargon dat gebruikt wordt om de invloed van de sociale context te begrijpen. In de mediapsychologie spreekt men van *mediatie-effecten (adult mediation effects)*. Aangenomen wordt dat de sociale omgeving van het kind, en vooral de ouders, media-effecten op kinderen kunnen tegengaan, door het aanbieden van extra uitleg en interpretatie of door kritische en relativerende opmerkingen. In de cultural studies heeft men hierover vrijwel dezelfde gedachte. In deze traditie spreekt men over het belang van *tegenvertoog (counterdiscourse)* voor het wel of niet overnemen van bepaalde ideologieën, die via de media worden bevestigd of verspreid (Tobin, 2000). Hiermee wordt bedoeld dat kinderen die participeren in een sociale omgeving waarin ze kritisch leren om te gaan met bepaalde ideologieën, minder vatbaar zijn voor media-inhouden die deze ideologieën min of meer expliciet verkondigen.

Zoals eerder duidelijk werd, wordt de cultural studies, op een enkele uitzondering na (bijvoorbeeld Giroux, 1998), gekenmerkt door een optimistischer visie op kinderen en de media dan de mediapsychologie. Het is echter niet correct om aan te nemen dat uitsluitend de mediapsychologie bezorgd is over de relatie tussen de mediacultuur van kinderen en haar sociale context. Volgens cultural-studiesonderzoeker Kinder (1999) kan geen van beide tradities meer voorbijgaan aan een aantal belangrijke kwesties rond kinderen en de media, waaronder de escalatie van geweld onder jongeren, de steeds jongere leeftijd waarop kinderen als consument worden gezien, de mix van uitdagingen en risico's op het internet, en de toegenomen behoefte aan beleidsmaatregelen met betrekking tot kinderen en de media. Deze onderwerpen verdienen empirisch onderzoek zowel vanuit de mediapsychologie als de cultural studies.

Ondanks deze duidelijke raakpunten, trekken beide tradities zich tot op de dag van vandaag weinig van elkaar aan. Dit is jammer, want de twee disciplines lijken, vooral in de laatste decennia, meer concrete interesses gemeen te hebben dan vaak wordt aangenomen. Beide disciplines hebben een indrukwekkende hoeveelheid kennis vergaard over verschillende aspecten van het mediagebruik van kinderen. De cultural studies weet meer over de mediavoorkeuren van kinderen, terwijl de mediapsychologie meer weet over cognitieve variabelen, zoals aandacht, kennis en begrip. Zowel de mediapsychologie als de cultural studies houdt zich intensief bezig met variabelen die te maken hebben met mediabetrokkenheid, waaronder identificatie, empathie en parasociale interactie (de ontwikkeling van vriendschap met mediafiguren). Tot op heden ontwikkelt de kennis over dit onderwerp zich echter geheel separaat binnen de twee disciplines. Dat is betreurenswaardig, omdat beide disciplines op dit gebied veel van elkaar zouden kunnen leren.

Ook op het gebied van onderzoeksmethoden kunnen de twee disciplines elkaar goed aanvullen. Cultural studies gebruikt vaak kleinschalige, kwalitatieve methoden die geen representatieve onderzoeksresultaten opleveren, zoals etnografische analyse en discourse-analyse. Dit soort resultaten geven echter wel vaak heel goed inzicht in wat er daadwerkelijk bij kinderen speelt. De mediapsychologie gebruikt vaker kwantitatieve onderzoeksmethoden om grote groepen kinderen te onderzoeken en ze voert statistische analyses uit om verschillen vast te stellen tussen subgroepen (bijvoorbeeld jongens en meisjes; oudere en jongere kinderen). De resultaten die in dit type onderzoek worden gevonden zijn meestal wel representatief, maar met deze methoden wordt gemakkelijk voorbijgegaan aan belangrijke nuanceringen wat betreft kinderen en hun mediagebruik.

Een vooruitblik op de overige hoofdstukken

In dit hoofdstuk werd duidelijk dat de kindertijd niet alleen een levensfase is, maar tevens een sociale constructie die onderhevig is aan verandering. Ik heb laten zien dat veranderingen in de visie op de kindertijd gepaard gaan met veranderingen in de opvattingen over de invloed van media waarmee kinderen in aanraking komen. Ook heb ik laten zien dat er vanaf de jaren zestig niet meer één dominante visie op het kind bestaat. De hedendaagse visies op kinderen bevinden zich ergens op een continuüm tussen twee extremen: het kwetsbare en het mondige kind. Tevens werd duidelijk dat de nieuwste generatie elektronische media kinderen als nooit tevoren inzicht geeft in de 'geheimen' van de volwassenenwereld, terwijl het tegelijkertijd steeds moeilijker wordt om hen ervoor af te schermen. Met name sinds de komst van de digitale media hebben volwassenen niet vanzelfsprekend toegang meer tot de mediacultuur van kinderen. Enerzijds omdat de toegang ertoe kennis vereist die volwassenen vaak missen, anderzijds omdat de kindercultuur wordt gekenmerkt door een toenemende individualisering, die de controle erop verder bemoeilijkt.

In dit hoofdstuk heb ik tevens getracht een overzicht te geven van de voornaamste uitgangspunten van de twee belangrijkste onderzoekstradities met betrekking tot kinderen en de media: de mediapsychologie en de cultural studies. Ik heb enige verschillen en overeenkomsten tussen de twee tradities laten zien, en heb beargumenteerd hoe en waarom een wederzijdse tolerantie ten aanzien van elkaars methoden en resultaten een stimulans voor het onderzoek naar kinderen en de media zou kunnen zijn.

Dit boek bestaat uit zes hoofdstukken. In de volgende vijf hoofdstukken geef ik een overzicht van de belangrijkste onderwerpen in het onderzoek naar kinderen en de media. Ik heb daarbij gebruikgemaakt van literatuur uit de mediapsychologie en de cultural studies en ik heb, waar mogelijk, geprobeerd de onderzoeksresultaten uit beide tradities samen te brengen. Ik wil zeker niet de indruk wekken dat deze integratiepoging gelukt is. Zoals eerder duidelijk werd, hebben de twee tradities enige decennia langs elkaar heen geopereerd en het zou te ambitieus zijn om aan een integratie te denken. Bovendien is het onderzoek naar kinderen en de media in de cultural-studieshoek nog steeds relatief zeer schaars, omdat kinderen pas zo laat door cultural-studiesonderzoekers zijn ontdekt.

Het eerstvolgende hoofdstuk geeft inzicht in de manier waarop kinderen zich ontwikkelen tot mediaconsumenten. Het bespreekt een aantal belangrijke kenmerken van kinderen die hun voorkeuren voor mediainhouden bepalen, zoals het cognitieve en sociale ontwikkelingsniveau van kinderen, én hun sekse. Dit hoofdstuk toont aan waarom kinderen niet als een homogene doelgroep gezien kunnen worden. Kinderen kunnen net zoveel van elkáár verschillen als dat ze van volwassenen verschillen. Het heeft daarom geen enkele zin om te spreken van *het* mediagebruik van kinderen en ook niet over *de* effecten van media op kinderen. Zoals later duidelijk zal worden, kunnen effecten immers totaal anders zijn voor jongens en meisjes, jongere en oudere kinderen, en voor kinderen uit gezinnen met verschillende opvoedingsstijlen.

Het derde hoofdstuk van dit boek richt zich op een onderwerp dat van oudsher binnen het mediaonderzoek de meeste aandacht heeft gekregen: het effect van mediageweld op agressief gedrag. In dit hoofdstuk komen de belangrijkste theorieën over de invloed van mediageweld naar voren, zoals de sociale leertheorie, de cognitieve scripttheorie, de

opwindingstheorie en de gewenningstheorie. Ook bespreek ik de verschillende soorten onderzoek die tot op heden zijn uitgevoerd en hoe
deze typen onderzoek hebben bijgedragen aan onze kennis van het effect
van mediageweld op agressie. Ten slotte komt in dit hoofdstuk aan bod
welke kinderen met name gevoelig zijn voor mediageweld en hoe potentiële effecten bij deze kinderen verzacht kunnen worden.

Het vierde hoofdstuk gaat in op angstreacties van kinderen op nieuws
en entertainment. Dit hoofdstuk gaat in op vragen als: hoe vaak worden
kinderen bang van media-inhouden, wanneer beginnen deze angsten en
hoe ontwikkelen ze zich naarmate kinderen ouder worden. Ik bespreek
verschillende theorieën die verklaren hoe het kan dat kinderen überhaupt bang worden van het kijken naar media-inhouden die in feite geen
daadwerkelijk gevaar voor hen vormen. Daarnaast komt aan bod hoe
kinderen zich geruststellen wanneer ze bang worden van media en hoe
deze geruststellingstrategieën veranderen naarmate kinderen ouder
worden. Ten slotte bespreek ik in dit hoofdstuk een aantal theorieën die
verklaren waarom kinderen het plezierig vinden naar mediageweld te
kijken, zelfs als ze er bang van worden.

Het vijfde hoofdstuk concentreert zich op kinderen en reclame. Dit
hoofdstuk begint met de vraag hoe de merkbekendheid van kinderen
zich ontwikkelt, en hoe groot de invloed van kinderen is op de gezinsaankopen. Daarna ga ik in op de effecten van reclame op kinderen. Duidelijk zal worden dat reclame niet één, maar verschillende effecten heeft
en dat het dus geen zin heeft om te praten over hét effect van reclame.
Reclame-effecten worden vaak ingedeeld in bedoelde en onbedoelde effecten. Bedoelde effecten zijn effecten die adverteerders voor ogen hebben.
Dit zijn effecten op bijvoorbeeld het merkbewustzijn, de merkattitude en
de koopintentie van kinderen. Onbedoelde effecten zijn de ongewenste
bijwerkingen van reclame bijvoorbeeld gezinsconflict en materialisme.
Beide typen effecten komen in dit hoofdstuk aan bod. Bij de reclame-
effecten bespreek ik een aantal kenmerken waarvan verondersteld wordt
dat ze een of meer effecten op kinderen versterken, zoals herhaling, het
gebruik van aanprijzende beroemdheden (celebrity endorsement) en het
gebruik van visuele geheugensteuntjes op de verpakking van het geadverteerde product. Ten slotte ga ik in op de vraag welke kinderen het
meest gevoelig zijn voor verschillende reclame-effecten. Onderzoek
wijst bijvoorbeeld uit dat jonge kinderen gevoeliger zijn dan oudere kin-

deren voor reclame-effecten op de merkattitude. In dit hoofdstuk geef ik verklaringen waarom dit zo is.

Het zesde en laatste hoofdstuk gaat over interactieve media en met name computergames en internet. Het gebruik van interactieve media heeft onder kinderen de laatste jaren een enorme vlucht genomen. Terwijl in 1997 nog slechts 4% van de Nederlandse kinderen *on line* was, heeft medio 2001 ruim driekwart van de acht- tot dertienjarigen thuis toegang tot het internet. Het hoofdstuk begint met een beschrijving van de interactieve mediaomgeving van kinderen. Er komt een aantal kenmerkende eigenschappen van websites voor kinderen aan bod en ook worden de verschillende typen computer- en webgames die in omloop zijn, besproken. Daarna staat de vraag centraal welke kinderen welke interactieve media gebruiken, en hoe dit verschilt voor jongens en meisjes van verschillende leeftijden en achtergronden. Ten slotte komt een aantal positieve en negatieve effecten van interactieve media aan bod. Ik bespreek de belangrijkste fysieke (epileptische aanvallen), cognitieve (ruimtelijk inzicht) en sociale effecten (vriendschapsvorming en agressief gedrag) van interactieve media.

[1] In dit boek wordt gesproken over kinderen en jongeren. De term *kinderen* beschrijft de leeftijdsgroep van nul tot twaalf jaar. De term *jongeren* duidt op de leeftijdsgroep dertien tot achttien jaar.

Hoofdstuk 2

De ontwikkeling van kind tot mediaconsument

Iedereen die ervaring met kinderen heeft, weet dat zelfs de allerjongste kinderen al sterk kunnen verschillen in hun voorkeuren voor entertainment en mediaproducten. In dit hoofdstuk bespreek ik hoe de voorkeuren van jongens en meisjes zich ontwikkelen vanaf de geboorte tot aan de adolescentieperiode. Het hoofdstuk bestaat uit *vijf* delen. In de *eerste vier* delen bespreek ik de kenmerken van vier leeftijdsgroepen, van nul tot twee jaar, van twee tot vijf jaar, van vijf tot acht jaar, en van acht tot twaalf jaar. Bij elke leeftijdsgroep bespreek ik hoe een aantal belangrijke ontwikkelingspsychologische kenmerken de mediavoorkeuren van kinderen bepaalt. Waarom houden twee- en driejarigen bijvoorbeeld vooral van langzame programma's met veel herhaling, terwijl vijfjarigen gaan voor actie, snelheid en avontuur? Welke typen humor spreken kinderen van verschillende leeftijden aan en waarom? Waarom doorzien kinderen pas vanaf acht jaar wanneer acteurs slecht acteren? In het *vijfde* en laatste deel ga ik in op een aantal belangrijke verschillen tussen jongens en meisjes. Hier komt bijvoorbeeld naar voren hoe en waarom jongens en meisjes verschillen in hun voorkeur voor sommige typen humor, voor actie, geweld en romantiek.

Cognitief ontwikkelingsniveau en voorkeuren voor media

Voordat ik inga op de vraag hoe het cognitieve ontwikkelingsniveau van kinderen hun mediavoorkeuren bepaalt, is het van belang te weten *waarom* het cognitieve ontwikkelingsniveau, ofwel het begrip en de kennis van kinderen, überhaupt iets te maken heeft met hun mediavoorkeuren.

Begrip, kennis en voorkeuren blijken nauwer samen te hangen dan men op het eerste gezicht zou vermoeden.

Cognitieve ontwikkelingspsychologen gaan ervan uit dat kinderen vooral interesse hebben in stimuli die ze begrijpen of ten minste gedeeltelijk kunnen inpassen in hun conceptuele referentiekader en dat ze stimuli die te moeilijk voor hen zijn het liefst vermijden. Volgens deze theorie, de *gematigde discrepantietheorie* genoemd, kijken kinderen het liefst naar objecten en beelden die slechts gematigd afwijken van hetgeen ze kennen of begrijpen. Stimuli die te moeilijk zijn of te makkelijk, zijn een stuk minder aantrekkelijk (Greenberg & O'Donnell, 1972).[1]

Uit diverse onderzoeken blijkt inderdaad dat jonge kinderen vooral aandacht hebben voor programma's die ze begrijpen en dat ze programma's die ze niet begrijpen, vermijden (Anderson & Burns, 1991). De gematigde discrepantiehypothese biedt daarom een belangrijke verklaring waarom de mediavoorkeuren van kinderen van verschillende leeftijden zo sterk van elkaar verschillen. De waargenomen makkelijkheid en moeilijkheid van media-inhouden veranderen immers dramatisch naarmate kinderen ouder worden. Media-inhouden die gematigd afwijkend en daardoor interessant zijn voor een tweejarige, zijn vaak te simpel en daardoor oninteressant voor een zesjarige. Zoals later in het hoofdstuk zal blijken, kunnen veel ontwikkelingen in de voorkeuren van kinderen voor mediaproducten worden uitgelegd aan de hand van de gematigde discrepantietheorie.

Van nul tot twee jaar: felle kleuren, muziek en bewegende objecten

Onderzoekers weten nog weinig over hoe de voorkeur en smaak van kinderen ontstaan en zich ontwikkelen gedurende de kindertijd. Wel is het bekend dat kinderen van twee al ferm hun wensen kunnen etaleren wat betreft hun favoriete speelgoed, televisieprogramma's en videofilms, en dat kinderen, naarmate ze ouder worden, steeds beter in staat zijn om kritische en doordachte meningen te geven over mediaproducten. Bepaalde voorkeuren van kinderen lijken aangeboren te zijn, terwijl andere zich gedurende de kindertijd vormen. De smaak- en reukvoorkeuren van kinderen zijn bijvoorbeeld voor een groot deel aangeboren. Zo houden pasgeborenen vooral van zoet, en niet van zout en zuur, en al helemaal niet van bitter. Ze hebben ook een hekel aan dezelfde geuren die een volwassene onaangenaam vindt, zoals azijn of ammonia (Ganchrow et al., 1983).

Kinderen worden ook geboren met een duidelijke voorkeur voor muziek en spraak. Al in de eerste maanden wenden kinderen hun hoofd in de richting waar de muziek vandaan komt en ze kunnen, zo blijkt, duidelijk genieten van muziek (Moog, 1976). Een ander favoriet geluid voor een pasgeborene is de menselijke stem, en vooral een stem gekenmerkt door een langzaam tempo, hoge tonen en overdreven intonaties; kortom, de manier waarop ouders gewoonlijk tegen baby's praten. Onderzoek toont aan dat baby's van vier maanden al liever luisteren naar een bandopname met een stem die gebruikmaakt van *oudertaal* dan een band met een stem in standaardintonaties (Fernald, 1985). De voorkeur van kinderen voor oudertaal blijft de eerste jaren bestaan. Auditieve en audiovisuele verhalen voor deze leeftijdsgroep die gebruikmaken van dit soort spraak vergroten dus hun kans op succes.

Hoewel het gehoor van pasgeborenen uitstekend is, moet hun gezichtsvermogen nog tot volle ontwikkeling komen. Pasgeboren baby's kunnen weliswaar kleuren, contrasten en bewegingen waarnemen, maar ze zien deze nog enigszins troebel. Pas na ongeveer acht maanden is hun gezichtsvermogen ongeveer hetzelfde als dat van volwassenen. Toch hebben baby's vanaf dag één al voorkeuren voor specifieke beelden. In de eerste plaats houden ze ervan naar menselijke gezichten te kijken. Ze blijken het kijken naar gezichten zelfs te prefereren boven alle andere stimuli. Ook blijken ze al meer aandacht te hebben voor een aantrekkelijk (lees: symmetrisch) dan voor een onaantrekkelijk gezicht (Siegler, 1998).

Baby's hebben behalve voor gezichten een voorkeur voor bewegende objecten met felle (maar ook weer niet té felle) kleuren en contrasten. Onmiddellijk na de geboorte kunnen ze al onderscheid maken tussen verschillende kleuren, en als ze één maand zijn, zijn ze in staat om alle kleuren uit het kleurenspectrum te onderscheiden (Adams, 1987; Clavadetscher et al., 1988). Het is dan ook niet verwonderlijk dat speelgoed en entertainmentprogramma's voor baby's en peuters vaak in felle kleuren worden uitgevoerd.

De belangstelling van baby's voor televisieprogramma's

Als kinderen vier of vijf maanden zijn, gaan ze interesse tonen in televisieprogramma's. Ze zijn het meest geïnteresseerd, zo blijkt, in kinderprogramma's met gekleurde fantasiepoppen, zoals *Sesamstraat* en *Teletubbies*, én in reclames. Het is niet vreemd dat juist deze twee programmatypen zo aantrekkelijk zijn. Zowel kinderprogramma's als reclames zijn gespecialiseerd in het aandacht trekken met visuele en auditieve middelen. En daar zijn baby's uiterst gevoelig voor (Lemish, 1987).

Dat baby's en peuters veel aandacht voor reclames hebben, vinden volwassenen soms schokkend, maar deze wetenschap is beslist niet nieuw. Ze heeft er bijvoorbeeld voor gezorgd dat de bedenkers van *Sesamstraat* er in 1969 voor hebben gekozen om *Sesamstraat* in een vorm te gieten die lijkt op reclames: korte verhaaltjes, met een overvloedig gebruik van muziek, slogans, rijmpjes en liedjes (Lesser, 1974).

De specifieke smaak van baby's voor felle kleuren, bewegende objecten, liedjes en muziek blijkt duidelijk uit een onderzoek dat ik heb uitgevoerd met Marjolein Vroone. In dit onderzoek hebben we 50 baby's, peuters en kleuters geobserveerd terwijl ze in hun natuurlijke omgeving televisiekeken. In werkelijkheid bestond hun 'televisiekijken' uit een videoband van 40 minuten, bestaande uit 64 scènes uit het Journaal, *Sesamstraat*, de *Teletubbies* en *De Leeuwenkoning II*. Tussen de programma's zat een aantal commercials, onder andere van *Douwe Egberts, Sunil, Barbie* en *Haribo*. Boven op de televisie waarop de videoband werd afgespeeld, hadden we een kleine videocamera gezet. Zo konden we bij elk van de 64 scènes vaststellen in hoeverre kinderen er aandacht voor hadden. De aandacht van kinderen van 6 tot 24 maanden kwam opmerkelijk overeen met hetgeen we verwachtten. Tabel 2.1 geeft de toptien van scènes die de meeste aandacht trokken bij deze kinderen.

De kinderen in ons onderzoek werden geobserveerd in hun eigen huis, omringd door speelgoed, één of meer familieleden en de onderzoeker. Toch koos maar liefst 70% tot 85% van de kinderen van 6 tot 24 maanden ervoor onafgebroken naar de scènes in tabel 2.1 te kijken. De tien meest favoriete scènes reflecteerden onmiskenbaar de voorkeur van baby's en peuters: muziek, liedjes, felle kleuren, verrassend bewegende objecten en voedsel. Elk van de scènes in de toptien van aandachttrekkende scènes bevatte minstens één van deze kenmerken.

Tabel 2.1 Toptien van televisiescènes die de meeste aandacht trokken van kinderen van 6 tot 24 maanden.

Beschrijving van meest aandachttrekkende scènes	% kinderen met aandacht voor hele scène
1 Sesamstraat beginliedje: 'Jeeeh!! Sesamstraat'	85
2 Koekiemonster zingt een liedje	85
3 Douchekop zegt: 'Tijd voor Teletubbies, Tijd voor Teletubbies'	85
4 Koekiemonster eet een koekje	77
5 Teletubbies dansen en zingen: 'Tinky Winky, Dipsy, Laa Laa, Po'	77
6 Sien geeft Pino een appel	70
7 Pino geeft de appel aan Aart	70
8 Haribo-reclame: zwembad vol gekleurde snoepjes	70
9 Teletubbies springen één voor één uit een gat, vergezeld van muziek	70
10 Teletubbies: toast vliegt in de lucht	70

Er waren ook scènes die nauwelijks of geen belangstelling ondervonden. Het Journaal bijvoorbeeld trok slechts bij 8% van de kinderen aandacht. Ook kwam er geen enkele reclame voor volwassenen in de toptien voor, en, opvallend genoeg, ook geen enkele scène van de Leeuwenkoning. Ons onderzoek laat zien dat baby's en peuters, zo jong als ze zijn, al selectief zijn in hun aandacht voor televisie-inhouden die ze aantrekkelijk vinden. De resultaten vormen ook een bevestiging voor de gematigde discrepantiehypothese. Het Journaal, de reclames voor volwassenen en de Leeuwenkoning bestonden immers alle uit relatief moeilijke scènes.

Praten tegen de televisie en 'verbal labeling'

We hebben niet alleen onderzocht hoeveel aandacht de baby's en peuters in ons onderzoek hadden voor diverse scènes, maar ook of ze iets te vertellen hadden bij hetgeen ze zagen. Wanneer beginnen baby's en peuters verbaal te reageren op televisieprogramma's? Dat begin heeft uiteraard te maken met hun taal- en spraakontwikkeling in het algemeen. Als kinderen ongeveer één jaar zijn, spreken ze gewoonlijk hun eerste echte woord uit. Die eerste woorden van baby's blijken in de meeste talen het-zelfde. Ze reflecteren de universele voorkeur van éénjarigen: mensen (mama, papa, oma), dieren (hond, kat), speelgoed (bal, pop), voedsel (melk, koekje), vervoermiddelen (auto) en alle andere concrete dingen waarnaar een éénjarige verlangt (Kent & Miulo, 1995; Nelson, 1973).

Kinderen beginnen omstreeks hun eerste verjaardag een sterke behoefte te ontwikkelen om te benoemen wat ze zien. Dit kenmerk wordt in de Angelsaksische literatuur *verbal labeling* genoemd. In ons onderzoek riep maar liefst 40% van de kinderen tot twee tijdens het kij-ken de naam van een televisiefiguur of benoemde hardop objecten uit het programma. Dit labelen begon bij vijftien maanden. Het imiteren van woorden en liedjes, en het dansen en meezingen begon ook bij vijftien maanden.

Conclusie. Baby's en peuters hebben al zeer vroeg een specifieke interesse in auditieve en audiovisuele aspecten van televisieprogramma's. Ook is het duidelijk dat televisiekijken voor jonge kinderen geen passieve acti-viteit is, hetgeen tot op de dag van vandaag in sommige kringen wordt aangenomen. Volgens de zogenoemde *passiviteitshypothese*, die zowel in de populaire als wetenschappelijke literatuur nog steeds opgeld doet, wordt televisie als een gemakkelijk medium gezien dat weinig mentale inspanning vereist. Aangenomen wordt dat kinderen met een minimale geestelijke inspanning televisiekijken, waardoor ze mentaal lui worden.

De passiviteitshypothese vond in ons onderzoek geen steun. Kinde-ren bleken tijdens het kijken zowel cognitief als fysiek zeer actief te zijn. Zelfs kinderen jonger dan twee jaar hadden al selectieve aandacht voor aspecten op televisie die hun voorkeur genoten. Ook deden ze hun best om de televisie-inhouden te begrijpen en in te passen in hun bestaande kennis (bijvoorbeeld door geregeld vragen te stellen). Wat baby's en peu-ters meestal nog niet hebben, is oog voor het verhaal in programma's. Onderzoek toont aan dat kinderen jonger dan anderhalf net zoveel belangstelling tonen voor een videofilm die conceptueel onbegrijpelijk is gemaakt (door bijvoorbeeld betekenisloze zinnen, geluiden en vormen) als voor gewone video's. Kinderen ouder dan anderhalf hebben daaren-tegen wel aandacht voor het verhaal in programma's (Richards & Gib-son, 1997). Dit betekent dus dat baby's en jonge peuters wél oog hebben voor opvallende visuele en auditieve kenmerken, maar dat deze kenmerken nog niet in een betekenisvolle context hoeven te staan. Lange verhalen zijn voor deze leeftijdsgroep dus niet geschikt.

Van twee tot vijf jaar: vriendelijke fantasiefiguren en vertrouwde contexten

Hoewel kinderen voor ze anderhalf à twee zijn voorkeuren hebben voor kleuren, beelden en muziek, is hun gedrag nog voornamelijk reactief en weinig intentioneel. Maar dit verandert snel als ze anderhalf à twee worden. De meeste kinderen kijken dan bijna dagelijks televisie en hun aandacht voor de programma-inhoud neemt dramatisch toe. Volgens een onderzoek van Anderson en collega's (1986) kijken kinderen van één jaar nog maar 12% van de tijd dat de televisie aanstaat naar het beeldscherm, terwijl kinderen van vijf een kleine 70% van de tijd dat de televisie aanstaat hun ogen op het scherm houden. Deze 70% lijkt ook meteen een plafond te zijn, want de gemiddelde aandacht blijft ook bij oudere kinderen rondom dit percentage variëren.

De snelle toename van de aandacht voor televisie tussen één en vijf jaar reflecteert volgens Anderson en collega's de evenredig grote toename van het begrip van televisieprogramma's. De woordenschat van kinderen in deze periode neemt explosief toe. Volgens recente schattingen beschikt een kind van twee gemiddeld over een paar honderd woorden, terwijl een kind van zes er al zo'n 10.000 kent. Zoals al duidelijk werd, raken kinderen vanaf twee jaar ook geïnteresseerd in de verhaallijn van mediaproducten. Dit bleek in ons onderzoek met name uit de aard en frequentie van de vragen die kinderen stelden. Bijna de helft van de kinderen stelde tijdens het kijken min of meer geregeld vragen om hun begrip van de programma-inhoud te verhogen. Dit vragen stellen begon bij tweeënhalf jaar.

Het imiteren van media-inhouden

Kinderen scheppen er al vanaf hun geboorte plezier in om anderen te imiteren (Siegler, 1998). Maar pas als kinderen anderhalf worden, gaan ze zichzelf in de spiegel of op een foto herkennen en dan krijgen ze in de gaten hoe mensen van elkaar verschillen. En dan gaan ze er extra plezier in scheppen om anderen te imiteren. In een studie van Cupitt en collega's

(1998) gaf bijna de helft van de moeders van peuters van tweeënhalf jaar aan dat hun kind muziek, rijmpjes of liedjes van televisie imiteerde. Met name televisiecommercials worden vaak geïmiteerd. Uit een van mijn onderzoeken onder ouders bleek dat 25% van de tweejarige kinderen al min of meer regelmatig een rijmpje of slogan uit een commercial nazingt. Als ze drie zijn, doet 63% van de kinderen dat, en als ze vijf zijn, imiteert 75% al min of meer regelmatig een jingle of slogan uit een commercial (Valkenburg, 1999).

Waarom een langzaam tempo en veel herhaling?

Vanwege hun prille cognitieve niveau, valt volgens de gematigde discrepantiehypothese bij jonge kinderen veel informatie in de categorie 'te complex'. Jonge kinderen hebben minder ervaringen dan oudere kinderen om nieuw binnenkomende informatie aan te relateren. In de literatuur wordt wel eens gezegd dat jonge kinderen daarom meer *stimulusgedreven* reageren, terwijl oudere kinderen meer *schemagedreven* reageren (Young, 1990). Hiermee wordt bedoeld dat oudere kinderen al meer 'kapstokjes' in hun geheugen hebben die hun kunnen helpen om nieuwe informatie te selecteren, ordenen en verwerken.

Het is dan ook niet verwonderlijk dat jonge kinderen meer tijd nodig hebben om mediaproducten te interpreteren en begrijpen en dat ze het liefst kijken naar programma's met een langzaam tempo en veel herhaling (Anderson & Burns, 1991). Een goed voorbeeld van zo'n programma is de *Teletubbies*. Hoewel dit programma soms ergernis bij volwassenen oproept, is het bij uitstek geschikt voor peuters. Programma's met veel herhaling bieden kinderen de gelegenheid om een soort 'psychologische macht' over de verhalen te ontwikkelen. Net zoals volwassenen ingewikkeld materiaal onder de knie krijgen door het een paar keer te lezen, zo vinden peuters steun in het steeds opnieuw kijken naar dezelfde scènes.

De gematigde discrepantiehypothese verklaart ook waarom kinderen van twee tot vijf bij voorkeur kijken naar programma's met vertrouwde contexten, waarin dingen gebeuren die ze kennen en die dicht bij huis gebeuren. Ze houden ervan te kijken naar andere peuters en kleuters en naar simpele, vriendelijke fantasiefiguren. Ze hebben ook een speciale interesse in objecten en dieren die ze kennen en verbaal kunnen labelen, zoals een hond, kat of beer. Het is daarom niet verwonderlijk dat veel prentenboeken en televisieprogramma's voor peuters en kleuters gaan over gebeurtenissen rondom het huis. Kinderen van twee tot vijf luisteren nog steeds graag naar liedjes of rijmpjes en hun humor beperkt zich tot plotselinge verrassingen, clowneske gebaren en *slapstick* (Acuff, 1997).

De wazige grens tussen fantasie en realiteit

In de fase van twee tot vijf jaar maakt de fantasie van kinderen een stormachtige ontwikkeling door. De eerste uitingen van de fantasie beginnen vaak bij anderhalf jaar. Dan kunnen kinderen bijvoorbeeld doen alsof een banaan de hoorn van de telefoon is. Als ze drie of vier jaar zijn, wordt hun spel steeds complexer en socialer. Ze nemen dan andere rollen aan en kunnen complexe scenario's bedenken en uitwerken. Ze spelen vader en moeder, dokter of brandweerman, en varen naar onbewoonde eilanden en verre planeten (Valkenburg & Hellendoorn, 1992).

Vroege theorieën over de cognitieve ontwikkeling van kinderen gaan ervan uit dat kinderen tot een jaar of zes nog niet in staat zijn om het verschil tussen fantasie en realiteit te onderscheiden. Piaget (1929) bijvoorbeeld dacht dat kinderen tot zes jaar nog überhaupt niet weten dat mensen een mentaal leven hebben. Recenter onderzoek wijst echter uit dat zelfs kinderen van drie jaar al redelijk goed onderscheid kunnen maken tussen fantasie en realiteit (Wellman, 1990). Het volgende voorbeeld van een gesprek tussen een moeder en haar driejarige dochter Katie uit een boek van Astington (1993) illustreert dit goed:

> *Moeder: 'Wat eten we vanavond?'*
> *Katie (3): 'Papa.'*
> *Moeder: 'Dat is een goed idee. Ja, met ketchup.'*
> *Katie: 'Laten we mammie opeten.'*
> *Moeder: 'Met ketchup?'*
> *Katie: 'Ja.'*
> *Moeder: 'Maar dan zou mama helemaal opgegeten worden. Dan zou ik helemaal weg zijn...'*
> *Katie (kijkt angstig): 'Het was maar om te spelen hoor...'* [2]

Ook al toont experimenteel onderzoek aan dat kleuters vaak goed weten wanneer ze zelf fantaseren, de praktijk wijst vaak anders uit. Onderzoek naar de validiteit van getuigenverklaringen bijvoorbeeld laat zien dat, hoe valide de onderzoeksmethoden ook zijn, kleuters meer moeite hebben dan oudere kinderen met *reality monitoring*: het onderscheiden van wat er in hun fantasie en in de werkelijkheid is gebeurd (Parker, 1995). Ook weet menig volwassene maar al te goed dat de wetenschap van kinderen dat een film als de Tovenaar van Oz 'maar fantasie' is, niet voorkomt dat ze verstijfd van angst naar de vliegende apen kijken. Volgens Paul Harris (2000) weten kinderen wel wat fantasie is en wat niet, maar zijn ze toch eerder dan volwassenen geneigd te geloven in het bestaan van wat ze gefantaseerd hebben. Hij kwalificeert de grens tussen fantasie en realiteit bij kinderen daarom als *semi-permeabel*, ofwel half doorlaatbaar. Het volgende gesprek tussen twee kinderen illustreert deze stelling:

> '*Laten we spelen alsof er een monster komt, oké?*'
> '*Nee, laten we dat maar niet doen.*'
> '*Waarom niet?*'
> '*Omdat dat te eng is.*'[3]

De gevolgen van een wazige grens tussen fantasie en realiteit voor mediavoorkeuren. Hiervoor werd duidelijk dat jonge kinderen al redelijk goed weten wanneer iets fantasie(spel) is, hoewel het moeilijker wordt om de grens tussen fantasie en realiteit strak te houden als kinderen over het verleden moeten nadenken. Maar hoe zit het nu met fantasie in de media? Op welke leeftijd kunnen kinderen inschatten wanneer mediaproducties fantasie zijn of realiteit? Onderzoek wijst uit dat kinderen tussen de drie en tien jaar steeds beter worden in het onderscheiden van fantasie en realiteit in de media. Kinderen tot een jaar of vier geloven in het algemeen dat alles op televisie echt is. Twee- en driejarigen denken bijvoorbeeld vaak dat televisiefiguren in de televisie wonen. Als ze zien dat er op televisie een ei breekt, rennen ze naar de keuken om een doekje te halen (Jaglom & Gardner, 1981). Howard (1998) vond in een studie dat de meeste kinderen van vijf nog geloofden dat Pino en Bugs Bunny echt zijn.

Dat jonge kinderen nog niet doorhebben dat dingen op televisie niet echt zijn, komt ook tot uitdrukking in hun gedrag. Wanneer jonge kinderen geïnteresseerd zijn in een bepaald programma, lopen ze geregeld naar het scherm, bijvoorbeeld om een televisiefiguur te aaien of een kusje te geven. Volgens Lemish (1987) verdwijnt dit aanraken als kinde-

ren ongeveer twee jaar zijn, omdat ze dan geleerd hebben dat het beeldscherm steeds hetzelfde (koud en glad) aanvoelt. In ons onderzoek bleek
echter dat kinderen van drie jaar ook nog naar het beeldscherm toe kunnen lopen, bijvoorbeeld om naar geliefde televisiefiguren te zwaaien of
ze (tevergeefs) te pakken.

Het onvermogen van kinderen om fantasie en realiteit in de media te
ontwarren heeft grote invloed op de voorkeuren van kinderen voor producten en informatie. In de eerste plaats zijn fantasiefiguren vaak net zo
indrukwekkend als realistische figuren. Als kinderen drie jaar zijn,
beginnen ze zich voor het eerst te identificeren met televisiefiguren.
Maar omdat alle figuren echt voor hen zijn, kunnen ze zich net zo goed
identificeren met een fantasiedier of -persoon als met iemand van vlees
en bloed. Ook *special effects* en stunts, bijvoorbeeld een held die in rook
opgaat, zijn zeer indrukwekkend. Omdat peuters en kleuters nog niet
begrijpen dat dit soort gebeurtenissen cinematografische trucs zijn, zijn
ze veel ontvankelijker voor de effecten ervan.

Uit het onderzoek naar het vermogen van kinderen om fantasie en
realiteit te onderscheiden blijkt dat kinderen al vanaf een jaar of drie
goed weten wanneer ze zelf fantaseren. Kinderen onder de zeven kunnen hun kennis over fantasie en realiteit echter nog niet adequaat inzetten als ze naar angstwekkende fantastische fictie kijken (Harris, 2000).
Pas als kinderen zes zijn, kun je effectief tegen hen zeggen: 'Dit is niet
echt.' En pas vanaf zeven jaar kunnen ze die informatie *zelfstandig* inzetten als ze naar films kijken. In hoofdstuk 4 ga ik uitgebreider in op de
vraag hoe jonge kinderen van oudere verschillen als het aankomt op het
kijken naar angstaanjagende mediaproducten.

Perceptuele gebondenheid en centratie

Een van de meest kenmerkende kwaliteiten van het denkvermogen van
kinderen van twee tot vijf is de neiging om hun aandacht te concentreren
op onmiddellijk waarneembare kenmerken van een object of product,
terwijl andere typen informatie, die minder expliciet waarneembaar zijn,
genegeerd worden. Dit verschijnsel wordt in de literatuur gedekt met het
begrip *perceptuele gebondenheid* (Bruner, 1966). Uit onderzoek blijkt inderdaad dat jonge kinderen vooral letten op direct waarneembare uiterlijke
kenmerken bij het beoordelen van een televisiefiguur. In een experiment

van Hoffner en Cantor (1985) keken verschillende groepen kinderen naar een film met een vrouwelijke hoofdpersoon. In de verschillende experimentele condities zag de hoofdpersoon in de film er aantrekkelijk ofwel lelijk uit, en ze gedroeg zich vriendelijk ofwel kwaadaardig. De resultaten lieten zien dat kleuters vaker dan oudere kinderen vonden dat de hoofdpersoon met het lelijke uiterlijk 'gemeen' was, ongeacht of zij zich nu kwaadaardig of vriendelijk gedroeg. Andersom vonden de kleuters de aantrekkelijke vrouw vaker aardig, of zij zich nu wel of niet vriendelijk of kwaadaardig gedroeg. In tegenstelling tot de jongere kinderen in het onderzoek, werd het oordeel van de oudere kinderen vooral bepaald door het *gedrag* van de televisiefiguur en niet door haar uiterlijk.

Nauw verwant aan het begrip *perceptuele gebondenheid* is het begrip *centratie* (Piaget, 1954). Hiermee wordt de neiging van kinderen bedoeld om de aandacht te richten op één opvallend visueel kenmerk van een stimulus, terwijl de overige minder opvallende visuele kenmerken genegeerd worden. Een goed voorbeeld van deze neiging van kinderen is te vinden in een kwalitatieve studie gerapporteerd door Acuff (1997). In dit onderzoek kreeg een groep meisjes drie poppen. Twee poppen waren heel duur, hadden prachtig ontworpen gezichten en geavanceerde mechanische effecten. De derde pop was een stuk goedkoper, had een grof gezicht en geen mechanische extra's. Maar deze pop had een groot, rood hart van glimmende lovertjes op haar jurk genaaid. Tot verbazing van de onderzoekers kozen bijna alle meisjes de goedkope pop met het rode hart op haar buik. Dit gedrag is typerend voor peuters en kleuters. Ze richten zich bij de beoordeling van een product op één opvallend kenmerk, en hebben daardoor nog weinig oog voor meerdere details tegelijk, en dus ook niet voor kwaliteit. Dit geldt met name wanneer kinderen voor het eerst met een product of stimulus geconfronteerd worden. Bij herhaalde blootstelling krijgen kinderen een beter oog voor verschillende details.

Perceptuele gebondenheid en centratie hebben belangrijke gevolgen voor de voorkeuren van kinderen voor media-inhouden. Kinderen tot vijf jaar zijn in het algemeen sterk visueel georiënteerd in hun voorkeuren. Dit geldt voor informatie in het algemeen, maar zeker ook voor mediakarakters. De beschrijvingen van kinderen van mediafiguren beperkt zich meestal tot simpele, fysieke kenmerken, zonder dat deze geïntegreerd worden tot een geheel. Jonge kinderen hebben ook nog weinig oog voor wat karakters precies doen of zeggen. Ze kijken het liefst naar ongecompliceerde, kleurrijke en niet bedreigende karakters, zoals de *Teletubbies* en de *Jellabies*.

Van vijf tot acht jaar: avontuur en exotische contexten

Veel van de kenmerken van peuters en kleuters gelden ook nog voor vijf-tot achtjarigen. Kinderen in deze fase zijn bijvoorbeeld nog steeds perceptueel gebonden, en centreren hun aandacht op opvallende kenmerken, hoewel dit wel minder wordt. Het vermogen om fantasie en realiteit in de media te onderscheiden bevindt zich in een soort overgangsfase. Kinderen hebben nu door dat Pino van *Sesamstraat* een aangekleed persoon is en ze krijgen ook steeds beter door dat onrealistische stunts en special effects op televisie in het echt niet kunnen. Maar ze geloven nog wel dat alles wat er realistisch uitziet op tv in het echt bestaat. Ze denken bijvoorbeeld dat acteurs op televisie in hun werkelijke leven hetzelfde beroep uitoefenen en dat de Huxtables in de *Cosby Show* een gezin vormen dat echt bestaat. Dit laatste idee komt trouwens ook bij kinderen van negen à tien nog voor (Howard, 1998).

Toch is er een aantal veranderingen bij kinderen in deze fase die rechtvaardigen dat ze als een aparte leeftijdsgroep beschreven worden. In de eerste plaats wordt de aandachtsboog van kinderen een stuk breder. Een kind van drie kan maximaal twintig minuten met hetzelfde bezig zijn, en is dan tussentijds ook nog vaak afgeleid. Kinderen vanaf vijf daarentegen, kunnen zich soms wel een uur of langer op een favoriete bezigheid concentreren. Kinderen kunnen nu veel langer naar een film kijken, en kunnen ook zeer intens en aandachtig met een computerspel bezig zijn (Anderson et al., 1986; Ruff & Lawson, 1990).

Verlies van interesse in educatieve kleuterprogramma's

De interesse van kinderen in educatieve programma's zoals *Sesamstraat* begint vanaf een jaar of vijf langzaam af te nemen (Rice et al., 1990). Kinderen krijgen nu behoefte aan wat sneller en moeilijker entertainment met wat minder vriendelijke hoofdpersonen. Ze hebben een voorkeur voor wat 'gevaarlijker' televisieprogramma's en computerspellen, met wat meer gecompliceerde karakters en meer avontuurlijke contexten, zoals onbekende eilanden of andere planeten.

Vanaf vijf jaar krijgen kinderen interesse in verbale humor, zoals woordspelletjes en het verkeerd benoemen van objecten en gebeurtenissen. Ook beginnen ze humor te waarderen waarin sprake is van conceptuele ongerijmdheid, bijvoorbeeld het overdreven of verkeerd weergeven van vertrouwde situaties en gebeurtenissen (McGhee, 1979). Ten slotte krijgen ze interesse in wat meer kwaadaardige en sociaal onacceptabele vormen van humor. Vooral humor over menselijke uitwerpselen kan menige kleuter doen brullen van het lachen.

In ons observatieonderzoek naar de aandacht van peuters en kleuters, dat eerder werd besproken, hebben we ook onderzocht welke scènes kinderen van vier tot vijf jaar met name aanspreken. We wilden voor deze leeftijdsgroep ook een toptien van meest aandacht vragende scènes ontwikkelen. Tot onze verrassing bleek dit nauwelijks mogelijk, omdat veel kinderen vrijwel continue aandacht hadden voor de 40 minuten durende videoband. Om precies te zijn, hadden kinderen gemiddeld bij 77% van de 64 scènes hun ogen op het scherm. Dit resultaat komt overeen met het onderzoek van Anderson en collega's (1986) waaruit blijkt dat kinderen van deze leeftijd hun ogen een kleine 70% van de tijd op het scherm gericht hebben.

Ons onderzoek liet zeer duidelijke verschillen in de voorkeuren zien tussen kinderen van twee en vijf jaar. Ten eerste kwamen er bij de oudere kleuters nauwelijks nog scènes van de *Teletubbies* voor in de lijst van meest aandachttrekkende scènes. De enige scène van de *Teletubbies* die nog wel veel aandacht onder vier- tot vijfjarigen trok, was de scène waarin plotseling een Tubbietoast door de lucht vliegt. Dit soort plotselinge bewegingen trekken echter altijd de aandacht, onafhankelijk van de leeftijd van de kijker. Ze doen een beroep op de zogenoemde *oriënterende reflex* van mensen. Als mensen, zowel volwassenen als kinderen, een plotselinge beweging of lichtflits zien of een hard geluid horen, dan richten ze hun aandacht op deze stimulus, nog voordat ze beseffen wat de stimulus betekent. Onderzoek wijst uit dat kinderen en volwassenen niet veel verschillen in de stimuli die hun aandacht *trekken*. Ze verschillen wel in de stimuli die hun aandacht *vasthouden* (Cohen, 1972; Siegler, 1998).

De scènes die relatief veel aandacht vroegen onder kinderen van vier tot vijf jaar kwamen voor een deel overeen met de scènes die tweejarigen aanspraken. Voedsel en snoep bleven populair bij de vier- tot vijfjarigen. Een duidelijk verschil met de nul- tot tweejarigen was echter dat de oudere kleuters inderdaad een beter oog hebben voor de inhoud van media-producten. Hele verhaaltjes trokken nu de aandacht. In tegenstelling tot baby's en jonge peuters, wordt de aandacht van vier- tot vijfjarigen veel meer door de inhoud bepaald. Kinderen zijn nieuwsgierig om het vervolg te zien. Ook spannende inhouden, zoals verstoppertje spelen in *Sesamstraat*, en een achtervolging of een stoeipartij in de *Leeuwenkoning* trokken de aandacht. Deze media-inhouden sluiten goed aan bij het fantasieleven van kinderen van deze leeftijd, waarin spanning en avontuur een belangrijke rol spelen.

Belangstelling voor actie en geweld

Ten slotte mag niet onvermeld blijven dat kinderen in deze leeftijdsgroep, vaak tot grote ergernis van ouders en andere volwassenen, een niet te stuiten voorkeur ontwikkelen voor entertainment dat weinig tot geen educatieve waarde heeft. Dit is duidelijk af te leiden uit de reeks van entertainmentprogramma's die in de laatste decennia wereldwijd tot de top van de favoriete programma's voor deze leeftijdsgroep behoorden, zoals de *Ninja Turtles*, *Power Rangers* en *Pokémon*. Dit type entertainmentprogramma's, dat wereldwijd enorme hypes veroorzaakt, heeft een aantal kenmerken gemeen, namelijk actie, geweld, binaire karakters (goed/slecht, mannelijk/vrouwelijk) en narratief simplisme (Seiter, 1998).

Hoe kunnen dit soort programma's, die door volwassenen zo systematisch verworpen worden, nu zo'n ontzaglijke aantrekkingskracht op kinderen van deze leeftijd hebben? Daar bestaan verschillende verklaringen voor. In de eerste plaats presenteren deze programma's een overvloed aan zaken waar kinderen van houden, zoals actie, fysieke humor en bewegend 'speelgoed' in de vorm van cartoon- of animatiekarakters. Volgens sommige auteurs rebelleren de actie en snelheid van deze programma's tegen de restricties die volwassenen kinderen opleggen. De actie en snelheid van de superhelden in de programma's bieden kinderen de mogelijkheid tot escapisme uit de dagelijkse beperkingen. Daarom spreken ze kinderen van deze leeftijd, die juist hun fysieke grenzen aan het ontdekken zijn, zo aan. Via identificatie met de superhelden kunnen kinderen fantaseren dat zijzelf groot en sterk zijn en het gevoel dat daarmee gepaard gaat, verschaft hun plezier.

Een tweede kenmerk dat deze programma's gemeen hebben, is dat de gebeurtenissen binnen een gemeenschap van leeftijdgenoten en/of kameraden plaatsvinden, hetgeen de programma's voor kinderen extra aantrekkelijk maakt, omdat ze vanaf deze leeftijd zelf zeer geïnteresseerd zijn in sociaal spel en omgang met leeftijdgenoten. Daarbij komt dat het verhaal en de karakters worden gepresenteerd op manieren die jonge kinderen aanspreken. Karakters zijn bijvoorbeeld goed of kwaad of ze zijn extreem mannelijk of vrouwelijk. Kinderen van deze leeftijd, en ook veel oudere kinderen, houden ervan te kijken naar dit soort simpele verhalen en karakters die de wereld presenteren in termen van binaire tegenstellingen, op manieren die volwassenen vaak als te stereotiep verwerpen. Dit heeft te maken met hun ontwikkelingsniveau. Kinderen zijn op deze leeftijd bezig met de ontwikkeling van hun sociale identiteit in het algemeen en hun sekse-identiteit in het bijzonder. Zij gebruiken de stereotiepe karakters uit dit soort programma's bij dit ontwikkelingsproces (Davies et al., 2000; Seiter, 1998).

Concluderend kan gesteld worden dat dit type entertainment een aantal belangrijke functies voor kinderen heeft. Het feit dat kinderen er wereldwijd zo massaal voor kiezen, doet vermoeden dat het kijken ernaar bepaalde belangrijke behoeften bevredigt, waaronder een behoefte aan actie, identificatie met machtige superhelden, en informatie over sekserollen en morele normen. Men kan zich dan ook afvragen of het terecht is dat volwassenen dit type entertainment zozeer verguizen. Het is duidelijk dat ook dit type entertainment kinderen bepaalde kennis en vaardigheden leert, ook al zijn het niet direct de kennis en vaardigheden waarvoor volwassenen in eerste instantie kiezen (Seiter, 1998).

De kinderprogramma's worden echter niet alleen verworpen vanwege de lage educatieve waarde, maar vaak ook vanwege de enorme doses geweld. Jonge kinderen, en vooral jongens, kunnen zich onweerstaanbaar aangetrokken voelen tot de geweldsacties in deze programma's. Dat is voor ouders vaak lastig, omdat juist de jongens die zich het sterkst aangetrokken voelen tot dit type programma's, er met name rusteloos van worden en agressief in hun spel. In het hedendaagse gezin is het onvermijdelijk dat kinderen via de media worden geconfronteerd met normen, waarden en rolmodellen die niet stroken met die van hun ouders. Verbieden helpt vaak niet, omdat dit soort kinderentertainment alomtegenwoordig is. Elke nieuwe rage dringt immers door tot alle uithoeken van de kindercultuur, waaronder de televisie, commercials, de computer, de speelgoedwinkel en het schoolplein. Hedendaagse ouders, onderwijzers en beleidsmakers zullen zich terdege moeten realiseren dat de media kinderen een pedagogiek bieden die steeds minder buiten een *contrapedagogiek* van ouders en opvoeders kan.

Van acht tot twaalf jaar: realisme, kieskeurigheid en sociale relaties

Zoals eerder gezegd focussen peuters en kleuters vaak op één opvallend aspect van een object of informatie. Dat is nu compleet veranderd. Acht- tot twaalfjarigen zijn in staat om te decentreren. Vanaf nu wordt elk product dat de aandacht krijgt tot in het kleinste detail bestudeerd. Als een acht- tot twaalfjarige nieuwe gymschoenen krijgt, wordt elk onderdeel van de schoen, van de veters tot aan het merklogo, nauwkeurig bestudeerd en beoordeeld (Acuff, 1997). Kinderen worden nu ook kritischer over commercials, computerspellen en televisieprogramma's met weinig actie en nieuwswaarde. Ze zijn niet meer zo onder de indruk van special effects en fantasiefiguren met bovennatuurlijke krachten en vinden dat deze een saai verhaal niet kunnen compenseren (Gunter et al., 1991).

Hun groeiende aandacht voor detail en kwaliteit is er tevens de oorzaak van dat kinderen van deze leeftijd er plezier in gaan scheppen dingen te verzamelen, bijvoorbeeld over sport- en televisiehelden. Jongere kinderen hebben ook wel een tendens om te verzamelen, maar dan gaat het er meestal alleen om zoveel mogelijk speelgoed om zich heen te hebben. Kinderen vanaf zeven à acht jaar gaan daarentegen verzamelen om zich te onderscheiden en te differentiëren en soms ook vanwege de sociale mogelijkheden die het biedt, zoals ruilen en het spelen van bepaalde spellen.

Het vermogen om fantasie van realiteit te onderscheiden

De fantasieën van acht- tot twaalfjarigen gaan, in tegenstelling tot die van peuters en kleuters, vooral over realistische thema's. Kinderen krijgen nu een grote, soms zelfs overmatige, belangstelling voor dingen die in de werkelijkheid kunnen gebeuren (Mielke, 1983). Kinderen in deze leeftijd zoeken de realiteit in speelgoed, boeken en entertainmentprogramma's, hoewel deze belangstelling voor de werkelijkheid, zoals later zal blijken, meer opgaat voor meisjes dan voor jongens. Jongens blijven in het algemeen langer in fantasiemedia geïnteresseerd dan meisjes. Kinderen kunnen zeer kritisch worden over entertainment en commercials die realiteitswaarde missen, bijvoorbeeld als acteurs zich op een ongeloofwaardige manier gedragen of als producten in een fantasiecontext gepresenteerd worden.

Hoewel kinderen op zoek gaan naar informatie over de echte wereld, houden ze nog steeds van dramatisch conflict, snelle actie en komisch escapisme. Vooral jongens tot een jaar of twaalf blijven houden van fantastische avonturenfilms of computerspellen waarin de goeden het tegen de slechten opnemen (Sheldon, 1998). Net als peuters en kleuters, houden kinderen van deze leeftijd nog steeds van dieren, maar van échte, bij voorkeur zoogdieren. Omdat de meeste fantasiefiguren nu gedemystificeerd zijn, gaan kinderen zich voornamelijk identificeren met realistische, menselijke idolen, zoals sporthelden en filmsterren.

Sociocognitieve ontwikkeling en de voorkeuren voor entertainment

Tot hier heb ik alleen de invloed van de cognitieve ontwikkeling van kinderen op hun voorkeuren voor mediaproducten besproken. Maar kinderen zijn natuurlijk ook sociale wezens met gevoel. Met name vanaf een jaar of zeven worden kinderen steeds socialer. Het is voorstelbaar dat ook het sociocognitieve niveau van kinderen dan hun voorkeuren voor mediaproducten bepaalt. Sociale cognitie behelst het begrijpen van andermans emoties en van sociale perspectieven, relaties en gewoonten (Flavell et al., 1993). Hierna beschrijf ik hoe sociocognitieve kenmerken van invloed kunnen zijn op de voorkeuren van acht- tot twaalfjarigen voor entertainment en mediaproducten.

Het aanvoelen van andermans emoties

Een zeer belangrijk kenmerk van kinderen van acht tot twaalf is dat ze veel beter dan jongere kinderen in staat zijn om de emoties van anderen te herkennen en te begrijpen. Kinderen van vier kunnen wel al verklaringen geven waarom hun vriendjes blij, droevig of boos zijn, maar letten dan nog voornamelijk op uiterlijke kenmerken, zoals de gezichtsuitdrukking (Flavell et al., 1993). Vanaf zes à zeven jaar gaan kinderen echter steeds beter op 'interne' informatie vertrouwen om emoties van anderen te begrijpen. Ook gaan ze begrijpen dat iemand meer dan één emotie tegelijk kan ervaren en dat gevoelens verborgen of zelfs geveinsd kunnen worden. Het is dan ook niet verwonderlijk dat kinderen op dit sociocognitieve ontwikkelingsniveau doorkrijgen wanneer personen op televisie of in commercials slecht acteren, bijvoorbeeld als emoties op een niet overtuigende manier worden gespeeld, en dat ze dit gaan afkeuren (Gunter et al., 1991).

Het begrijpen van sociale perspectieven

De capaciteit van kinderen om de wereld vanuit het perspectief van anderen te zien neemt snel toe gedurende de kleuter- en de basisschooltijd (Flavell et al., 1993). Volgens Piaget zijn kinderen tot een jaar of zes 'egocentrisch' in hun denken. Hiermee bedoelde hij niet dat jonge kinderen egoïstisch zijn in de zin dat ze alleen aan zichzelf denken, maar dat jonge kinderen nog geen pogingen doen om te denken vanuit de sociale perspectieven (gedachten, gevoelens) van een ander. Piaget koos de term egocentrisme om sommige aspecten van de kindertaal te begrijpen. Peuters en kleuters hebben soms de gewoonte om te praten zonder dat ze de bedoeling hebben te communiceren. Ze herhalen wat ze net gehoord hebben of ze praten in zichzelf. Dit soort taalgebruik noemde Piaget egocentrisch.

Gedurende de basisschooltijd leren kinderen geleidelijk steeds beter om zich in de perspectieven van anderen te verplaatsen. Kleuters zijn al redelijk goed in staat om zichzelf in de schoenen van anderen te verplaatsen, maar pas in de basisschoolleeftijd leren kinderen om verschillende gezichtspunten tegelijkertijd in ogenschouw te nemen en te anticiperen op hoe anderen zullen reageren in verschillende situaties. Met het ontwikkelen van het vermogen om sociale perspectieven te begrijpen, verandert ook het begrip van kinderen van sociale relaties. Terwijl een kleuter er vaak nog van uitgaat dat elke sociale interactie met een beschikbaar speelkameraadje dit kameraadje als 'vriend' kwalificeert, gaan kinderen vanaf een jaar of acht begrijpen dat de interesses van hun vriendjes gelijk aan die van henzelf kunnen zijn, maar ook kunnen verschillen. Ze gaan dan meer uitkijken naar vrienden die psychologische gelijkenissen met henzelf vertonen (Selman, 1980).

De groeiende capaciteit om iets vanuit verschillende perspectieven te zien, beïnvloedt niet alleen de manier waarop kinderen met mensen in hun werkelijke omgeving omgaan, ze bepaalt ook de voorkeur van kinderen voor karakters in mediaproducten. Onderzoek heeft aangetoond dat kinderen van acht tot twaalf ervan genieten om naar karakters te kijken die op psychologisch vlak gelijkenissen met hen vertonen. Terwijl kleuters nog vooral op fysieke gelijkenissen letten, vertrouwen oudere kinderen meer op de *psychologische* of sociale aspecten van de persoonlijkheid van het karakter. Het gaat er dan meer om of deze persoon aansprekende humor heeft, of op een opvallende manier meisjes versiert (Fernie, 1981; Hoffner & Cantor, 1991).

Kinderen, vooral jongens, in deze leeftijdsgroep hebben soms een sterke voorkeur voor volwassen karakters die zichzelf voor schut zetten of die zich kinderachtig gedragen. Dit soort karakters, die in komedies (zoals *Friends*) of animatieseries voor volwassenen (*The Simpsons*, *Beavis and Butt-head*) optreden, bieden hun de gelegenheid zich voor te bereiden op een toekomstige volwassen identiteit waarin autonomie en vrijheid (bijvoorbeeld in je eigen flat wonen met vrienden) worden gecombineerd met kinderlijke aspecten zoals onverantwoordelijkheid, ondeugendheid en oneerbiedigheid. Ze houden ook van entertainment en humor waarin volwassenen met autoriteit, zoals ouders, leraren en politieagenten, een nederlaag lijden (Davies et al., 2000; Kellner, 1998).

Het zien van karakters die in fysiek en/of psychologisch opzicht op hen lijken, biedt kinderen de gelegenheid om gebeurtenissen en situaties te observeren die potentieel relevant zijn voor hun eigen leven. Het is daarom niet verwonderlijk dat kinderen zich eerder identificeren met karakters van hun eigen geslacht, en minder met karakters die jonger zijn dan zijzelf. Kinderen van acht tot twaalf kijken het liefst naar acteurs die op zijn minst even oud zijn als zijzelf, maar liever nog naar tieners en volwassenen. Sheldon & Loncar (1996) hebben gevraagd waarom kinderen liever oudere acteurs zagen. De kinderen zeiden dat dit zo was omdat oudere acteurs vaker verwikkeld waren in interessante en opwindende activiteiten, en dat ze vaak beter acteerden.

Het genieten van media-entertainment wordt zeker niet altijd veroorzaakt door een waargenomen gelijkenis met een karakter. De meeste superhelden vertonen immers maar weinig gelijkenis met een gemiddeld kind. Toch voelen kinderen zich sterk aangetrokken tot programma's met dit type acteurs. Dit komt doordat kinderen ervan houden om plaatsvervangend deel te nemen aan het gedrag van mensen die ze bewonderen en op wie ze zouden willen lijken, maar die ze in werkelijkheid nooit kunnen imiteren. Dit proces van identificatie met helden of idolen, in de Angelsaksische literatuur *wishful identification* genoemd, geeft kinderen de gelegenheid zich machtig en sterk te voelen in een periode waarin ze worstelen met dagelijkse problemen die niet onmiddellijk opgelost kunnen worden (Hoffner & Cantor, 1991).

De invloed van leeftijdgenoten

De interactie met leeftijdgenoten wordt steeds belangrijker gedurende de basisschoolleeftijd. Een leeftijdsgroep in deze fase vormt een stabiel verbond van kinderen die bepaalde interesses delen en expliciete normen hebben over hoe leden van de groep zich moeten gedragen. Leden van bepaalde leeftijdsgroepen (*peer groups*) delen de normen die ze zelf hebben gecreëerd. Kinderen ontwikkelen sterke betrokkenheid en loyaliteit ten aanzien van de groep waartoe ze behoren. Ze worden er alert op hoe ze zich moeten gedragen en ontwikkelen sterke sociale antennes voor wat op dat moment de trend is. Ze doen hun best te voorkomen dat ze voor gek staan voor hun leeftijdgenoten, bijvoorbeeld door de kleren die ze dragen of de media die ze uitkiezen.

Deze gevoeligheid voor de meningen van andere kinderen begint bij sommige kinderen al voor het zesde jaar, maar bereikt een piek tussen elf en dertien jaar (Constanzo & Shaw, 1966). Vanaf een jaar of acht kunnen kinderen een sterke aversie ontwikkelen tegen entertainment dat ze als 'kinderachtig' beschouwen. Vooral in groepsverband wordt soms zeer duidelijk dat kinderen zich distantiëren van de jongere leeftijdsgroepen waarvoor deze programma's gemaakt zijn. Zoals eerder naar voren kwam, zijn ze vooral geïnteresseerd in mediaproducten waarin kinderen van ten minste hun eigen leeftijd optreden (Mielke, 1983; Davies et al., 2000).

Andersom kan het ook voorkomen dat het juist 'in' is bij oudere leeftijdsgroepen naar entertainment voor peuters en kleuters te kijken. Een mooi voorbeeld is het programma *Teletubbies*, dat een rage creëerde in bepaalde tienersubculturen. Dit opmerkelijke fenomeen laat zien hoe gemakkelijk de individuele smaak van kinderen onder druk kan komen te staan door de normen vanuit de subcultuur waartoe een kind behoort.

Voorkeuren voor entertainment voor volwassenen: de tweenagers

Als kinderen negen jaar worden, raken ze vooral geïnteresseerd in entertainment voor volwassenen. In een studie van Rosengren en Windahl (1989) had 87% van de jongens en 80% van de meisjes van acht à negen jaar een programma voor volwassenen boven aan hun lijst van favoriete programma's staan. Kinderen zeggen dat ze graag naar programma's voor volwassenen kijken omdat die hun sociale lessen leren, bijvoorbeeld hoe ze zich moeten gedragen in sociale relaties. Ook kijken ze naar volwassenenentertainment, vooral soaps, om informatie te verkrijgen over hoe ze moeten omgaan met 'persoonlijke problemen'. Volgens Luke (1990) voelen kinderen zich bovendien aangetrokken tot deze programma's omdat ze gemaakt worden met hogere budgetten en meer geavanceerde productietechnieken.

Kinderen van negen tot twaalf jaar verliezen hun belangstelling voor speelgoed. Ze raken vooral geïnteresseerd in producten met een sociale functie, zoals kleding, sportartikelen en muziek. Deze veranderingen in de belangstelling van kinderen zijn de laatste jaren zo duidelijk te observeren, dat de leeftijdsgroep van negen tot twaalf jaar door de marketing is ontdekt als een aparte doelgroep, die een eigen naam heeft gekregen: de *tweens* of *tweenagers*. Zoals in het vorige hoofdstuk al werd besproken, vertonen tweenagers de voorkeuren en het consumentengedrag dat vroeger vooral voorkwam bij oudere adolescenten. In veel van onze onderzoeken is te observeren dat deze groep kinderen zich aan het afscheiden is van jongere kinderen. In ons onderzoek naar de interesse van kinderen voor internettoepassingen bleek bijvoorbeeld dat de tweenagers het internet op vrijwel dezelfde manier gebruiken als adolescenten. Ze zijn bijvoorbeeld al op zoek naar sensationele sites over geweld en seksualiteit, alsmede naar on line sociale interactie over relaties en romantiek (Buijzen & Valkenburg, 2000b; Valkenburg & Soeters, 2001).

Verschillen in de mediavoorkeuren van jongens en meisjes

Hoewel meisjes van nu heel anders zijn dan meisjes van vroegere generaties, bestaan er nog steeds aanzienlijke verschillen in de manier waarop hedendaagse meisjes en jongens denken, hoe ze zich uitdrukken, en wat ze belangrijk vinden. Hoe ontstaan verschillen in de voorkeuren van jongens en meisjes? Worden jongens en meisjes geboren met een verschillende smaak of ontstaan de verschillen later? Onderzoekers zijn het erover eens dat er tot ongeveer één à anderhalf jaar nog geen verschil bestaat tussen jongens en meisjes wat betreft hun voorkeur voor speelgoed en entertainment. Tot die leeftijd vinden jongens en meisjes het even leuk om met poppen, auto's of trucks te spelen. Ook zijn er nog geen verschillen tussen jongens en meisjes wat betreft hun voorkeuren voor televisieprogramma's, computerspellen en prentenboeken (Fagot, 1994; Goldstein, 1998).

Maar dat verandert snel. Onderzoekers hebben bij kinderen van veertien maanden al sekseverschillen in hun voorkeuren voor speelgoed vastgesteld. Als kinderen drie zijn, zijn de verschillen consistent waarneembaar. Dan vermijden jongens en meisjes speelgoed waarvan ze denken dat het bij de andere sekse hoort. Zij hebben belangstelling voor totaal verschillende activiteiten en spelen het liefst in groepen met gelijke seksegenoten. Dit zogenoemde proces van *seksesegregatie* vindt plaats in verschillende sociale omgevingen en culturen. In jongens- en meisjesgroepen gelden andere normen voor sociale interactie en die verschillende normen hebben een belangrijke invloed op de verdere socialisatie van kinderen (Leaper, 1994; Maccoby, 1988, 1990).

Hoe komt het nu dat jongens en meisjes zich in de eerste anderhalf jaar van hun leven sekseneutraal gedragen en daarna niet meer? Daarvoor is tot op heden geen eenduidige verklaring. Vaak worden de opkomende sekseverschillen toegeschreven aan de verschillende opvoeding van jongens en meisjes. Ouders en opvoeders hebben al vanaf het moment dat kinderen geboren worden andere verwachtingen van jongens dan meisjes, en die komen tot uitdrukking in hun communicatie met het kind. Tegen jongens en meisjes wordt bijvoorbeeld verschillend gepraat, ze worden verschillend aangekleed en ze krijgen verschillend speelgoed (O'Brien & Huston, 1985).

Een andere factor die bijdraagt aan de ontwikkeling van seksesegregatie is het verschijnsel van *gedragscompatibiliteit*. Dit is het verschijnsel dat jongens en meisjes als ze anderhalf à twee zijn verschillende interesses en voorkeuren krijgen en dat deze interesses en voorkeuren vaak niet gedeeld worden door kinderen van de andere sekse. Hierdoor gaan jongens liever met jongens spelen en meisjes met meisjes (Martin, 1994). Onderzoek wijst keer op keer uit dat jongetjes meer van agressievere spelvormen houden, zoals stoeien en fantasiegevechten en wat ruwere vormen van sport. Bij het spel van meisjes daarentegen gaat het in het algemeen meer om de fijne motoriek, zoals het aan- en uitkleden van poppen, het ontwerpen van sieraden en andere handwerkjes (Goldstein, 1998; James & McCain, 1982).

Verschillen in de peuter- en kleutertijd

De opkomende verschillen tussen jongens en meisjes zijn ook al snel terug te vinden in hun voorkeuren voor mediaproducten. Al vanaf de kleutertijd vertonen jongens en meisjes verschillen in hun aandacht voor bepaalde elementen in entertainment, waaronder actie, sport, competitie, avontuur, geweld en romantiek. Jongens in de kleuterleeftijd hebben overduidelijk een sterkere voorkeur dan meisjes voor sport, actie en geweld in zowel boeken als televisieprogramma's. Ook houden ze in het algemeen van wat meer gevaarlijke scenario's, bijvoorbeeld met dinosaurussen of buitenaardse wezens. Ze zijn geïnteresseerd in mannelijke fantasiehelden met bovennatuurlijke krachten, zoals de *Power Rangers* of *Hercules* en in sportsterren, ridders, soldaten, doktoren en politiemannen.

Meisjes in de kleuterleeftijd zijn meer geïnteresseerd in verzorgende thema's en in relaties tussen mensen. Ze houden meer van contexten met kastelen, dansstudio's, scholen en boerderijen, en concentreren zich het liefst op figuren als fotomodellen, danseressen, goede feeën en prinsessen (Acuff, 1997). Uit onderzoek blijkt dat jongens zich met name identificeren met mannelijke mediafiguren, terwijl meisjes aangetrokken worden tot mediafiguren van beide geslachten. Een verklaring voor dat laatste is dat de media in de eerste plaats meer mannelijke hoofdfiguren laten zien, maar dat die mannelijke figuren ook meer opwindende en interessantere rollen vertolken dan de vrouwelijke (Hoffner & Cantor, 1991).

Verschillen vanaf de basisschoolleeftijd

Gedurende de basisschooltijd en de adolescentie blijven de voorkeuren van jongens en meisjes voor mediaproducten uiteenlopen. Met name als kinderen zes of zeven jaar zijn, blijken ze heel rigide overtuigingen te hebben over wat leden van hun sekse wel en niet kunnen doen (Ullian, 1977). Omdat kinderen steeds intensiever met leeftijdgenoten omgaan, is er ook een grotere sociale druk op hen om zich te conformeren aan het gedrag waarvan aangenomen wordt dat het bij hun geslacht past. Speelgoedfabrikanten en adverteerders houden sterk rekening met deze inzichten. Zij weten uit ervaring dat het meest succesvolle speelgoed seksespecifiek is. 'When it comes to toys, girls will be girls and boys will be boys,' is het adagium in de speelgoedindustrie.

Jongens in de basisschoolleeftijd en adolescentie hebben nog steeds een relatief sterke voorkeur voor actie en geweld. Ze hebben over het algemeen een grotere voorkeur voor sport, sciencefiction, actie en avontuur, en kijken liever naar cartoons dan meisjes. Jongens van deze leeftijd voelen zich nog steeds aangetrokken tot mannelijke actiehelden, hoewel het nu wel vaker helden van vlees en bloed betreft (bijvoorbeeld Arnold Schwarzenegger, Bruce Willis). Het kijken naar volwassen televisieprogramma's wordt vooral onder jongens als heldhaftig en volwassen gezien (Livingstone & Bovill, 1999; Rosengren & Windahl, 1989).

Meisjes in de basisschoolleeftijd reageren in het algemeen negatiever op scenario's met actie, geweld en horror, waarschijnlijk omdat meisjes er, naar hun eigen zeggen, eerder bang van worden. In een van onze eigen onderzoeken waarin we kinderen vroegen hun positieve en negatieve ervaringen met het internet te beschrijven, beschreven meisjes geweld en pornografie op het internet als een negatieve ervaring, terwijl sommige jongens deze elementen juist als een positieve ervaring beschouwden. Ook hebben we wel eens aan kinderen gevraagd wat ze belangrijk zouden vinden in een nieuw entertainmentprogramma voor kinderen. Alleen de meisjes gaven spontaan aan dat ze geen seks en geweld in zo'n programma wilden (Valkenburg & Janssen, 1999).

Meisjes zijn in het algemeen minder objectgericht dan jongens, zo blijkt uit onderzoek. Ze zijn minder geïnteresseerd in apparaten zoals futuristische wapens. Bij meisjes gaat het ook minder om het winnen of het doden van vijanden. Meisjes houden van een verhaallijn, ze houden meer dan jongens van realistisch drama, waarbinnen zich relaties tussen mensen ontwikkelen. Meisjes hebben ook een voorkeur voor gezinssituaties en aantrekkelijke karakters zoals actrices, filmsterren en popidolen. Ze hechten ook meer waarde dan jongens aan de begrijpelijkheid van een entertainmentprogramma. Dit komt misschien doordat meisjes meer geïnteresseerd zijn in het verhaal in het programma. In vergelijking met jongens zoeken ze bijvoorbeeld meer naar acteurs en actrices die ze kennen, spenderen ze meer tijd aan het zoeken naar informatie over televisieprogramma's en -karakters, en willen ze bovendien vaker een programma van het begin tot het einde zien (Acuff, 1997; Heeter, 1988; Sanger et al., 1997; Valkenburg & Janssen, 1999).

Het schaarse onderzoek naar de interesse van jongens en meisjes voor romantiek in entertainmentproducten heeft gemengde resultaten opgeleverd. Meisjes houden waarschijnlijk meer van romantiek als het gaat om het ontwikkelen van liefde en relaties. Jongens houden er waarschijnlijk meer van als romantiek gebruikt wordt om taboes te doorbreken of als het om de seksualiteit gaat. Een onderzoek van mijn collega Joost de Bruin (1999) laat echter zien dat de grenzen tussen tienermeisjes en -jongens in de beleving van romantiek de laatste jaren aan het vervagen zijn. Op basis van zijn inhoudsanalyse van verschillende Nederlandse en Britse jongerenbladen zoals *Yes, Fancy, Break Out* en *Top of the Pops* concludeert De Bruin dat het romantische perspectief, waarbij het meisje afwacht tot een jongen voor haar valt, sinds het begin van de jaren negentig steeds minder voorkomt in meisjesbladen. Het zogenoemde 'machoperspectief' rukt daarentegen op. Meisjes nemen in de bladen steeds vaker de taal over die traditioneel door jongens wordt gebezigd en nemen vaker het initiatief als het om seksualiteit gaat. Of met deze ontwikkelingen de sekseverschillen in de beleving van en voorkeuren voor romantiek zullen verdwijnen in de nieuwste generatie, is tot op heden nog een open vraag.

Enkele relativerende slotopmerkingen. Het gevaar van een literatuuroverzicht over verschillen tussen jongens en meisjes is dat stereotiepe beelden en traditionele rolpatronen worden bevestigd en instandgehouden. Ik heb in dit onderdeel een aantal algemene trends in sekseverschillen in de voorkeuren van jongens en meisjes besproken. Vaak zijn jongens en meisjes echter heterogener dan onderzoekers denken. Zo is het natuurlijk niet waar dat alleen meisjes geïnteresseerd zijn in televisieprogramma's en computerspellen waarin de ontwikkeling tussen karakters centraal staat. Dan zou de immense populariteit van *Dungeons and Dragons*-spellen onder jongens immers onverklaarbaar zijn. In dit type computerspellen gaat het namelijk bij uitstek om de ontwikkeling van rollen en karakters.

Ik heb in dit hoofdstuk een aantal verschillen genoemd in de voorkeuren voor mediaproducten tussen jongere en oudere kinderen en tussen jongens en meisjes. Ook al zijn deze verschillen in diverse studies aangetoond, de conclusies zijn veelal gebaseerd op geaggregeerde onderzoeksgegevens. Met andere woorden, er worden resultaten van verschillende *groepen* kinderen vergeleken. Het is echter belangrijk om bij de gerapporteerde statistieken te bedenken dat er niet alleen verschillen zijn *tussen* leeftijds- en seksegroepen, maar dat kinderen *binnen* dezelfde leeftijds- en seksegroep ook enorm kunnen variëren.

[1] De gematigde discrepantiehypothese wordt in de literatuur gebruikt om de visuele voorkeuren van zuigelingen te onderzoeken. Ik heb deze hypothese overgenomen om de mediavoorkeuren van alle kinderen te verklaren.

[2] Uit Astington (1993).

[3] Uit Carvey & Berndt (1977); in Astington (1993).

3

Mediageweld en agressie

Kinderen van nu worden niet alleen geconfronteerd met méér media dan ooit tevoren, maar ook met media die steeds realistischer en gewelddadiger worden. Dit hoofdstuk gaat over de vraag in hoeverre mediageweld invloed heeft op agressief gedrag. Het bestaat uit vier delen. In het *eerste* deel bespreek ik de verschillende typen onderzoek die op dit gebied zijn uitgevoerd, inclusief hun sterke en zwakke kanten. In het *tweede* deel bespreek ik de belangrijkste theorieën die verklaren waarom mediageweld agressief gedrag zou kunnen stimuleren, waaronder de *sociale leertheorie, cognitieve scripttheorie, opwindingstheorie* en *gewenningstheorie.* In het *derde* deel ga ik in op een aantal nuanceringen in het onderzoek naar mediageweld. Welke filmelementen werken bijvoorbeeld agressieverhogend of -verlagend? En welke kinderen zijn meer of minder ontvankelijk voor mediageweld? In het *vierde* en laatste deel bespreek ik welke initiatieven van overheidswege genomen worden om kinderen te beschermen tegen mediageweld, en ga ik in op de rol die ouders en volwassenen kunnen uitoefenen om negatieve media-invloeden tegen te gaan.

Vijf typen onderzoek naar de invloed van mediageweld

Ook al bestond er al lang voordat de televisie was uitgevonden bezorgdheid over de invloed van media op agressief gedrag, het empirische onderzoek dat nagaat of er reden is voor ongerustheid, is pas goed op gang gekomen in de jaren vijftig, toen velen zich zorgen maakten over het toenemende geweld in de Amerikaanse binnensteden. Vanaf die tijd is er een onafgebroken stroom van onderzoeken geweest naar de invloed van mediageweld op kinderen.

Om de ontwikkeling van het onderzoek naar de invloed van mediageweld op agressie goed te begrijpen en kritisch te kunnen evalueren, is het nodig om inzicht te hebben in de aard van het onderzoek dat tot op heden is uitgevoerd. Het empirische onderzoek naar de invloed van mediageweld op agressie is globaal in te delen in vijf typen: (1) laboratoriumexperimenten, (2) veldexperimenten, (3) correlationeel onderzoek, (4) causaal-correlationeel onderzoek, en (5) meta-analyses. Ik begin dit hoofdstuk met een bespreking van elk van deze typen onderzoek.

Laboratoriumexperimenten

Het eerste soort onderzoek naar de invloed van mediageweld op agressief gedrag is het *zuivere experiment*, ook wel *laboratoriumexperiment* genoemd. In een zuiver experiment wordt een groep kinderen uitgenodigd naar een laboratorium te komen. Een laboratorium bestaat uit een of meer ruimtes waarin geluids- en videoapparatuur staan opgesteld. In een typisch laboratoriumexperiment kijkt de helft van de kinderen of jongeren naar een geweldfilm (de experimentele groep), terwijl de andere helft een neutrale film of helemaal geen film te zien krijgt (de controlegroep). Na afloop wordt gekeken of de kinderen uit de experimentele groep agressiever zijn dan de kinderen in de controlegroep. In de overgrote meerderheid van de laboratoriumexperimenten is gevonden dat kinderen en jongeren die de geweldfilm hadden gezien na afloop agressiever waren. Ze speelden agressiever, waren agressiever tegen hun leeftijdgenoten, en sloegen harder in op poppen of speelgoed (Wood et al., 1991).

In laboratoriumexperimenten worden kinderen *aselect* toegewezen aan de experimentele groep of de controlegroep. Dit betekent dat ze precies een even grote kans hebben om in de experimentele groep terecht te komen als in de controlegroep. De controle van de onderzoeker in laboratoriumexperimenten is daardoor maximaal. Alle mogelijke externe factoren die de invloed op de agressie van kinderen mede kunnen bepalen, kunnen worden uitgeschakeld. Laboratoriumexperimenten hebben hierdoor een hoge *interne* validiteit, hetgeen betekent dat onderzoekers die een toename in agressie vinden in de experimentele groep, deze met zekerheid kunnen toeschrijven aan het zien van de geweldfilm.

Ook al is de controle in laboratoriumexperimenten maximaal, dit type onderzoek heeft ook nadelen. Een van de belangrijkste nadelen is dat laboratoriumexperimenten vaak in een kunstmatige omgeving plaatsvinden. Het gevolg hiervan is dat onderzoekers nooit kunnen garanderen dat hun resultaten ook opgaan bij kinderen in het dagelijkse leven. Deze zwakheid van laboratoriumexperimenten wordt vaak bekritiseerd door cultural-studiesonderzoekers, die vinden dat experimenteel onderzoek te weinig oog heeft voor de sociale context waarbinnen het kijken naar mediageweld plaatsvindt. Een belangrijk nadeel van laboratoriumexperimenten is inderdaad dat ze vaak *externe* validiteit missen. De externe validiteit van een onderzoek is de mate waarin de resultaten generaliseerbaar zijn naar (ook gelden in) het leven van alledag.

Veldexperimenten

Het probleem van de externe validiteit van laboratoriumonderzoeken wordt opgelost in *veldexperimenten*. Veldexperimenten worden uitgevoerd in de natuurlijke omgeving van kinderen. Onderzoekers werken in veldexperimenten vaak met bestaande groepen op locatie, bijvoorbeeld op scholen of in kindertehuizen. Ze hebben daardoor niet alle omstandigheden in de hand. In veldexperimenten worden kinderen vaak een of enkele weken aan gewelddadig of niet gewelddadig entertainment blootgesteld. Een voorbeeld van een veldexperiment is de Belgische studie van Leyens en collega's (1975). In deze studie kreeg een groep kinderen uit een inrichting voor probleemkinderen een week lang elke avond gewelddadige films te zien, terwijl een andere groep naar neutrale films keek. Na afloop bleek dat de kinderen die de gewelddadige films hadden gezien, agressiever waren dan de kinderen die de neutrale films hadden gekregen. Het effect bleek met name op te gaan voor de kinderen die in aanleg al wat agressiever waren.

Een ander type veldexperiment is het zogenoemde *natuurlijke* experiment. Een van de bekendste natuurlijke experimenten werd in de jaren tachtig in Canada uitgevoerd. In deze studie van Joy en collega's (1986) werd de agressie van kinderen die in een stad zonder televisie woonden, Notel, vergeleken met die van kinderen uit twee steden waar al wél televisie was. De kinderen werden opnieuw onderzocht toen Notel twee jaar later ook televisie had gekregen. De kinderen in Notel waren agressiever geworden nadat er bij hen in de stad televisie was gekomen. De agressie van de kinderen in de andere twee steden was in dezelfde periode gelijk gebleven.

Veldexperimenten hebben op laboratoriumexperimenten voor dat ze in de natuurlijke omgeving van kinderen worden uitgevoerd. Deze studies hebben daarom een relatief hoge externe validiteit. Een belangrijk nadeel van veldexperimenten is echter dat onderzoekers nooit met zekerheid kunnen uitsluiten dat ook andere factoren dan de geweldfilms de agressie hebben veroorzaakt. Je hebt als onderzoeker in veldexperimenten wel de mogelijkheid om te controleren voor bepaalde variabelen waarvan je vermoedt dat ze het verband tussen media en agressie mede beïnvloeden, zoals intelligentie en sociaal-economische status. Maar je kunt nooit met zekerheid vaststellen dat je *alle* mogelijke zogenoemde *derde variabelen* hebt onderkend. Veldexperimenten hebben daarom in vergelijking met laboratoriumexperimenten een lagere *interne validiteit*: onderzoekers kunnen hun gevonden resultaat nooit met zekerheid toeschrijven aan de geweldfilms. Ze kunnen op basis van veldexperimenten geen definitieve causale conclusies trekken en op zijn best concluderen dat het gevonden effect aannemelijk is.

Correlationeel onderzoek

Ook dit zijn studies die in de natuurlijke omgeving van kinderen worden uitgevoerd. Correlationele studies gaan uit van het idee dat wanneer mediageweld agressie stimuleert, kinderen die veel naar mediageweld kijken agressiever moeten zijn dan kinderen die minder vaak met mediageweld in aanraking komen. Met andere woorden, als mediageweld agressief gedrag stimuleert, dan moet er sprake zijn van een positief verband tussen de kijkfrequentie van kinderen en hun agressieve gedrag.

In correlationele studies gaan onderzoekers op pad naar scholen of gezinnen met een batterij aan vragen over de hoeveelheid en de typen geweldprogramma's waarnaar kinderen kijken. Ook gaan ze na hoe agressief een kind zich gedraagt. Dit kan door kinderen te observeren, bijvoorbeeld op het schoolplein, door onderwijzers te vragen om de agressie van de kinderen te beoordelen, of door kinderen vragenlijsten te laten invullen. De correlationele studies wijzen in meerderheid uit dat kinderen die vaak naar geweld kijken, agressiever zijn dan kinderen die dit minder vaak doen.

Correlationele studies hebben een *externe* validiteit die vergelijkbaar is met de veldexperimenten. Ze hebben echter een lagere *interne* validiteit dan veldexperimenten. In correlationele studies kan uitsluitend vastgesteld worden dat er een verband bestaat tussen kijkfrequentie en agressief gedrag. Zo'n verband betekent echter niet noodzakelijk dat de kijkfrequentie van mediageweld agressief gedrag stimuleert. Het verband kan immers ook andersom worden uitgelegd in de zin dat kinderen die agressief zijn, meer naar mediageweld willen kijken. In correlationeel onderzoek wordt op één moment in de tijd zowel het kijkgedrag als de agressie van kinderen onderzocht. Om een causaal verband tussen kijkfrequentie en agressief gedrag vast te stellen, is het een voorwaarde dat de kijkfrequentie eerder in de tijd optreedt dan het agressieve gedrag.

Causaal-correlationeel onderzoek

Dit zogenoemde 'kip-en-ei'-probleem van correlationeel onderzoek kan worden ondervangen met *causaal-correlationeel* ofwel *longitudinaal onderzoek*. In dit type onderzoek gaan onderzoekers ook op pad om de kijkfrequentie en het agressieve gedrag van kinderen te meten. Het verschil met correlationeel onderzoek is echter dat zij na een of meer jaren terugkeren om dezelfde metingen opnieuw uit te voeren. Omdat zowel de kijkfrequentie als het agressieve gedrag nu op meerdere tijdstippen worden vastgesteld, kan onderzocht worden of kijkfrequentie de oorzaak is van een toename in agressief gedrag of dat het agressieve gedrag van kinderen hun mediakeuze bepaalt.

Eron en collega's (1972) hebben als eersten de invloed tussen televisiegeweld en agressief gedrag causaal-correlationeel onderzocht. Zij hebben bij een groep achtjarige kinderen vastgesteld hoe graag ze naar televisiegeweld keken en hoe agressief ze waren. Tien jaar later, toen de kinderen achttien waren, hebben ze dit opnieuw vastgesteld. Uit de studie bleek een significante correlatie van $r = .31$ tussen het kijken naar geweldfilms op achtjarige leeftijd en agressief gedrag op achttienjarige leeftijd. Er bestond geen correlatie tussen agressief gedrag op achtjarige leeftijd en het kijken naar geweldprogramma's op achttienjarige leeftijd.

Meta-analyses

Meta-analyses zijn een soort overkoepelende studies waarin de resultaten van soms wel honderden empirische onderzoeken opnieuw worden
geëvalueerd met behulp van geavanceerde statistische technieken. In
meta-analyses worden de statistische gegevens van individuele empirische studies samengebracht in een nieuw databestand. Met behulp van
dit bestand wordt een nieuwe *effectgrootte* bepaald door de resultaten van
alle afzonderlijke studies samen te nemen. Meta-analyses genieten, mits
ze uiteraard goed zijn uitgevoerd, bij de wetenschappelijke gemeenschap in het algemeen meer respect dan empirische onderzoeken. Ze
kunnen tot verfijningen in wetenschappelijke theorieën leiden, ze kunnen laten zien welke vraagstellingen veel en welke weinig aandacht hebben gekregen, en ze kunnen richting geven aan nieuw onderzoek.

Vanaf het begin van de jaren negentig zijn er verschillende meta-analyses verricht betreffende de invloed van mediageweld op agressief
gedrag: twee over film- en televisiegeweld en twee over gewelddadige
computerspellen. Deze meta-analyses hebben alle aangetoond dat
blootstelling aan mediageweld tot een toename in agressief gedrag kan
leiden (Anderson & Bushman, 2001; Paik & Comstock, 1994; Sherry,
2001; Wood et al., 1991).

In de meest grootschalige meta-analyse, van Paik en Comstock, waarin 217 empirische studies waren opgenomen, werd een correlatie van r =
.31 gevonden tussen het kijken naar film- en televisiegeweld en agressief
gedrag. Een correlatie van deze grootte wordt in de literatuur geclassificeerd als middelgroot (Cohen, 1988). Dat zegt de meeste mensen echter
weinig. Ik zal proberen hierover nog wat extra duidelijkheid te scheppen.
Als we deze correlatie interpreteren via een door Rosenthal en Rubin
(1982) voorgestelde omrekeningsmethode, dan betekent dit dat kinderen die boven de mediaan naar mediageweld kijken een gemiddelde kans
van 65,5% hebben om agressief gedrag te vertonen, terwijl kinderen die
onder de mediaan met mediageweld in aanraking komen een kans van
34,5% hebben om zulk gedrag te vertonen.[1] Deze 31% verschil in de kans
op agressief gedrag tussen kinderen die veel en weinig met mediageweld
in aanraking komen, moet uiteraard als zeer betekenisvol worden
beschouwd (Bushman & Huesmann, 2001; McCartney & Rosenthal,
2000).

Theorieën over de invloed van mediageweld op agressief gedrag

Hoewel de meta-analyses hebben aangetoond dát mediageweld tot agressie kan leiden, is een even belangrijke vraag hóé dit kan gebeuren. In de literatuur doet een aantal theorieën de ronde. Elk van deze theorieën biedt een andere verklaring voor de manier waarop mediageweld tot agressief gedrag kan leiden. Ik zal ze achtereenvolgens bespreken.

De sociale leertheorie

Volgens de sociale leertheorie is agressie een vorm van gedrag dat net als veel andere gedragingen aangeleerd wordt. Dit gebeurt op verschillende manieren. In de eerste plaats gaat het al doende, via directe ervaring. Jonge kinderen proberen hun omgeving uit en op die manier leren ze welk gedrag gewenst is en welk niet. Heftig timmeren in de schuur mag bijvoorbeeld wél, maar met de hamer op meubelen rammen, dat wordt door de meeste ouders niet getolereerd. Wanneer agressieve acties bestraft worden, leert een kind zijn impulsen steeds beter te bedwingen. Als een kind echter de indruk krijgt dat zijn agressieve acties succes hebben, dan zal het vaker geweld gebruiken om zijn doel te bereiken, totdat gewelddadig gedrag een gewoonte is die nog maar moeilijk te veranderen is (Bandura, 1973).

Agressief gedrag kan ook op een andere manier worden aangeleerd, namelijk door het gedrag en de gevolgen daarvan bij andere mensen te observeren. Bij dit soort leren ervaart het kind dus niet zélf de beloningen of de straf, maar kijkt deze af bij anderen in zijn omgeving. Als een kind ziet dat zijn oudere broer de hond een trap geeft en dat deze broer daarna door zijn vader wordt gestraft, dan leert het kind dat het verkeerd is om honden te schoppen. Andersom kan een kind evengoed leren dat het *leuk* is om honden te schoppen. Stel dat een kind ziet dat zijn vader in aanwezigheid van vrienden zijn hond een enorme trap geeft, en dat deze vrienden daarna hard moeten lachen om de jankende hond, dan steekt het kind heel andere normen op. Het is niet moeilijk te voorspellen welke van de twee kinderen later zijn eigen hond zal schoppen.

Het aanleren van agressief gedrag ontstaat dus niet alleen door directe ervaring met positieve en negatieve gevolgen van bepaald gedrag, maar ook door te kijken hoe bepaald gedrag anderen vergaat. Deze tweede vorm van leren, het observationele leren, vindt plaats wanneer een kind zich spiegelt aan het voorbeeld dat modellen in zijn omgeving bieden. Deze vorm van leren vindt vooral plaats wanneer het kind het geobserveerde model bewondert, of hem of haar aardig of aantrekkelijk vindt. Volgens Bandura (1973) zijn er drie belangrijke leveranciers van modellen: het gezin, de subcultuur waarin het kind leeft en de massamedia.

Bandura heeft zijn theorie in verschillende onderzoeken getoetst. In een van zijn klassieke 'bobo doll'-experimenten in de jaren zestig laat hij een groep kleuters kijken naar een film waarin een volwassen man een levensgrote plastic pop (de bobo doll) slaat en schopt. De kleuters worden door Bandura (1965) ingedeeld in drie groepen. De eerste groep ziet dat de man in de film voor zijn agressieve daden wordt beloond. Hij krijgt te horen dat hij een 'strong champion' is en hij krijgt snoep en limonade. De tweede groep ziet dat dezelfde man gestraft wordt: hij krijgt een klap met een opgerolde krant en er wordt tegen hem gezegd: 'Als je dat nog één keer doet, dan krijg je een flink pak slaag!' De derde groep ziet een film waarin niets met de man gebeurt, hij wordt noch beloond noch gestraft. Na afloop van de film krijgen alle kinderen de gelegenheid om met de bobo doll te spelen die in de film werd gebruikt. De groep kinderen die de film hadden gezien waarin de man werd beloond, imiteerden meer agressieve acties dan de kinderen die de film met het gestrafte model hadden gezien (Bandura, 1965).

Volgens Bandura (1986) blijft de invloed van gewelddadige mediafiguren niet beperkt tot letterlijke imitatie. Naast het specifieke imiteren, bijvoorbeeld op welke manieren je precies op een pop kunt inhakken, leren kinderen via de media ook algemene lessen. Kinderen kunnen door mediafiguren beïnvloed worden in hun opinies en normen betreffende agressief gedrag. Fysieke agressie lijkt in de media vaak het enige middel om problemen tussen mensen op te lossen. Het wordt afgebeeld als gerechtvaardigd, acceptabel en succesvol. De goeden aarzelen net zomin om te moorden als de schurken en worden vaak ruimschoots voor hun gedrag beloond. Een van de algemene lessen die kinderen van televisiefilms kunnen leren is dat geweld loont en dat het een goed middel is om conflicten op te lossen.

Bandura's sociale leertheorie is nog steeds een van de meest geaccepteerde theorieën over de invloed van televisiegeweld. Zijn publicaties hebben de basis gevormd voor een stroom van onderzoeken naar de factoren die het aanleren van agressie via observationeel leren vergemakkelijken of tegengaan. Men kreeg aandacht voor vragen als: waarom wordt het ene kind meer beïnvloed dan het andere en welke omgevingsfactoren spelen een rol in de relatie tussen mediageweld en agressie? De stroom aan studies heeft tot een groot aantal nieuwe inzichten geleid, op grond waarvan Bandura zijn theorie heeft aangepast, zoals in hoofdstuk 1 duidelijk werd. In de nieuwste versie van de sociale leertheorie legt Bandura meer nadruk op *zelfregulerende* processen van kinderen. Hij gaat er niet meer van uit dat televisiegeweld per se tot agressief gedrag leidt. De invloed ervan hangt af van kenmerken van de film, van het kind en van zijn omgeving. Volgens Bandura heeft mediageweld onder andere pas invloed als het kind dat ernaar kijkt geïnteresseerd is in de acties van het model, het mediamodel aantrekkelijk is en succes heeft, en lichamelijk geweld wordt goedgekeurd in de omgeving van het kind (Bandura, 1986, 1994).

De cognitieve scripttheorie

Om de scripttheorie te begrijpen is het eerst nodig om te weten wat een cognitief *script* is. Een script is de kennis van de structuur en volgorde waarin routineactiviteiten optreden. Als kinderen drie jaar zijn, hebben ze een groot aantal scripts in hun geheugen, bijvoorbeeld een script dat beschrijft hoe mensen uit eten gaan, hoe ze een bad nemen, of wat er gebeurt als iemand boos wordt. Hoewel veel activiteiten in het leven van gelegenheid tot gelegenheid variëren, is hun basisstructuur dezelfde. Als je bijvoorbeeld naar de dokter gaat, meld je je bij de receptioniste, je wacht in de wachtkamer, dan roept de dokter/assistente/receptioniste je naam, en je gaat de spreekkamer binnen. Deze kennis over de basisstructuur van activiteiten of gebeurtenissen heet een script (Siegler, 1998).

Cognitieve scripten worden gevormd door gebeurtenissen in het dagelijkse leven, maar ze kunnen ook geconstrueerd worden door media-ervaringen. Hoe kan mediageweld scripts beïnvloeden? In entertainmentmedia worden interpersoonlijke problemen vaak opgelost via gewelddadig gedrag. Een belediging wordt vaak beantwoord met een vuistslag. Als kinderen veel met mediageweld geconfronteerd worden, lopen ze de kans dat de scripts in hun geheugen agressiever van aard worden dan die van kinderen die verstoken blijven van mediageweld.

Aangenomen wordt dat deze agressieve, door media ingegeven scripts, die vroeg in de kindertijd worden gecreëerd, op latere leeftijd agressief gedrag stimuleren (Bushman & Huesmann, 2001).

De 'priming'theorie

De primingtheorie leunt evenals de cognitieve scripttheorie zwaar op cognitieve constructies (scripts en schema's). Deze theorie gaat ervan uit dat het brein van mensen uit verschillende associatieve netwerken bestaat. Elk associatief netwerk bestaat uit geheugeneenheden die gedachten, emoties en prikkels tot actie kunnen betreffen. De primingtheorie veronderstelt dat een externe stimulus (bijvoorbeeld een film) via de prikkeling van één geheugeneenheid tegelijkertijd vele andere, inhoudelijk gerelateerde geheugeneenheden kan activeren. Deze eenheden kunnen andere gedachten zijn, maar ook gevoelens of prikkels tot actie.

Volgens Berkowitz (1984) kan mediageweld ervoor zorgen dat bepaalde agressieve geheugenelementen worden geactiveerd (bijvoorbeeld fysieke pijn of frustratie) die op hun beurt weer vele andere gerelateerde geheugenelementen activeren, zoals boosheid, wraak en vechtlust. Volgens Berkowitz hoeven agressieve gedachten die door media worden opgeroepen inhoudelijk niet noodzakelijk overeen te komen met de geobserveerde media-inhouden. De geobserveerde media-inhouden kunnen immers via het associatieve netwerk een complexe reeks van andere agressieve geheugenelementen activeren: niet alleen gedachten, maar ook emoties en prikkels tot actie.

Hoe kan zo'n activatie van geheugenelementen nu agressief gedrag of agressieve gedachten stimuleren? Deze stimulatie vindt plaats doordat mediageweld ervoor kan zorgen dat bepaalde agressieve geheugenelementen meer toegankelijk worden. Deze toegankelijkheid kan chronisch of tijdelijk zijn. Als bepaalde agressieve geheugenelementen keer op keer worden geactiveerd door een omgevingsstimulus (bijvoorbeeld een geweldfilm), dan vergroot dit de kans dat deze geheugenelementen vaker worden gebruikt in het proces om mediageweld te begrijpen en interpreteren. Zo'n element wordt dan chronisch toegankelijk. Een omgevingsstimulus (de gewelddadige film) kan er ook voor zorgen dat een bepaald geheugenelement slechts tijdelijk meer toegankelijk wordt. Deze tijdelijk verhoogde toegankelijkheid wordt in de literatuur priming genoemd. Priming is dus, in het kort gezegd, het tijdelijk toegankelijk maken van geheugenelementen die min of meer inhoudelijk aan een externe stimulus zijn gerelateerd.

De primingtheorie is onderzocht in een studie van Bushman (1998). In een van de experimenten in deze studie kreeg de helft van een groep studenten een geweldloze videofilm, terwijl de andere helft *Karate Kid III* te zien kreeg. Na afloop werd de deelnemers een lijst met afwisselend Engelse en onbestaande woorden gepresenteerd. Ze kregen de instructie om alléén bij een Engels woord zo snel mogelijk op een knop te drukken. Zonder dat de deelnemers het wisten, bestond de helft van de lijst uit agressieve woorden en de andere helft uit niet-agressieve woorden. De studenten die de geweldfilm hadden gezien, hadden alleen bij de agressieve woorden een snellere reactietijd dan de studenten die de geweldloze film hadden gezien. Volgens Bushman (1998) komt dat omdat de geweldfilm bij de studenten bepaalde gewelddadige geheugenelementen tijdelijk meer toegankelijk had gemaakt.

De opwindingstheorie

De opwindingstheorie neemt aan dat het kijken naar geweld kinderen in een staat van fysieke opwinding brengt. Deze opwinding, in de Angelsaksische literatuur *arousal* genoemd, is een zuiver lichamelijke reactie, waarbij onder andere de ademhaling en hartslag versnellen, de bloedsuikerspiegel verhoogt en de zweetklierwerking toeneemt. Dit soort opwinding vindt niet alleen plaats bij het zien van geweldprogramma's maar ook bij het zien van angstaanjagende, spannende of seksueel opwindende programma's (Zillmann, 1991). Wat betreft geweldprogramma's gaat de opwindingsverhogende werking vooral op wanneer het geweld wordt gecombineerd met veel actie, harde muziek en snelle beeldwisselingen.

Het uitgangspunt van de opwindingstheorie is dat de lichamelijke opwinding die een opzwepend geweldprogramma kan veroorzaken, na afloop van de film nog niet is weggeëbd. De opwinding werkt als een soort *energizer* voor het gedrag na de film. Het gedrag van kinderen wordt dus niet *gestuurd*, maar alleen *geïntensiveerd*. Door de verhoogde fysieke opwinding die bepaalde typen geweldprogramma's veroorzaken, kunnen kinderen druk en onrustig blijven en dit kan zich uiten in hun spel en omgang met andere kinderen. De meta-analyse van Paik en Comstock

(1994) toont inderdaad aan dat mediageweld dat fysieke opwinding oproept, agressieverhogend werkt.

De gewenningstheorie

De gewenningstheorie stelt dat kinderen die veel mediageweld zien hieraan wennen, waardoor hun remmen om zelf agressief gedrag te vertonen worden verlaagd. Een belangrijk principe in deze theorie is dat de impact van een mediastimulus vermindert bij herhaalde blootstelling. Toeschouwers raken gewend aan voortdurende onaangename gebeurtenissen. Ze gaan er op den duur niet alleen minder onder lijden, maar ook hun morele beoordeling ervan blijkt te versoepelen (Frijda, 2001).

Dit zogenoemde *habituatieprincipe* wordt door sommige onderzoekers ook in verband gebracht met het effect van mediageweld. Gesteld wordt dat kinderen die veel mediageweld zien, op den duur onverschillig worden voor geweld in hun dagelijkse omgeving. Dit betekent dat ze bijvoorbeeld minder van streek zijn wanneer andere kinderen op het schoolplein vechten of elkaar pijn doen, en omdat ze via de media gewend zijn aan grote hoeveelheden geweld, worden hun remmingen op agressie ook in het dagelijkse leven verminderd (Drabman & Thomas, 1974).

Zowel kinderen als volwassenen kunnen afstompen door mediageweld. Afstomping kan optreden bij lichtere vormen van mediageweld (bijvoorbeeld schelden) en zwaardere (zoals moorden). In een studie van Linz en collega's (1984) keek een groep jonge mannen gedurende vijf dagen naar seksueel gewelddadige bioscoopfilms. Na elke film stelden de onderzoekers hun emotionele reactie vast. Naarmate de jongens meer films hadden gezien, nam hun emotionele reactie erop aanzienlijk af. Ze vonden de films minder verwerpelijk, zagen ze als minder gewelddadig en vonden ze minder beledigend voor vrouwen.

Het is aannemelijk dat kinderen en jongeren wennen aan mediageweld, maar dat betekent nog niet dat ze ongevoeliger worden voor geweld in hun *eigen* omgeving. Deze vraag is onderzocht door Margaret Thomas en collega's (1977). In hun onderzoek kregen kinderen van acht tot tien jaar een gewelddadige politiefilm of een geweldloze film te zien. Direct na afloop van de film vertelde de onderzoeker aan ieder kind afzonderlijk dat hij een vriend helpt die in een lokaal verderop met een groep kleuters werkt:

'Mijn vriend heeft een tv-camera opgesteld in het lokaal. De camera hoort en ziet alles wat de kleuters doen. Ik heb mijn vriend beloofd om op de kleuters te passen, maar nu moet ik even weg om op te bellen. Wil jij misschien even op ze passen tot ik terug ben? Ik ben over een paar minuten terug. Ik zal het videokanaal inschakelen, zodat je ze kunt zien... Hmmm, zo te zien is er nu nog niemand. Maar ze zullen zo wel komen. Ik ben in elk geval zo terug...'

De onderzoeker is de deur nog niet uit of je ziet op de monitor enige kleuters met elkaar op de vuist gaan. Na een tijdje maken ze zelfs de camera kapot. Terwijl het kind naar de video kijkt – want de zogenaamde camera was natuurlijk gewoon een videoband – wordt zijn of haar emotionele reactie gemeten. Het onderzoek liet zien dat de kinderen die tevoren de agressieve politiefilm hadden gezien, een stuk minder van streek waren van de vechtende kleuters op de videoband dan de kinderen die tevoren naar de geweldloze film hadden gekeken.

De catharsistheorie

De catharsistheorie gaat er in tegenstelling tot alle eerdergenoemde theorieën van uit dat mediageweld een positieve invloed op kinderen heeft. Aanhangers van deze theorie stellen dat geweldbeelden weliswaar agressieve gevoelens bij kinderen kunnen uitlokken, maar dat deze tijdens het kijken weer worden ontladen (Feshbach, 1976). Zij gaan ervan uit dat kinderen van nature behept zijn met agressieve impulsen. Door naar agressie in films of op de televisie te kijken, zouden kinderen deze agressieve impulsen weer kunnen ontladen, zodat ze na afloop minder agressief zijn. Het begrip catharsis betekent 'reiniging van de ziel' en komt van de Griekse wijsgeer Aristoteles, die meende dat theatervoorstellingen die angst of medelijden oproepen bij het publiek tot een ontlading van emoties leiden.

De catharsistheorie was in de begintijd van televisie zeer populair en wordt nog steeds, vooral in de film- en televisiewetenschappen, zeer serieus genomen. De theorie is echter nooit bevestigd door wetenschappelijk onderzoek. Misschien wordt de ziel van kinderen wel gereinigd door het kijken naar mediageweld, ze worden er in ieder geval niet minder agressief van. Integendeel, zo blijkt uit vele empirische onderzoeken en vier meta-analyses.

Conclusie. Met uitzondering van de catharsistheorie, die ervan uitgaat dat mediageweld agressief gedrag tegengaat maar die nooit bevestigd is, bieden alle hiervoor besproken theorieën een aannemelijke verklaring waarom het zien van mediageweld agressief gedrag kan stimuleren. Het is tot op heden niet bekend welke theorie de werkelijkheid het best beschrijft. Het is goed mogelijk dat alle theorieën in meer of mindere mate opgaan voor verschillende typen mediageweld en verschillende typen kinderen.

Nuanceringen in theorie en onderzoek

Moderne effectonderzoekers zijn het erover eens dat niet alle soorten mediageweld op alle kinderen dezelfde invloed hebben. Het effect van mediageweld is afhankelijk van een groot aantal andere factoren, zoals het type mediageweld, het kind dat ernaar kijkt en de omgeving waarin het kind opgroeit. In de onderdelen hierna bespreek ik enige belangrijke nuances in het onderzoek naar het effect van mediageweld op agressie.

Verschillende typen mediageweld

Volgens de theorie van de selectieve effecten, die sinds geruime tijd de heersende theorie is onder effectonderzoekers, heeft mediageweld wel invloed, maar alleen onder bepaalde voorwaarden. Een documentaire over de toename van geweld onder jongeren, waarin gewelddadige scènes voorkomen om het publiek te informeren over dit probleem in de samenleving, is natuurlijk niet te vergelijken met een horrorfilm waarin een held met een kettingzaag op zijn tegenstanders afgaat. De documentaire is gemaakt om geweld te ontmoedigen, terwijl het in de horrorfilm wordt verheerlijkt. Ook is het niet moeilijk te voorspellen dat een film als *Schindler's List* andere effecten sorteert dan een film als *Terminator II*. Natuurlijk gebruiken kijkers de *contexten* waarin het mediageweld wordt uitgevoerd om betekenis aan beelden te geven. Voor effectonderzoekers is het daarom van belang uit te zoeken hoe kijkers verschillende contexten interpreteren, omdat media-effecten afhankelijk zijn van deze interpretaties. Uit onderzoek blijkt dat zes contextkenmerken van mediageweld de kans op agressief gedrag beïnvloeden.

Identificatiemogelijkheden met de daders. Bij de bespreking van de observationele leertheorie van Bandura kwam al naar voren dat de aantrekkelijkheid van de mediafiguur die geweld gebruikt van belang is. Uit de meta-analyse van Paik en Comstock (1994) blijkt inderdaad dat de effecten van geweld groter zijn wanneer de film of het televisieprogramma mogelijkheden tot identificatie biedt. Wanneer de daders aantrekkelijk zijn en kinderen zich met hen kunnen identificeren, zijn kinderen gevoeliger voor effecten. Kinderen voelen zich het meest aangetrokken door mediafiguren die qua geslacht en leeftijd op hen lijken (Hoffner & Cantor, 1985). Dit is waarschijnlijk ook de reden dat kinderen eerder geneigd zijn agressief gedrag te imiteren van een gewelddadig kind of gewelddadige tiener in de media dan van een volwassene (Hicks, 1965).

Beloond versus gestraft geweld. Het experiment van Bandura toonde aan dat kijkers eerder agressief gedrag van een model leren als dat gedrag beloond wordt dan als het bestraft wordt. Zoals eerder naar voren kwam, zijn rolmodellen van kinderen vaak personen (in het dagelijkse leven of in de media) die het kind bewondert. In mediaproducties behoren de rolmodellen van kinderen vaak tot de goede partij. Rolmodellen zijn helden die slim, machtig en aantrekkelijk zijn, en die zelden op hun vingers getikt of gehinderd worden bij hun gewelddadige acties. Uit een inhoudsanalyse van televisieprogramma's van Wilson en collega's (1998) blijkt inderdaad dat juist de geweldacties van de goede partij in de meerderheid van de programma's (68%) niet wordt bestraft. Diverse onderzoeken suggereren dat dit soort beloond geweld door de goede partij een agressieverhogend effect heeft (Bandura, 1965, 1986).

Gerechtvaardigd versus ongerechtvaardigd geweld. Stel dat in een film een vader erachter komt dat iemand zijn dochter heeft aangerand en vermoord. De vader gaat daarna op pad, vindt de aanrander en begint hem langzaam dood te martelen. Deze vader gebruikt extreem geweld als wraak voor iemand van wie hij houdt. Dat komt rechtvaardig op de meeste kijkers over. Sommige kijkers juichen zelfs uitbundig wanneer een filmfiguur de aanrander van zijn dochter vermoordt: 'Pak 'm, hij heeft het verdiend.' Andersom wordt het geweld waarbij een filmfiguur een bediende van een benzinepomp vermoordt omdat hij niet snel genoeg zijn wisselgeld teruggeeft, als onrechtvaardig gezien. Zulk geweld zal niet snel de sympathie van de kijker krijgen.

De meta-analyse van Paik en Comstock (1994) wijst uit dat de kans op agressie groter is wanneer kinderen vinden dat het gedrag van de hoofdpersoon gerechtvaardigd is. Een goed voorbeeld van een studie waarin het effect van rechtvaardig gebracht mediageweld wordt aangetoond is het experiment van Berkowitz en Powers (1979). In dit experiment kreeg een groep mannelijke studenten een geweldfilm te zien waarin een aantal motorrijders een man aanvallen. Een deel van de studenten werd van tevoren verteld dat de motorrijders de man aanvielen omdat hij twee van hun kornuiten ernstig en onterecht had verwond (gerechtvaardigd geweld). Een ander deel van de studenten kreeg te horen dat de groep motorrijders tot een *gang* behoorden die voor de lol een onschuldige man aan het pesten waren (ongerechtvaardigd geweld). De studenten die dachten dat het geweld van de motorrijders gerechtvaardigd was, gedroegen zich na afloop agressiever dan de studenten die dachten dat de motorrijders onrechtvaardig handelden.

Kinderen vinden gerechtvaardigd geweld ook veel minder fout dan ongerechtvaardigd geweld. Dit heb ik samen met mijn collega Marina Krcmar onderzocht door kinderen twee versies van een verhaal voor te leggen, waarin precies hetzelfde soort fysiek geweld werd uitgeoefend. In beide versies werd iemand zo hard in elkaar geslagen dat hij naar het ziekenhuis moest. In de ene versie werd het geweld echter uitgeoefend met een gerechtvaardigd doel: de dader moest zijn bedreigde oma verdedigen. In de andere versie gebruikte de dader ongerechtvaardigd geweld: hij sloeg iemand in elkaar die tijdens het parkeren per ongeluk met zijn auto tegen de zijne had aangereden. Zoals verwacht, vonden bijna alle kinderen (98%) het ongerechtvaardigde geweld fout. Het rechtvaardige geweld, waarin de oma werd beschermd, werd echter maar door een minderheid van de kinderen (30%) fout gevonden. Dit geweld werd door 43% van de kinderen zelfs goedgekeurd (Krcmar & Valkenburg, 1999).

Geweld zonder pijnlijke gevolgen.   In veel programma's wordt geweld gebruikt zonder de gevolgen ervan (bijvoorbeeld pijn, verwondingen) te tonen. Dit soort geweld komt vooral voor in kinderprogramma's. De Amerikaanse onderzoeker Gerbner (1992) noemt het soort mediageweld waarin de pijnlijke of tragische gevolgen voor de slachtoffers worden weggelaten *gelukkig geweld*. Kinderen kunnen volgens hem door gelukkig mediageweld een verkeerd beeld krijgen over de gevolgen van geweldacties. Ze doen de acties na, maar hebben geen idee dat ze er andere kinderen pijn mee kunnen doen.

Het tonen van de negatieve gevolgen van de daden van superhelden blijkt juist een agressieremmend effect te hebben. Wotring en Greenberg (1973) vonden dat een groep jongens die naar een geweldfilm keken waarin de verwondingen expliciet werden getoond, na afloop minder agressief waren dan een groep kinderen die dezelfde film zagen zonder de negatieve gevolgen. Dit verschijnsel kan verklaard worden met de empathietheorie, die stelt dat kinderen die zien dat een slachtoffer pijn lijdt, een gevoel van medelijden krijgen en herinnerd worden aan de culturele norm dat het verkeerd is om anderen pijn te doen (Van der Voort, 1997).

Realistisch geweld.   In enkele studies is aangetoond dat realistisch mediageweld meer effect sorteert dan niet-realistisch mediageweld. Tekenfilms bijvoorbeeld, roepen in het algemeen minder sterke reacties op dan films met menselijke acteurs. Ook blijkt dat het kijken naar een oorlogsfilm de agressie meer stimuleert als de kijker denkt dat het om een documentaire gaat dan wanneer hij denkt dat het 'maar een film is' (Berkowitz & Alioto, 1973). Realistische geweldfilms hebben waarschijnlijk een groter effect omdat kijkers zich eerder kunnen identificeren met realistische dan met onrealistische geweldplegers. Ook kan het zijn dat realistische geweldacties eerder toepasbaar zijn in het dagelijkse leven en dat ze daardoor meer effect hebben.

Opzwepende geweldbeelden.   De eerder besproken opwindingstheorie stelt dat opwindende geweldscènes meer effect hebben. De meta-analyse van Paik en Comstock (1994) wijst inderdaad uit dat mediageweld dat kijkers in een staat van opwinding brengt agressieverhogend werkt. Opwindend geweld is vooral te vinden in Amerikaanse jeugd-, actie- en politieseries. In Engelse en Duitse series, zoals *Inspector Morse* en *Derrick*, komen opwindende geweldscènes minder vaak voor.

Verschillen tussen kinderen

Ieder kind verwerkt en interpreteert mediageweld op zijn eigen manier. Vooral gedurende de laatste decennia hebben effectonderzoekers meer oog gekregen voor individuele verschillen in kinderen die het effect van mediageweld beïnvloeden. In de literatuur zijn er vier factoren die een bepalende invloed hebben. Dit zijn (1) het geslacht en (2) de leeftijd van het kind, (3) de interesse van kinderen in mediageweld, en (4) de attitude ten aanzien van geweld binnen het gezin.

Jongens en meisjes.   Het effect van mediageweld op jongens is in het algemeen groter dan op meisjes (Paik & Comstock, 1994). Dit heeft te maken met verschillende factoren. In de eerste plaats hebben jongens meer voorkeur voor gewelddadige actie- en avonturenprogramma's dan meisjes en daarom kijken ze er vaker naar, waardoor de kans op beïnvloeding toeneemt. Daarnaast biedt het huidige arsenaal aan actie- en avonturenprogramma's jongens meer identificatiemogelijkheden dan meisjes, hetgeen ook de kans op effecten vergroot.

Jonge kinderen.   Mediageweld heeft meer invloed op jongere dan op oudere kinderen (Paik & Comstock, 1994). Kinderen jonger dan zes jaar zijn het meest kwetsbaar. Kinderen tot een jaar of zes zien het fantasiegeweld in animatie- en tekenfilms vaak als net zo echt als realistisch mediageweld. Hierdoor zijn kinderen onder de zes niet alleen ontvankelijk voor het effect van realistisch geweld, maar ook voor dat van cartoon- en animatiegeweld. Jonge kinderen raken bijvoorbeeld net zo gemakkelijk in een fysieke staat van opwinding bij een tekenfilm als bij een film met mensen van vlees en bloed. Deze bredere ontvankelijkheid is waarschijnlijk de reden dat bij jonge kinderen de grootste effecten zijn gevonden.

Kinderen met een speciale belangstelling voor mediageweld.   De observationele leertheorie van Bandura voorspelt dat kinderen alleen gewelddadig gedrag van mediafiguren leren als ze het willen. Als een kind niet van andijvie houdt, dan is het niet makkelijk om er andijvie 'in te krijgen'. Dat geldt ook voor mediageweld. Als een kind niet van geweld houdt, zal het geen mediageweld tot zich willen nemen en er dus ook niet door beïnvloed worden. Wanneer een kind zich sterk identificeert met gewelddadige mediahelden of wanneer het een grote bewondering heeft voor een agressieve televisieheld, is de kans op agressief gedrag het grootst (Paik & Comstock, 1994).

Kinderen uit gewelddadige gezinnen. Agressie en criminaliteit van kinderen worden voor een groot deel bepaald door de agressie en criminaliteit van hun ouders. Ouders die lichamelijk geweld gebruiken, hebben vaker kinderen die ook geweld gebruiken om problemen op te lossen. Een gewelddadige gezinsomgeving leert kinderen de norm aan dat 'geweld werkt' en dat 'geweld niet erg is, omdat vader het ook gebruikt'.

Kinderen uit gezinnen waarin problemen worden opgelost met fysiek geweld, zijn ontvankelijker voor televisiegeweld. Dat is begrijpelijk. Als het geweld dat het kind op de televisie ziet, overeenkomt met de normen en het gedrag in zijn directe omgeving, dan krijgt het via de televisie slechts meer van hetzelfde. Als een kind daarentegen weet dat geweld in zijn omgeving afgekeurd wordt, dan kan het nog wel agressief gedrag leren vanuit de media, maar omdat de sancties op agressie vanuit zijn omgeving groot zijn, zal het kind het geleerde niet snel in praktijk brengen (Bandura, 1986).

Maatregelen tegen mediageweld

Wettelijke maatregelen: de Mediawet en het NICAM

In Nederland bestaan op dit moment twee regelingen om kinderen te beschermen tegen negatieve effecten van mediageweld. In de eerste plaats is er een zogenoemd *'Veilige-haven'beleid*: de Mediawet bepaalt dat films met het label 12 niet vóór acht uur 's avonds mogen worden uitgezonden en films met het label 16 niet vóór tien uur 's avonds. De omroepen kunnen van het Commissariaat van de Media een boete krijgen als ze zich niet aan deze wet houden.

Ten tweede bestaat er sinds 1999 een Instituut, het Nederlands Instituut voor de Classificatie van Audiovisuele Media, kortweg NICAM, dat als de opvolger gezien moet worden van de Nederlandse Filmkeuring. De Nederlandse Filmkeuring heeft zich vanaf de jaren zeventig beziggehouden met het classificeren van bioscoopfilms door deze te voorzien van drie labels: AL (geschikt voor alle leeftijden), 12 (niet geschikt voor kijkers jonger dan 12) en 16 (niet geschikt voor kijkers jonger dan 16). Vanaf het voorjaar 2001 is de rol van de Filmkeuring door het NICAM overgenomen.

Het NICAM is in tegenstelling tot de Filmkeuring gebaseerd op *zelfre-*

gulering, hetgeen betekent dat de overheid niet verantwoordelijk is voor maatregelen om jeugdigen te beschermen tegen schadelijke invloeden, maar de audiovisuele branche zelf. Bij het NICAM zijn zowel de publieke als commerciële omroepen aangesloten, evenals filmdistributeurs, bioscoopexploitanten, distributeurs van video's en computergames, en de videotheken. Het classificatiesysteem van het NICAM heet de Kijkwijzer. Het is in principe bestemd voor alle audiovisuele media, waaronder video- en bioscoopfilms, televisie en computerspellen. Het is een systeem om ouders te informeren en hen te helpen bij hun opvoedkundige beslissingen ten aanzien van het mediagebruik van hun kinderen.

De ontwikkeling van de Kijkwijzer is gebaseerd op consumentenonderzoek. In 1997 is aan ouders gevraagd waarover zij zich het meest zorgen maakten wat betreft de media. Uit dit onderzoek bleek dat ouders zich vooral zorgen maakten dat hun kinderen via de media grove taal aanleren, dat ze bang worden of nachtmerries krijgen, dat ze agressiever worden en dat ze te vroeg met seksualiteit in aanraking komen (Valkenburg, 1997).

Daarna is in 1999, in een nieuw onderzoek, aan ouders gevraagd of zij een classificatiesysteem wensten, en zo ja, wat voor classificatiesysteem. Uit dit onderzoek bleek dat ruim driekwart van de ouders een classificatiesysteem wenselijk vond, en dat 70% van hen dat ook daadwerkelijk zou gaan gebruiken. De meerderheid van de ouders koos voor informatie over de inhoud. Het liefst zouden ze geïnformeerd worden over geweld, angstaanjagende scènes, seks, grof taalgebruik, discriminatie en drugsgebruik (Peeters & Valkenburg, 1999). Dat doet de Kijkwijzer nu ook.

Ook waren er ouders die leeftijdsindicaties wensten. Ook daarin voorziet de Kijkwijzer. Wat betreft de leeftijd, is gekozen voor vier codes: AL (voor alle leeftijden), 6MG (meekijken gewenst bij kinderen jonger dan zes), 12 (niet voor kinderen jonger dan 12) en 16 (niet voor personen jonger dan 16).

De Kijkwijzer informeert ouders via leeftijds- en inhouds*pictogrammen*. Deze pictogrammen (ofwel icoontjes) worden toegepast in filmladders, promotiemateriaal, omroepbladen en op verpakkingen van video's en DVD's. Ook verschijnen de pictogrammen bij aanvang van televisieprogramma's en -films in beeld. De classificatieresultaten zijn via internet te raadplegen op www.kijkwijzer.nl.

De rol van ouders

Om negatieve effecten van televisiegeweld tegen te gaan zijn de veilige-
havenstrategie en het aanbieden van leeftijds- en inhoudspictogrammen
niet genoeg. Ouders zullen ook een beleid moeten vormen met betrekking tot de programma's die hun kinderen wel of niet mogen zien. Uit
een onderzoek van Roberts en collega's (1999) blijkt dat de meeste basisschoolkinderen regelmatig zonder hun ouders televisiekijken. Samen
televisiekijken verschilt daarbij enorm per programmasoort. Bij programma's voor volwassenen, inclusief het nieuws, kijkt in 75% van de
gevallen ten minste één van de ouders met het kind mee. Bij kinderprogramma's daarentegen gebeurt dit maar in 25% van de gevallen (Wright
et al., 1990).

Uit verschillende onderzoeken blijkt dat negatieve effecten van televisiegeweld verzacht of zelfs opgeheven kunnen worden wanneer ouders
samen met hun kinderen televisiekijken en op de juiste manier commentaar op geweldprogramma's geven (Nathanson, 1999). Als een kind naar
een geweldprogramma kijkt samen met een volwassene die het geweld
afkeurt, wordt de agressie van het kind tegengegaan. Als een kind echter
naar een geweldprogramma kijkt met een volwassene die een pósitieve
houding heeft ten aanzien van geweld – en deze tijdens het kijken venti-
leert – wordt zijn agressie juist aangewakkerd.

De invloedrijke rol van volwassen meekijkers is in verschillende studies aangetoond. In een onderzoek van Dunand en collega's (1984)
kreeg een aantal mannelijke adolescenten een boksfilm te zien. De ene
helft van de jongens keek samen met een volwassene die gedurende de
film zijn mond hield. Bij de andere helft zat de volwassene op het puntje
van zijn stoel commentaar te geven: 'Goed zo,' 'Zet 'm op,' en: 'Sla hem
op zijn muil.' De jongens die de film met de opjuttende meekijker zagen,
waren na afloop agressiever dan de andere jongens. Klaarblijkelijk
neemt een volwassene die zich positief uitlaat over televisiegeweld veel
van de remmen op agressief gedrag bij kinderen weg. Het kan ook zijn
dat de volwassene tijdens het kijken bewust of onbewust normen over
geweld verkondigt die door kinderen worden opgepikt.

In een studie van Corder-Bolz (1980) keek een groep kinderen samen
met een onderwijzer naar een aflevering van Batman. Bij de ene helft van
de kinderen gaf de onderwijzer neutrale opmerkingen, bij de andere

helft gaf hij afkeurende opmerkingen, zoals: 'Het is slecht om te vechten' en suggesties om het probleem in de film anders op te lossen, zoals: 'Het is beter om hulp te gaan halen.' Na afloop van deze Batman-aflevering vonden de kinderen die het afkeurende commentaar hadden gehoord, het minder goed om te stelen, te slaan en anderen pijn te doen dan de andere kinderen.

Het commentaar bij een film hoeft niet eens altijd goed- of afkeurend te zijn. Het helpt ook al wanneer ouders hun kind eraan herinneren dat een film 'maar gespeeld' is. In een experiment van Geen en Rakosky (1973) kreeg een aantal jongens een speelfilm te zien. Tegen de ene helft van de jongens zei een volwassene dat 'de film maar gespeeld is' en tegen de andere helft zei hij niets. Na afloop waren de jongens aan wie was verteld dat de film maar gespeeld was minder opgewonden. Als kinderen weten dat de film 'maar verzonnen' is, zien ze het geweld in de film als minder serieus. Ze kunnen zich dan psychisch beter van de film losmaken door zichzelf voor te houden dat wat ze zien toch niet echt is.

Vanaf 1989 is de televisiekijktijd van Nederlandse kinderen verdubbeld en deze neemt nog steeds toe. Met de uitbreiding van commerciële zenders, schoteltelevisie en de entertainmentmogelijkheden die het internet biedt, neemt de kans dat kinderen met mediageweld geconfronteerd worden hand over hand toe. Het wordt daarom met het jaar belangrijker om mediaopvoeding structureel een plaats te geven binnen de school en het gezin. Zoals in dit hoofdstuk duidelijk werd, is dit met name belangrijk voor jonge kinderen, jongens, en kinderen die extra gevoelig zijn voor de effecten van mediageweld. Dit zijn kinderen die zich sterk identificeren met mediageweld of kinderen uit gezinnen waarin fysiek geweld wordt gebruikt om problemen op te lossen.

Conclusie: mediageweld heeft invloed

Alle meta-analyses die tot op heden zijn uitgevoerd tonen aan dat kinderen agressiever kunnen worden van mediageweld. Toch lees je nog steeds met enige regelmaat in kranten en tijdschriften dat het effect van mediageweld op kinderen nooit is aangetoond. Dit is, zoals in dit hoofdstuk duidelijk werd, een duidelijke misinterpretatie van het onderzoek, die voor een groot deel te verklaren is aan de hand van de geschiedenis van het wetenschappelijk onderzoek.

Vooral in de begintijd van het onderzoek hadden wetenschappers zeer uiteenlopende meningen over het effect van mediageweld. Niet alleen bestonden er nog relatief veel wetenschappers die ervan uitgingen dat mediageweld (via catharsis) een *positief* effect op kinderen had, maar er bestond ook een aanzienlijke groep academici die ervan overtuigd waren dat mediageweld *geen* effect had. Deze laatste groep stelde zich vaak ten doel om iedere studie naar de invloed van mediageweld te bekritiseren en af te kraken (zie bijvoorbeeld Fowles, 1999; Freedman, 1984). En dat is niet moeilijk, omdat, zoals eerder duidelijk werd, op elk van de verschillende typen onderzoek wel iets aan te merken valt.

Nu moet het natuurlijk altijd mogelijk zijn te discussiëren over de waarde van de diverse typen onderzoek die tot op heden zijn uitgevoerd, maar het is onjuist om te stellen dat het effect van mediageweld nog nooit is aangetoond. Dat is immers in vele honderden empirische studies en vier meta-analyses aangetoond. Opvallend is overigens dat de onderzoekers die het bestaande onderzoek het felst hebben bekritiseerd, het onderwerp zelf in hun onderzoek hebben gemeden (Buckingham, 2000).

Vooral de laatste jaren is er een aantal ontwikkelingen geweest die, in ieder geval onder wetenschappers, tot meer consensus in het media-agressiedebat hebben geleid. Ten eerste is de catharsistheorie door de meeste onderzoekers in het vakgebied verlaten, nadat was aangetoond dat het onderzoek deze theorie niet steunde. Daarnaast lijkt er de laatste jaren ook meer overeenstemming te komen tussen onderzoekers uit verschillende wetenschapstradities. Cultural-studiesonderzoeker David Buckingham (2000, p. 130) bijvoorbeeld, schrijft in zijn boek: 'Natuurlijk betekent het aanvallen van de aannamen van traditioneel effectonderzoek niet dat ontkend kan worden dat de media enige mate van invloed hebben op het publiek. Het is eenvoudigweg bedoeld om te suggereren dat de aard van deze macht en invloed niet als een eendimensioneel proces van oorzaak en gevolg gezien kan worden.'

De meeste mediapsychologische effectonderzoekers zijn het volledig met Buckingham eens dat de invloed van media niet als een eendimensioneel proces gezien kan worden. Ook zij hebben, zoals duidelijk werd, het model van de uniforme effecten al lang verlaten en zijn ervan overtuigd dat mediageweld slechts één van de bepalende factoren is en zeker niet de grootste. Effectonderzoekers beseffen dat mediageweld agressief en asociaal gedrag *kan* stimuleren en kinderen onverschilliger *kan* maken voor geweld in hun omgeving. Maar al heeft mediageweld slechts invloed op een kleine groep kinderen, daarom kan deze invloed niet ontkend worden. Stel dat een geweldproductie slechts één promille van de 4,8 miljoen kinderen en jongeren die Nederland telt op enigerlei wijze zou beïnvloeden. Dat is een zeer conservatieve inschatting, zeker gezien de correlaties die in de meta-analyses zijn gevonden. Maar stel dat inderdaad slechts 0,1% van de kinderen en jongeren beïnvloed wordt door een bepaalde televisiefilm, dan lopen er per geweldproductie in Nederland al gauw zo'n vijfduizend kinderen en jongeren een verhoogd risico op agressief gedrag. Kanspercentages van deze grootte moeten serieus worden genomen, door de wetenschap, maar ook door opvoeders en beleidsmakers.

---

[1] De mediaan is de middenscore van een variabele, het punt waarbij precies 50% van de scores lager of hoger ligt. Degenen die meer over deze eenvoudige en praktische omrekeningsmethode willen weten, verwijs ik naar Rosenthal en Rubin (1982).

4

Angstreacties op nieuws en entertainment

Films of nieuwsuitzendingen, en met name die waarin gevaar, verminkingen of zeer angstige hoofdpersonen voorkomen, kunnen intense angst oproepen bij kinderen. Dit hoofdstuk beschrijft de angstreacties van kinderen op audiovisuele media. Het hoofdstuk bestaat uit vijf delen. Het *eerste* deel gaat in op de ontwikkeling van kinderangsten in het algemeen. Wat zijn specifieke kenmerken en hoe ontwikkelen kinderangsten zich naarmate kinderen ouder worden? Het *tweede* deel gaat over de rol van media bij het ontstaan van angsten. Ik bespreek welke typen media-inhouden vooral angst oproepen en waarom dit gebeurt. In het *derde* deel ga ik in op de vraag hoe kijkers (volwassenen én kinderen) überhaupt bang kunnen worden van media-inhouden, zelfs als ze weten dat wat ze zien geen daadwerkelijk gevaar voor henzelf betekent. Het *vierde* deel gaat over de vraag waarom kinderen het vaak leuk vinden om naar mediageweld te kijken. Hier komen theorieën aan de orde over de aantrekkingskracht van gewelddadig entertainment, zoals de theorie van *opwindingsoverdracht* en de *knuffeltheorie*. In het *vijfde* en laatste deel bespreek ik de manieren waarop kinderen zichzelf geruststellen als ze bang worden van iets in de media, en wat de meest effectieve manieren zijn voor volwassenen om kinderen van verschillende leeftijden gerust te stellen als ze bang worden van nieuws of entertainment.

De betekenis en ontwikkeling van kinderangsten

Angsten, zoals in dit hoofdstuk bedoeld, worden gezien als de onbewuste en onmiddellijke reacties van individuen op echte of denkbeeldige gevaren. Angsten gaan gepaard met gevoelens van psychisch ongemak, zoals ongerustheid en ontzetting, en met lichamelijke reacties als transpiratie en hartkloppingen. Ze duren in het algemeen vrij kort, maar soms kunnen ze enkele uren of dagen aanhouden, of nog langer. Angstreacties kunnen op verschillende manieren worden onderzocht. Ten eerste natuurlijk via zelfrapportage – door kijkers te vragen hoe bang ze zijn, bijvoorbeeld na het zien van een angstaanjagende film. Andere methoden zijn het meten van de polsslag, het observeren van gezichtsuitdrukkingen of het meten van de geleidingscapaciteit van de huid, bijvoorbeeld in de handpalm.

Mensen hebben angsten nodig om zich te beschermen, zich aan te passen aan de omgeving en te overleven. Een kind dat in het water valt, laat zichzelf niet zomaar verdrinken. Het voelt dat er gevaar is en zal alles in het werk stellen om te overleven: schreeuwen om hulp, proberen te zwemmen, of wat ook maar helpt om boven water te blijven. De drijfveer voor deze reacties is angst om te verdrinken.

Doordat ouders hun kinderen waarschuwen, dus een beetje bang maken, leren kinderen wat de gevaren in hun omgeving zijn. 'Eerst naar links kijken, dan naar rechts, anders kom je onder een auto,' 'Niet te ver de zee in, anders verdrink je,' 'Niet naar een wesp slaan, anders word je gestoken.' Pas nadat kinderen kennis hebben opgedaan van de potentiële gevaren in hun omgeving, gaan ze zich voorzichtig gedragen. Kinderen die niet geleerd hebben wat gevaren zijn, lopen het risico door een hond te worden gebeten omdat ze aan zijn staart trekken, uit het raam te vallen in de gedachte dat ze Batman of een Pokémon zijn, of te worden ontvoerd omdat ze met een kinderlokker meegaan.

Angsten kunnen verschillende vormen aannemen. Het is normaal dat een kind een beetje bang is voor insecten, vooral voor insecten die steken. Maar als een kind volledig in paniek raakt bij ieder insect dat in zijn buurt komt, ook de onschuldige, dan is er iets niet in orde. Zo'n intense, irrationele en voortdurende angst voor specifieke voorwerpen of situaties wordt een fobie genoemd. In de loop van de tijd hebben therapeuten wel honderden kinderfobieën geïdentificeerd. Zo zijn er fobieën voor het donker, voor dieren en insecten, voor water, hoogten, afgesloten ruimtes, en voor de tandarts of dokter. Kinderfobieën komen, afhankelijk van het type, bij ongeveer 2 tot 5% van de kinderen voor. Ze komen relatief het meest voor bij kinderen onder de tien, en meer bij meisjes dan bij jongens (Anderson et al., 1987; King et al., 1998).

Drie manieren om angsten aan te leren

Alle gezonde kinderen komen op de wereld met een aantal mechanismen om zichzelf te beschermen tegen pijn en gevaar. Zo zal een baby zijn best doen om een deken die over zijn gezicht is gevallen weg te duwen om het ademhalen te vergemakkelijken. Als de deken niet weg wil, zet hij het op een krijsen. Deze reactie komt voort uit een aangeboren overlevingsdrang. Andere reacties die typerend zijn voor pasgeborenen zijn angstreacties op pijn, harde geluiden, schel licht en lichtflitsen (Gullone, 2000).

Hoewel sommige angstreacties aangeboren zijn, ontstaan de meeste angsten pas na de geboorte. Pasgeborenen schrikken wel van harde geluiden en lichtflitsen, maar er is geen baby die bang is voor dieren, monsters, het donker of de dood. Verreweg de meeste angsten worden aangeleerd. Dit gebeurt op drie verschillende manieren. In de eerste plaats via *directe, persoonlijke ervaring* met negatieve gebeurtenissen. Stel dat een kleuter tijdens het pootjebaden gestoken wordt door een kwal, dan is het heel goed mogelijk dat hij het daarna griezelig blijft vinden om in zee te gaan. Met name angsten voor dieren en insecten ontstaan vaak na een directe negatieve ervaring (King et al., 1998; Muris et al., 1997; Rachman, 1991).

Angsten worden ook ontwikkeld via *observationeel leren*: door het observeren van de reacties van andere mensen op bepaalde gebeurtenissen. Stel dat een kleuter haar moeder aan het helpen is met de kelder opruimen. Terwijl ze een grote kist met rommel verschuiven, zien ze een muis wegschieten. De moeder zet het op een krijsen, pakt haar dochter op, rent de keldertrap op, en verbiedt haar nog ooit naar beneden te gaan. De kleuter, net op de leeftijd dat ze erg gevoelig is voor observationeel leren, schrikt zich een ongeluk van de reactie van haar moeder. Ze kan weinig anders meer geloven dan dat muizen afschrikwekkende beesten zijn.

Als kinderen hun ouders angstig zien reageren op iets, dan voelen ze aan dat er gevaar bestaat. Het onderliggende mechanisme hierbij is empathie. *Empathie* verwijst naar het vermogen van mensen om de emotionele reacties van anderen aan te voelen. Empathie is een vermogen waarover kinderen al vanaf de geboorte beschikken en dat zich gedurende de kindertijd verder ontwikkelt. Zo zijn baby's al in staat om angst of

verdriet te voelen wanneer hun moeder angstig en verdrietig is (Hoffman, 2000). Het is daarom niet verwonderlijk dat kinderen de fobieën
van hun ouders voor bijvoorbeeld muizen, honden, hoogten en insecten
gemakkelijk overnemen (Sarafino, 1986).

Angsten worden ten slotte ook aangeleerd via *overdracht van negatieve
informatie*. Stel dat een kind een gesprek hoort waarin haar ouders elkaar
hun pijnlijke ervaringen vertellen, opgedaan tijdens een tandartsbezoek.
Het is mogelijk dat zo'n kind via deze getuigenverslagen bang voor de
tandarts wordt. Ook hier speelt empathie een rol. Kinderen moeten
mentale beelden vormen bij de verbale informatie, en voelen via empathie de angst die de slachtoffers hebben ervaren (Hoffman, 2000).

Ook lugubere grappen en waarschuwingen vallen onder de categorie
negatieve informatieoverdracht. Waarschuwingen hebben ten doel kinderen een beetje bang te maken, om hen tegen misstappen te beschermen. Sommige ouders kunnen hier zeer ver in gaan. 'Als je je andijvie
niet opeet, moet je naar de dokter en dan krijg je een injectie,' 'Niet te
dicht bij het water, anders springt er een grote octopus uit, en die eet je
op,' 'Niet liegen, anders komt de duivel je halen.' Het is voorstelbaar dat
kinderen door zulke waarschuwingen hevige angsten kunnen ontwikkelen (Sarafino, 1986).

Kortom, angsten kunnen op drie verschillende manieren worden aangeleerd, via *directe negatieve ervaring*, *observationeel leren* en *negatieve informatieoverdracht*. Deze drie oorzaken van angst zijn niet onafhankelijk van
elkaar; ze kunnen elkaar versterken. Als een kind net door een hond is
gebeten en hij hoort zijn vader daarna een akelig verhaal over een hond
vertellen, dan kan dit zijn angst voor honden verder versterken.

Welke van de drie oorzaken van angst komt het meest voor? Ollendick
en King (1991) hebben dit onderzocht. In hun studie werd aan 1092 Amerikaanse en Australische kinderen gevraagd naar de dingen waarvoor ze
het meest bang waren. Daarna werd hun gevraagd de herkomst van hun
angst te noemen: directe ervaring, observationeel leren en/of negatieve
informatieoverdracht. Kinderen noemden observationeel leren het
meest als bron van hun angst (56%). Daarna kwamen negatieve informatieoverdracht (39%) en directe ervaring (37%).

Het is echter voorstelbaar dat de manier waarop angsten worden aangeleerd verschilt voor bepaalde *typen* angsten. In een studie van Peter
Muris en collega's onder 129 Nederlandse kinderen bleek de herkomst

van angsten sterk afhankelijk te zijn van het type angst. Zo was bij angst voor de dood, negatieve informatieoverdracht de belangrijkste bron, maar bij angst voor dokters en medische ingrepen, was het directe ervaring. Het is dus moeilijk om in het algemeen te stellen hoe kinderen het vaakst angsten aanleren. Deze manieren hangen blijkbaar sterk af van het type angst dat kinderen ontwikkelen (Muris et al., 1997).

Algemene trends in de ontwikkeling van kinderangsten

Hoewel het natuurlijk moeilijk te voorspellen is welke specifieke angsten een kind zal krijgen, is er wel een aantal algemeenheden in de ontwikkeling van kinderangsten te noemen. Zo wijst onderzoek keer op keer uit dat meisjes banger zijn dan jongens. Hiervoor worden in de literatuur verschillende verklaringen gegeven. Sommige onderzoekers menen dat meisjes, als gevolg van biologische sekseverschillen, geboren worden met een grotere gevoeligheid voor angst. De meeste anderen echter geloven dat de gevonden sekseverschillen in angst het resultaat zijn van verschillen in de opvoeding van jongens en meisjes (Gullone, 2000; Peck, 1999).

Kinderen leren al heel vroeg welk gedrag bij hun sekse past; van hun ouders, onderwijzers, andere kinderen en via de media. Van jongens wordt in het algemeen verwacht dat ze zich masculien gedragen – sterk, weinig emotioneel, logisch en avontuurlijk. Als een jongen bang is, zijn zijn ouders geneigd te zeggen dat hij een grote vent moet zijn, misschien omdat veel ouders bewust of onbewust toch bang zijn dat hun zoon een watje wordt als ze te veel toegeven aan zijn angsten. Van meisjes daarentegen wordt wél geaccepteerd dat ze zich emotioneel gedragen of hun zwakheden tonen, en zij zijn daardoor minder geremd dan jongens om hun angsten toe te geven. Uit onderzoek blijkt dat meisjes langer getroost en gerustgesteld worden dan jongens wanneer ze bang zijn. Ook worden ze vaker gewaarschuwd, bijvoorbeeld bij het klimmen en zwemmen. Het is niet ondenkbaar dat meisjes daarom tijdens hun opvoeding meer angsten ontwikkelen dan jongens.

De tweede algemene conclusie wat betreft de ontwikkeling van kinderangsten die uit onderzoek blijkt, is dat kinderangsten gerelateerd zijn aan de leeftijd of het cognitieve ontwikkelingsniveau van het kind. Sommige angsten zijn typerend voor de peuter- en kleutertijd, terwijl andere angsten pas later ontstaan. Hoe komt dat? Een van de redenen hiervoor is dat de ervaringswereld van een kind sterk verandert naarmate het ouder wordt. Pasgeboren kinderen leiden een relatief geïsoleerd leventje. Peuters en kleuters daarentegen komen voortdurend in aanraking met mogelijke gevaren. Ze rennen blijmoedig rond met een aardappelmes, stoppen in een onbewaakt moment hun vingers in het stopcontact, en leren over griezelige monsters, via sprookjes en de tv. Peuters en kleuters lopen daardoor niet alleen meer kans op directe ervaring met gevaren, maar ze komen ook via observationeel leren en negatieve informatieoverdracht (bijvoorbeeld waarschuwingen) meer in aanraking met de angstreacties van anderen.

Een andere reden dat de soorten angsten veranderen naarmate kinderen ouder worden, is dat hun vermogen om te denken, praten en fantaseren zich sterk ontwikkelt gedurende de vroege kindertijd. Tot zo'n anderhalf jaar zijn kinderen met name bang voor concrete gebeurtenissen, zoals vreemde personen, harde geluiden en een moeder die uit het zicht verdwijnt (Gullone, 2000). Kleuters daarentegen zijn in staat te fantaseren, door te denken over de dingen die ze hebben meegemaakt, en voorspellingen te doen. Dit is de reden dat kinderen in deze leeftijdsfase met name bang worden voor dingen waarbij fantasie een rol speelt, zoals het donker, dieren en monsters.

Van twee tot zeven jaar: krokodillen onder het bed

In de leeftijdsfase van twee tot zeven jaar maakt de geest van kinderen een stormachtige ontwikkeling door. Kinderen gaan hun geheugen steeds beter gebruiken en ze gaan ook voorspellingen doen in de trant van 'als dit, dan dat'. Dat is de reden dat naast de angsten voor concrete dingen ook de angsten voor *ideeën* ontstaan. Kinderen worden bang van dingen die zouden kúnnen gebeuren. Dit veroorzaakt een toename in angsten, omdat in de fantasiewereld van peuters en kleuters werkelijk alles mogelijk is. Er kan een krokodil onder je bed op je loeren of er kan een geest in de wc zitten, die je grijpt als je over de gang rent.

De meest voorkomende angst in de peuter- en kleutertijd is angst voor grote dieren (die kunnen je opeten) en insecten (die kunnen over je heen lopen). 80% van de vijf- en zesjarigen zegt bang te zijn voor een of ander dier. Op de tweede plaats komt angst voor monsters. Bijna driekwart van de kleuters zegt bang te zijn voor monsters en andere griezels, waaronder heksen, reuzen en trollen. Ten slotte zijn kinderen in deze leeftijd vaak bang voor het donker, voor dokters en tandartsen, diep water en grote hoogten, en voor alles wat er vreemd uitziet of plotseling beweegt (Bauer, 1976; Maurer, 1965; Muris et al., 2000).

Kinderen tot zo'n jaar of vier geloven dat levenloze voorwerpen levend zijn. De zon is levend omdat hij licht geeft, de stofzuiger leeft omdat hij stof opeet, en de oven is levend omdat hij eten maakt. Alles wat iets doet of nut heeft, is levend. Deze zogenoemde *animistische* overtuigingen verhogen het repertoire aan angsten van kinderen. Zo kan het voorkomen dat kinderen van twee en drie jaar bang zijn om opgegeten te worden door de stofzuiger, omdat ze de stofzuiger beschouwen als een monster dat zich brullend door de kamer verplaatst. Ook zijn twee- en driejarigen soms bang om door het bad- of wc-water meegezogen te worden. De oorzaak van deze angst is dat kinderen op deze leeftijd nog niet doorhebben dat grote, vaste voorwerpen niet in kleinere passen (Fraiberg, 1994).

Van zeven tot tien jaar: aardbevingen en inbrekers

Als kinderen zeven zijn, zijn ze redelijk goed in staat om hun kennis over het onderscheid tussen fantasie en realiteit te gebruiken bij het verwerken van informatie. Dit is te merken aan hun angsten. De angst voor monsters neemt snel af wanneer kinderen zeven jaar worden. Vergeleken bij vijf- en zesjarige kinderen is de angst voor monsters bij zeven- en achtjarigen al met een derde tot de helft afgenomen (Bauer, 1976; Maurer, 1965; Muris et al., 2000).

De typische peuter- en kleuterangsten worden vervangen door angsten van een andere orde. Een veelvoorkomende angst bij kinderen van zeven tot tien jaar is angst voor ziekte en lichamelijke verwonding en de angst om mensen te verliezen van wie ze houden. Ook worden ze bang voor realistische bedreigingen, zoals ongelukken, ontvoeringen, inbrekers, bombardementen en natuurrampen.

Vanaf tien jaar: examens, oorlogen en het broeikaseffect

Het gevoelsleven van kinderen vanaf tien jaar wordt nog steeds gekenmerkt door angst voor lichamelijk letsel. Maar daarnaast begint een bezorgdheid te ontstaan voor sociale relaties. Tieners en aankomende tieners worden bang voor afwijzing door ouders, leraren en leeftijdgenoten. Ook gaan ze zichzelf vergelijken met leeftijdgenoten, en dan kunnen ze zich in een of ander opzicht wel eens minder voelen dan een ander. Als (aankomende) tieners denken dat ze slecht uit de verf komen in vergelijking met anderen, kunnen ze verlegen worden en bang om in het openbaar op te treden. Ten slotte ontwikkelen kinderen van deze leeftijd angsten over abstracte onderwerpen, zoals politieke en economische kwesties, de situatie in de wereld, oorlogen en nucleaire wapens (Cantor et al., 1986; Gullone, 2000).

Opvoeden zonder angst is een illusie

Het is onmogelijk kinderen op te voeden zonder angst. Dit wordt sprekend geïllustreerd door de anekdote over Fransje in het beroemde boek *De magische wereld van het kind* van Selma Fraiberg (1994). Fransje was een peuter die een toonbeeld moest worden van een modern, wetenschappelijk opgevoed kind. In het opvoedingsprogramma dat zijn ouders voor hem hadden opgesteld, werden alle mogelijke bronnen van angst systematisch weggelaten. De kinderrijmpjes en sprookjes werden stuk voor stuk aangepast. Reuzen aten geen mensenvlees, maar kaakjes. Heksen, monsters en ander gespuis oefenden uitsluitend ongevaarlijke praktijken uit. Soms maakten ze wel eens een kleine misstap, maar dan verbeterden ze na een mild vonnis snel hun leven. Er ging niemand dood in de sprookjes, en ook niet in Fransjes echte leven. Toen zijn parkiet stierf, zetten zijn ouders stiekem een nieuwe in de kooi, zodat Fransje er niets van merkte.

En toch werd Fransje bang. Toen hij twee jaar oud was, werd hij net als veel andere kinderen bang om door het putje van het bad weggezogen te worden. Maar dat was nog niet alles. Op de leeftijd dat veel kinderen wakker schrikken van angstdromen, werd ook Fransje wakker met nachtmerries. Ondanks het zeer zorgvuldige opvoedingsprogramma van zijn ouders, werd Fransje in zijn dromen achtervolgd door een reus die hem wilde opeten.

Maar ook dit was nog niet alles. Ondanks de lankmoedige behandeling die heksen en monsters in Fransjes opvoeding kregen, was de schurken in zijn eigen verhalen een veel ongunstiger lot beschoren. In zijn dromen ontdeed Fransje zich van heksen en reuzen door ze hun hoofd af te hakken.

Dit verhaal over Fransje illustreert dat het een illusie is te geloven dat kinderen opgevoed kunnen worden zonder angst. Zelfs al zouden volwassenen nog zó hun best doen om alle heksen en spoken uit de kinderverhalen te bannen, dan creëert een kind nog zijn eigen angstige fantasieën. En dat is niet voor niets, want angsten hebben een belangrijke functie voor de ontwikkeling van kinderen. Gedurende de kindertijd moet een kind talloze angsten overwinnen. Maar juist door deze overwinningen ontstaat hun zelfvertrouwen. Als een kind op eigen kracht verschillende angsten te boven komt, gaat het zich onafhankelijk voelen. Het krijgt het gevoel de gebeurtenissen in zijn leven te kunnen beheersen. Als een kind daarentegen op te jonge leeftijd geconfronteerd wordt met te gróte angsten, die zijn verwerkingscapaciteit te boven gaan, gaat het zich hulpeloos, machteloos en minderwaardig voelen en kan een negatief zelfbeeld ontstaan (Fraiberg, 1994).

Kinderen zijn uitgerust met een aantal hulpmiddelen om hun angsten te overwinnen. Als ze twee jaar oud zijn, bezitten ze volgens Fraiberg al een vernuftig psychisch systeem dat hun de mogelijkheden verschaft om gevaren te voelen aankomen, te taxeren en te overwinnen. Of ze deze middelen met succes aanwenden, hangt af van de manier waarop hun ouders hun leren er gebruik van te maken.

De meeste deskundigen zijn het erover eens dat een beetje angst noodzakelijk is voor een gezonde geestelijke ontwikkeling. Maar ze zijn het er ook over eens dat confrontatie van kinderen met schokkende gebeurtenissen die hun verwerkingscapaciteit te boven gaan, een gezonde geestelijke ontwikkeling in de weg staat. Wat heeft dit voor gevolgen voor de omgang met televisie, het medium dat kinderen dagelijks confronteert met tientallen realistisch gefilmde moorden en geweldsdelicten? Valt de confrontatie op jonge leeftijd met horrorfilms en realistische journaalbeelden nog binnen de verwerkingscapaciteit van kinderen? Deze vraag wordt in het vervolg van dit hoofdstuk beantwoord.

De rol van massamedia bij het ontstaan van angsten

Films en nieuwsuitzendingen kunnen intense angsten oproepen bij kinderen en volwassenen. Dat zulke angsten in sommige gevallen indringende gevolgen hebben, wordt treffend geïllustreerd door anekdotes

over de impact van films als Jaws en Psycho. In de zomer dat Jaws uitkwam, meldden diverse Amerikaanse kranten dat de stranden dat jaar
opmerkelijk leeg bleven. Ze vermoedden dat er drommen mensen weg-
bleven uit angst verscheurd te worden door een weerzinwekkende witte
haai. Ook de beruchte scène uit de film Psycho, waarin een vrouw wordt
vermoord terwijl ze onder de douche staat, heeft zijn sporen nagelaten.
Nog nooit zijn er zó veel transparante douchegordijnen verkocht als in
de tijd dat Psycho in de bioscopen draaide. In dit tweede onderdeel ga ik
dieper in op de rol van massamedia bij de ontwikkeling van angsten. Ik
bespreek daarbij de angstreacties van kinderen op entertainment voor
volwassenen, op kinderentertainment en op nieuws.

Angstreacties op entertainment voor volwassenen

De interesse in angstreacties van kinderen op gewelddadig entertainment is de laatste jaren sterk toegenomen. Dit is niet alleen omdat volwassenenentertainment realistischer en gruwelijker is geworden, maar
ook omdat kinderen en adolescenten steeds meer als doelgroep van dit
soort entertainment worden gezien. Deze trend startte in de jaren vijftig,
toen stripverhalen, die in die tijd extreem populair waren, horrorbeelden
gingen toevoegen op een manier die aantrekkelijk was voor (mannelijke)
adolescenten. Deze verandering bleek zeer lucratief. Zelfs de zwartwit-
beelden van de eerste televisie konden het aanvankelijk niet winnen van
de macabere beelden, heldere kleuren en bloederigheid van de horrorstrips (Tamborini & Weaver, 1996).

De filmindustrie kreeg al snel door dat er een doelgroep bestond die
zowel genoeg tijd als geld had: de jongeren die horrorstrips consumeer-
den. Wat in 1957 begon met The Curse of Frankenstein, leidde tot een reeks
van lowbudget films met gelijksoortige thema's, waarin de camera niet,
zoals vroeger, werd weggehouden van gruwelijkheden en bloederigheid.
Na enkele jaren trok het beperkte succes van deze films de aandacht van
vermaarde filmmakers als Alfred Hitchcock. Het resultaat was Psycho
(1960). Psycho wordt door historisch georiënteerde mediawetenschap-
pers gezien als het keerpunt in de productie van horrorfilms. Vanwege
zijn overweldigende succes leidde de film niet alleen tot een stroom van
imitaties, maar het aanzien van Hitchcock legitimeerde de komst van
een nieuwe soort horrorfilms: films met macabere moorden en rea-

listisch gefilmde verminkingen (Sapolsky & Molitor, 1996; Tamborini & Weaver, 1996).

Wat voor effect heeft deze nieuwe generatie gewelddadig entertainment op kinderen? Dat is moeilijk vast te stellen, omdat het wetenschappelijk onderzoek naar angstreacties van kinderen een aantal serieuze problemen oplevert, die het trekken van conclusies over negatieve effecten bemoeilijkt. Het belangrijkste probleem is dat het, om ethische redenen, niet mogelijk is om via experimenten vast te stellen in hoeverre kinderen bang worden van verschillende typen gewelddadig entertainment. Je kunt kinderen natuurlijk niet een bloederige geweldfilm tonen om, alleen in het belang van de wetenschap, hun angst te meten. Dit betekent dat de wetenschappelijke conclusies over angstreacties van kinderen op media louter gebaseerd zijn op anekdotes, diepte-interviews, gevalsbeschrijvingen en vragenlijstonderzoek. Experimenteel onderzoek met jonge kinderen kan niet worden uitgevoerd, en bestaat dan ook niet.

Jonge kinderen kijken veelvuldig naar programma's die door veel volwassenen al als intens angstaanjagend worden beschouwd. Een studie van Sparks (1986) laat bijvoorbeeld zien dat de helft van de vier- tot tienjarigen die hij had onderzocht, de films *Poltergeist* en *Jaws* had gezien. In een survey van Hoekstra en collega's (1999) vertelde 61% van een groep Amerikaanse studenten dat ze in hun jeugd intense en langdurige angstreacties hadden ervaren. 29% meldde dat ze een specifieke angst aan een audiovisuele productie hadden overgehouden, bijvoorbeeld angst voor haaien of spinnen, en 20% rapporteerde een variëteit aan slaapstoornissen, zoals angst om alleen te slapen, nachtmerries, slapeloosheid of de noodzaak om 's nachts het licht aan te laten.

Om te onderzoeken hoe vaak Nederlandse kinderen bang worden van volwassenenentertainment, heb ik samen met Joanne Cantor en Allerd Peeters 314 zeven- tot twaalfjarigen onderzocht. We hebben hun gevraagd of zij in het laatste jaar wel eens zó bang van een film of televisieprogramma waren geweest, dat ze er na afloop nog steeds last van hadden. 31% van de kinderen vertelde dat dat wel eens was voorgekomen. Vrijwel alle kinderen die langdurig angstig waren geweest noemden een volwassenenfilm als bron van hun angst (Valkenburg et al., 2000).

Zoals eerder duidelijk werd, is het niet erg wanneer kinderen zo nu en dan een beetje bang worden van iets in de media. Iets anders is het natuurlijk wanneer kinderen langdurig aangeslagen blijven van iets wat ze hebben gezien. Dat zou erop kunnen wijzen dat de belasting te groot is geweest voor deze kinderen en dat een vorm van traumatisering is opgetreden. Hoe lang bleven de kinderen in ons onderzoek bang van iets op tv? Bij de meeste kinderen (79%) die in het voorafgaande jaar bang waren geweest, was de angst binnen een paar uren of dagen alweer verdwenen. Maar bij 21% was de angst weken tot maanden blijven bestaan. De meest voorkomende reacties van deze kinderen waren: veel praten en vragen stellen over het programma, niet naar bed durven, 's nachts wakker worden, nare dromen en nachtmerries (Valkenburg, 1997).

Ons hiervoor beschreven onderzoek had betrekking op de vraag hoe vaak kinderen in *het voorafgaande jaar* bang waren geweest voor iets op tv. Het is natuurlijk mogelijk dat een kind dat jaar niet bang is geweest, maar dat het een jaar later wel angstig wordt. Hoe vaak komt het voor dat mensen die met televisie zijn opgegroeid op ten minste één moment in hun jeugd intens bang zijn geworden voor een tv-programma of film? Om hierachter te komen, heb ik in 1997 aan een groep studenten communicatiewetenschap gevraagd op te schrijven óf, en zo ja, wélke film of wélk programma hen vroeger angstig maakte. Ook heb ik hun gevraagd hoe oud ze waren toen het gebeurde en wat hun reactie was. Sommige beschrijvingen van de studenten zijn, met gefingeerde namen, in dit hoofdstuk opgenomen.

Van de 75 studenten die aan het onderzoek meededen, kon meer dan 70% zich een specifieke televisiefilm of -programma herinneren waarvan ze intens bang waren geworden. De leeftijd waarop de angst optrad, varieerde sterk en ook de programma's die angst opriepen. Net zoals in het Amerikaanse onderzoek, bleek het type film sterk gerelateerd aan de leeftijd. Toppers bij jonge kinderen waren *De Hulk* en de *Plaaggeest* van Bassie en Adriaan. Bij oudere kinderen en adolescenten riepen vooral programma's als *Opsporing Verzocht* en horrorfilms als *Jaws*, *It* en *Child's Play* angst op.

'Dat poppetje Chucky. Het was sowieso een enge, lelijke pop. Maar hij werd nog vreselijker toen hij zijn tanden liet zien en zijn ogen liet draaien, en begon te bijten... Hij zei: "Hi, I'm Chucky, I'm your friend till the end of time." Dat zinnetje van Chuck dat vergeet ik nooit. Na afloop werd ik bang van mijn eigen poppen. Maandenlang kon ik niet slapen, had last van angstige dro-

men. *Nog steeds als ik een lelijke pop zie, denk ik aan Chucky.'*
Liselore, 22 jaar, over de film Child's Play.

Bij de meeste studenten was de angst voor de film of het programma na een paar dagen of weken vanzelf weer verdwenen. Maar bij sommige studenten bleek er sprake van ernstiger effecten: maar liefst 12% van de onderzochte groep bleek jarenlang last te hebben gehad van een specifieke film. En meer dan de helft van deze studenten had achteraf spijt gehad dat ze het desbetreffende programma hadden gezien. Een studente vertelde dat ze na twintig jaar soms nog steeds badend in het zweet wakker wordt van een film die ze als vijfjarige had gezien:

> *'Het was een film waarvan ik de titel niet meer weet. Er was een mierenplaag in de stad. Alle mensen en dieren, zelfs olifanten werden belaagd en opgegeten. Eerst de armen eraf. Dan het hoofd, en het lichaam. Vluchten hielp niet... Ik was vijf jaar toen ik de film zag. Ik heb na afloop vaak dromen gehad dat ik werd verpletterd door iets dat steeds groter werd, net als die mierengroep die steeds groter werd. Wellicht heeft mijn afkeer van insecten een oorsprong in deze film gehad. Zelfs een enkele mier op het aanrecht bezorgt me nog steeds hartkloppingen.'*
> *Ilse, 25.*

Niet alleen in wetenschappelijke, maar ook in politieke kringen richt de discussie over gewelddadig entertainment zich vooral op de gevolgen ervan voor agressief gedrag en veel minder voor angst. En geen wonder, want agressie onder jongeren is een belangrijk maatschappelijk probleem. Alleen al in de laatste vijftien jaar is de criminaliteit onder jongeren bijna verdriedubbeld. En agressieve jongeren bezorgen de maatschappij nu eenmaal meer overlast dan angstige. Mensen houden hun angsten, evenals hun fantasieën, in het algemeen liever verborgen. Jonge kinderen laten nog wel merken dat ze bang zijn, maar tieners, en vooral jongens, houden dit liever voor zich. Zowel Nederlands als buitenlands onderzoek laat zien dat de invloed van televisie op angstervaringen soms wordt onderschat. Na afloop van mijn colleges over angstervaringen en de media, vertellen mijn studenten mij soms dat ze als tiener enorm gehinderd werden door hun angsten, maar denk maar niet dat ze er toen ooit over spraken:

'... Ik vertelde nooit aan iemand hoe bang ik was. Overdag lachte ik erom. Dan vond ik het leuk om mijn jongere zusje de stuipen op het lijf te jagen door scènes van de film na te doen. Maar 's nachts kwam het op me af. Ik durfde mijn licht niet uit te doen. En als het uit was, durfde ik het niet meer aan te doen, omdat ik bang was dat ik dan de hand van de duivel pakte in plaats van de schakelaar. Jarenlang heb ik liggen zweten in mijn bed. Als het echt erg was, legde ik knoflook onder mijn kussen. Vaak stond ik 's morgens geradbraakt op. Dan spijbelde ik het eerste uur. Ik ben toen blijven zitten. Het is duidelijk dat The Exorcist daar een grote rol in heeft gespeeld...'
Sylvia, 22 jaar.

Angstreacties op kinderentertainment

Niet alleen entertainment voor volwassenen, maar ook entertainment dat speciaal voor kinderen is gemaakt, bevat veel geweld. Van veel kinderentertainment (bijvoorbeeld tekenfilms) wordt aangenomen dat kinderen van alle leeftijden er zonder probleem naar kunnen kijken. Dit blijkt in de praktijk vaak tegen te vallen. Sommige van deze zogenaamde 'familiefilms' zitten namelijk vol fysiek en psychologisch geweld. Zo vertelde een door mij ondervraagde vader dat hij op een zaterdagmiddag nietsvermoedend met zijn vierjarige zoon naar de *Lion King* was gegaan. In deze film is het leeuwenwelpje Simba er getuige van dat zijn vader op wrede wijze wordt verpletterd door een kudde op hol geslagen bizons. Na vijf minuten zat zijn zoontje op de grond, tussen de bioscoopstoelen, te trillen van angst. Tien minuten later stonden ze weer op straat. Het kind was de rest van de dag compleet van slag.

In tegenstelling tot wat vaak wordt aangenomen, blijken veel kinder- en familiefilms niet geschikt te zijn voor jonge kinderen. Familiefilms van bovengenoemde aard zijn vaak uitsluitend geschikt voor kinderen die in staat zijn zichzelf gerust te stellen met de redenering dat wat ze zien 'maar verzonnen' is. Kinderen jonger dan zeven kunnen dit nog niet en ook al kijkt er een volwassene met hen mee, dan nog kunnen ze intens en langdurig bang worden van dit type familiefilms.

Angstreacties op het nieuws

Er is tot op heden nauwelijks wetenschappelijk onderzoek naar de angst-reacties van kinderen op het nieuws. De eerste studie over dit onderwerp, van Cantor en Nathanson, werd pas gepubliceerd in 1996. In deze survey werd gevonden dat 37% van de Amerikaanse kinderen van vijf tot twaalf jaar wel eens blijvend angstig wordt van het nieuws. Dit percentage ligt bij Nederlandse kinderen iets hoger. In een onderzoek met Juliette Walma van der Molen en Allerd Peeters heb ik aan ruim 500 Nederlandse zeven- tot twaalfjarigen gevraagd of ze wel eens zó bang waren gewor-den van het nieuws dat ze na afloop nog een periode angstig bleven. Van de kinderen gaf 48% aan wel eens bang te blijven van iets uit het Journaal. In tabel 4.1 is opgenomen welke onderwerpen in het nieuws kinderen met name angst inboezemden. De percentages in de tabel zijn gebaseerd op de spontane antwoorden van kinderen.

Tabel 4.1 *Onderwerpen in het nieuws die kinderen spontaan noemen als bron van hun angst.*

	7-8-jarigen %[*]	9-12-jarigen %[*]
Interpersoonlijk geweld	40	51
Branden, ongelukken en rampen	34	21
Oorlogen	14	23
Inbraak en dieven	9	6
Kinderleed	3	11
Dierenleed	6	4

[*] De percentages tellen niet op omdat kinderen meer dan één bron konden noemen.

Zoals de tabel laat zien, noemden kinderen interpersoonlijk geweld het meest als de oorzaak van hun angst. Op de tweede plaats kwamen bran-den, ongelukken en rampen, en ook oorlogen en inbraken werden vaak genoemd. Ten slotte raakte een aantal kinderen van streek als andere kinderen of dieren leed werd aangedaan. Er bleken enkele verschillen tussen jongere en oudere kinderen. Zeven- tot achtjarigen noemden vaker branden, ongelukken en rampen, terwijl de negen- tot twaalfjarigen vaker bang werden van oorlogen. Dit komt waarschijnlijk doordat bij oudere kinderen het vermogen om abstract te denken verder ontwikkeld is dan bij jongere kinderen. Bij angst voor oorlogen zullen oudere kinderen meer dan jongere nadenken over de gevolgen voor de mensen die in het oorlogsland leven (Hoffman, 2000).

We hebben kinderen ook gevraagd hoe vaak ze bang werden van het Jeugdjournaal. Hoewel kinderen minder bang werden van het Jeugdjournaal dan van het volwassenenjournaal, bleek toch nog 43% van de zeven- tot achtjarigen en 28% van de negen- tot twaalfjarigen wel eens bang te worden van het Jeugdjournaal. De kinderen vonden bij het Jeugdjournaal dezelfde typen nieuwsinhoud angstwekkend als bij het volwassenenjournaal (Walma van der Molen et al., 2002).

Hoe worden kinderen bang van media-inhouden?

In de onderdelen hiervoor werd duidelijk *dat* kinderen intens en langdurig bang kunnen worden van media-inhouden. Ik heb echter nog niet verklaard *hoe* kinderen angstreacties op de media kunnen ontwikkelen. Eerder in dit hoofdstuk werd duidelijk dat angsten zich op drie manieren kunnen ontwikkelen: via directe ervaring, observationeel leren en negatieve informatieoverdracht. In de volgende onderdelen ga ik na in hoeverre elk van deze drie wegen gebruikt kan worden om de angstreacties van kinderen op media-inhouden te verklaren. Zoals duidelijk zal worden, kan de driedeling directe ervaring, observationeel leren en negatieve informatieoverdracht voor een groot deel ook gebruikt worden om angstreacties op media-inhouden te verklaren.

Directe ervaring via stimulusgeneralisatie

Stel je eens voor dat je een wandeling maakt door een prachtig tropisch woud ergens in Indonesië. Het zonlicht schijnt door de palmen en boven in de takken zie je een groep apen vrolijk met elkaar spelen. Plotseling zie je op een meter afstand een enorme geelgroene slang sissend en met opgeheven kop op je afkomen. Je schrikt je een ongeluk en dat is, zoals eerder duidelijk werd, een normale menselijke angstreactie, die veroorzaakt wordt door een directe negatieve ervaring met een gevaar.

Maar stel nu dat je op een avond naar een film op tv kijkt en je ziet zich een soortgelijke scène afspelen. Ben je dan ook bang? Je zit immers in een veilige huiskamer waar geen giftige slangen rondkruipen? Ook al lijkt het in theorie misschien merkwaardig, toch roepen dit soort scènes bij kijkers dikwijls een intense angst op. Hoe kan dat nu? Hoe is het mogelijk dat mensen bang worden van gebeurtenissen in de media, terwijl ze weten dat hetgeen ze zien geen direct gevaar voor henzelf betekent?

Gevaren in de media blijken in de eerste plaats direct angst op te roepen, op dezelfde manier als gevaren in de werkelijkheid angst aanjagen. Volgens Joanne Cantor (1991) is er een aantal zaken in het leven van alledag die mensen al van oudsher de stuipen op het lijf jagen. Dit zijn natuurrampen, aardbevingen en epidemieën; aanvallen van gevaarlijke dieren of mensen; lichamelijke verminkingen; en wezens met een onnatuurlijk uiterlijk, zoals verminkte personen, personen met bochels of monsters. De angstreacties die door dit soort gevaren kunnen worden opgeroepen zijn volgens Cantor onwillekeurig en zitten diep in ieder mens geworteld.

Het verschijnsel dat stimuli die van oudsher angst oproepen, dat ook doen als we ze via de media tegenkomen, vindt volgens Cantor plaats via *stimulusgeneralisatie*. Dit concept ontleent ze aan de theorie van klassieke conditionering. In deze theorie wordt ervan uitgegaan dat, wanneer een stimulus (een zintuiglijke prikkel of gebeurtenis) een emotionele reactie oproept, andere enigszins identieke stimuli gelijksoortige, maar minder intensieve emotionele reacties oproepen. Het stimulusgeneralisatieprincipe voorspelt dus dat een mediastimulus die lijkt op een stimulus in de werkelijkheid, een identieke, maar minder intense reactie oproept dan de werkelijke-wereldstimulus. Kortom, het proces van stimulusgeneralisatie moet gezien worden als de *mediavariant* van het aanleren van angsten via directe ervaring.

Observationeel leren via de angsten van mediafiguren

Angstreacties op media-inhouden kunnen ook optreden via *observationeel leren*: via het observeren van de emotionele reacties op gevaren van hoofdpersonen of slachtoffers in de mediaproducten. Het is zeer gebruikelijk in audiovisuele mediaproducten om een gevaar tot uitdrukking te laten komen via de angst van hoofdpersonen of slachtoffers. Het gevaar op zichzelf wordt vaak niet eens in beeld gebracht, de emotionele reacties van televisiefiguren zijn alleen al voldoende om hevige angstreacties bij de toeschouwer op te roepen. Volgens Bandura (1994) kunnen dit soort emotionele reacties van mediakarakters bij toeschouwers zowel kortstondige als blijvende angsten veroorzaken.

Een experiment van Venn en Short (1973) bevestigt dat observationeel leren van angst via televisiefiguren al bij jonge kinderen voorkomt. Deze onderzoekers lieten een aantal drie- en vierjarigen een korte film zien waarin een moeder een plastic Mickey Mouse-pop aan haar vijfjarige zoon laat zien. Elke keer als het jongetje in de film de pop ziet, schreeuwt hij het uit van angst. Als zijn moeder hem een plastic pop van Donald Duck laat zien, is hij absoluut niet bang. Hij is dan volkomen ontspannen en lacht zelfs een beetje naar de pop. Nadat de kinderen naar deze film hadden gekeken, deden de onderzoekers een spel met hen waarin zowel de Mickey Mouse- als de Donald Duck-pop voorkwam. De film had een duidelijk effect op de kinderen: ze wilden wel met Donald Duck spelen, maar bij Mickey Mouse bleven ze liever uit de buurt.

Volgens Joanne Cantor speelt *empathie* bij het observationeel leren van angst via mediafiguren een belangrijke rol. De emotionele reactie die de toeschouwer bij empathie ervaart, is verwant aan de emotie van de geobserveerde figuur. Kijkers voelen verdriet wanneer een hoofdpersoon in een film verdrietig is, en angst wanneer deze angstig is. Een hoofdpersoon of slachtoffer hoeft niet eens per se angst te tonen om de kijker bang te maken. Toeschouwers kunnen ook bang worden wanneer de hoofdpersonen onwetend zijn over de gevaren die hun boven het hoofd hangen. Dit instrument van de 'naïeve hoofdpersoon' is vrij gebruikelijk in fictie. Neem een film waarin een vrouwelijke hoofdpersoon in het bos loopt. Via speciale cameravoering ziet de kijker dat er tussen de bomen een gevaarlijk gedrocht rondsluipt die zijn kans afwacht om de nietsvermoedende vrouw te overvallen. In zo'n geval zitten kijkers vaak ook op hun stoel te stuiteren van angst. In dit soort scènes ontbreekt de emotie van de filmfiguur, maar toch speelt empathie een rol. Dit fenomeen waarbij empathie wordt gevoeld zonder daadwerkelijk de emotie van de ander te zien, wordt in de literatuur *anticiperende empathie* genoemd (Stotland, 1969). Het verwijst naar de emoties die een kijker voelt wanneer hij of zij in de gaten heeft dat er bij een ander emotionele reacties *ophanden* zijn.

Negatieve informatieoverdracht

De derde en laatste manier waarop kinderen en volwassenen angsten kunnen aanleren via de media is via *negatieve informatieoverdracht*. Niemand zal ontkennen dat audiovisuele media bol staan van de negatieve informatie. Een groot deel van het volwassenennieuws gaat over misdaad, oorlogen en andere gevaren. Televisienieuws komt tot ons via beelden, maar ook voor een belangrijk deel via de nieuwslezer of via getuigenverklaringen van correspondenten of slachtoffers. Deze verbale informatie van de nieuwslezer of de getuigenverklaringen kwalificeren uiteraard als negatieve informatieoverdracht.

Negatieve informatieoverdracht hoeft niet noodzakelijk plaats te vinden via het nieuws. Het is theoretisch goed mogelijk dat het ook via fictie gebeurt. Zo is er meermaals gevonden dat de angst en kansinschatting van mensen om slachtoffer te worden van geweld gerelateerd is aan de frequentie waarmee ze naar televisiedrama kijken (Gerbner et al., 1994). Hoewel niet bekend is hoe frequent mensen negatieve informatie uit televisiedrama oppikken, is het zeer goed mogelijk dat negatieve informatieoverdracht zowel bij nieuws als fictie een rol speelt bij het ontwikkelen van angst.

Angsten veroorzaakt door fictie: de wet van de schijnbare realiteit

Media-inhouden kunnen angst oproepen. Dit geldt voor nieuwsinhouden, maar ook voor fictieve inhouden. Juist dit laatste behoeft extra verklaring. Dat kijkers bang worden van nieuws via de drie bovengenoemde processen, is goed te begrijpen. Nieuws gaat immers over de werkelijkheid, en die neem je serieus. Maar waarom vinden deze processen ook plaats bij fictieve media-inhouden, die nooit in de werkelijkheid kunnen gebeuren? Waarom zijn zowel kinderen als volwassenen vaak minstens even ontvankelijk voor angstaanjagende scènes in fictieve verhalen als in het nieuws? Om dit beter te begrijpen, moet ik een uitstapje maken naar de emotieliteratuur.

In de emotieliteratuur wordt ervan uitgegaan dat emotionele reacties van mensen afhangen van de realiteitswaarde van de stimulus die de emotie veroorzaakt. Paul Harris (2000) geeft hierbij een duidelijk voorbeeld: als we een brandalarm horen, dan ervaren we angst. Als het alarm even later vals blijkt te zijn, zakt de angst weg. Dit betekent dat de intensiteit van gevoelde emoties gerelateerd is aan de gepercipieerde echtheid van de dreiging. Nico Frijda (1988) heeft gepoogd dit emotiekenmerk onder te brengen in een psychologische wet: de wet van de schijnbare realiteit. Deze wet stelt dat emoties worden veroorzaakt door gebeurtenissen die door een individu als realistisch worden gezien, en dat de intensiteit van deze emotie correspondeert met de mate waarin de gebeurtenissen als realistisch worden ervaren.

De wet van de schijnbare realiteit is aannemelijk, maar sluit juist uit dat mensen emoties kunnen beleven tijdens het kijken naar fictie. Neem nu een sciencefictionfilm als *The Alien*, waarin een levende man onder helse pijnen bevalt van een babymonstertje. Zo'n scène mist alle realiteit, maar heeft wel de capaciteit om hevige angstreacties op te roepen. Waarom reageren kijkers op dit soort fictie niet zoals op de valse alarmbel? Dit probleem in Frijda's wet van de schijnbare realiteit, is door Walters (1989) duidelijk naar voren gebracht en is een jaar later ook door Frijda erkend. In een vervolgartikel geeft Frijda (1989) een verklaring voor het ervaren van emoties bij fictieve verhalen. Hij stelt dat films door kijkers worden gezien als werkelijke gebeurtenissen in een fantasiewereld. Kijkers nemen geen onwerkelijkheid waar; zij laten aanwezige bewijzen in de film die van onwerkelijkheid getuigen, buiten beschouwing. Ze schorten als het ware vrijwillig hun ongeloof op. Dit kan volgens Frijda echter alleen wanneer een film genoeg werkelijkheidswaarde heeft om deze opschorting toe te laten.

Een andere verklaring voor het voorkomen van zogenoemde *esthetische emoties* – emoties in reactie op fictieve media-inhoud – wordt gegeven door Harris (2000). Harris is het met Frijda eens dat gepercipieerde realiteit een voorwaarde is voor het voelen van emoties, ook van esthetische emoties. Maar hij vindt dat Frijda's wet van de schijnbare realiteit uitbreiding behoeft. Volgens Harris kan fictie door kijkers op twee manieren worden geconsumeerd. In de eerste plaats op de standaardmanier (*the default mode*), waarbij kijkers verzuimen kennis over de werkelijkheidswaarde van de film aan te wenden om hun emoties te dempen. Op deze standaardmanier worden kijkers emotioneel geraakt door films, niet omdat ze voortdurend denken dat de film echt is, maar omdat ze hun kennis over de realiteitsstatus van de film buiten hun beoordelingssysteem laten.

Bij de tweede manier waarop kijkers fictie consumeren, laten ze deze kennis over de realiteitsstatus wel toe. Dit doen ze soms doelbewust, bijvoorbeeld als ze een afschrikwekkende scène zien, zoals een verminking. Dan proberen ze het beeld onontvankelijk te verklaren door te bedenken dat de verminking 'toch maar nep' is. Het toelaten van kennis over de werkelijkheidswaarde van fictie kan echter ook onbewust gebeuren. Dit gebeurt bijvoorbeeld als acteurs weinig overtuigend spelen. Dan haken kijkers emotioneel af. In beide gevallen wordt de realiteit van de productie in twijfel getrokken, en worden de corresponderende emotionele reacties erop ogenblikkelijk verminderd.

Nu rest het antwoord op de vraag waarom onze constitutie zo is dat wij fictieve gevaren meestal in de *default mode*, dat wil zeggen met corresponderende emoties, verwerken. Harris (2000) biedt een verklaring van dit proces aan de hand van een evolutietheorie. Op een zeker moment in het verleden heeft de mens de capaciteit verworven om taal te gebruiken. Waarschijnlijk werd deze taal aanvankelijk alleen gebruikt voor communicatie over het hier en nu, bijvoorbeeld om iemand te wijzen op eetbare planten of kruiden in de omgeving, of om acties tijdens de jacht op elkaar af te stemmen. Op een bepaald moment werd de taal ook met andere bedoelingen gebruikt. De mens ging informatie overbrengen die verkregen was op andere tijden en plaatsen: hij ging vertrouwen op getuigenverslagen. Natuurlijk betroffen deze getuigenverslagen soms emotioneel geladen gebeurtenissen, bijvoorbeeld wanneer iemand vertelde dat haar zoon onder hevige pijnen was overleden na het eten van bepaalde vruchten. Om dit soort getuigenissen te begrijpen, moesten de toehoorders zich mentale voorstellingen maken van de vruchten en van de ernstige implicaties van het eten ervan. En bij die mentale voorstellingen voelden ze emoties.

Stel nu dat dit soort informatie onze voorouders koud had gelaten? En dat ze alleen emotioneel hadden gereageerd wanneer ze de beschreven situatie zelf zouden hebben ervaren? Niet alleen zouden onze sociale relaties dan zeer beperkt zijn gebleven, maar we zouden ook niet alert kunnen zijn op de waarschuwingen van anderen. We zouden niet kunnen anticiperen op de gevaren waarvan de ooggetuigen ons bewust maakten. De waarschuwingen van ooggetuigen hadden immers ten doel toehoorders bang te maken, om te voorkomen dat misstappen zich onder soortgenoten herhaalden. Deze communicatieve vaardigheden, maar ook het vermogen om voorstellingen te maken bij getuigenverslagen, hebben immense gevolgen gehad voor de ontwikkeling van de mens. Volgens Harris is onze emotionele betrokkenheid bij fictie uiteindelijk een erfenis die hoort bij wezens die taal gebruiken en die zich mentale voorstellingen kunnen maken bij getuigenverslagen. Onze negatieve emotionele reacties op drama en fictie is volgens hem een kleine 'evolutionaire prijs' die we moeten betalen voor onze belangstelling en emotionele ontvankelijkheid voor ooggetuigenverslagen (Harris, 2000, p. 90).

Factoren die angst voor mediageweld vergroten

Er is een aantal factoren die de intensiteit van angstreacties op mediaproducties kunnen verhogen. Deze factoren hebben te maken met kenmerken van de mediaproductie zelf en met kenmerken van de consument. Hieronder bespreek ik zes factoren, die zowel voor kinderen als volwassenen gelden.

Overeenkomst van media-inhoud met de werkelijkheid. Zowel de stimulusgeneralisatietheorie als de wet van de schijnbare realiteit voorspelt dat hoe dichter een gevaar in de media bij de werkelijkheid staat, hoe groter de angst bij de toeschouwer is. Onderzoek toont aan dat dit inderdaad het geval is. Zo worden volwassen kijkers banger van geweld uitgevoerd door mensen van vlees en bloed dan van geweld door cartoon- of animatiefiguren (Gunter & Furnham, 1984). Dat geldt ook voor kinderen. In een studie van Osborn en Endsley (1971) vertelden kinderen dat ze een programma met menselijk geweld enger vonden dan een programma waarbij hetzelfde geweld werd uitgevoerd door poppen.

Of een stimulus al dan niet dicht bij de werkelijkheid staat, hangt uiteraard niet alleen af van kenmerken van de film, maar ook van de perceptie van kijkers. Het radiohoorspel *The War of the Worlds* van H.G. Wells, dat in het eerste hoofdstuk al aan de orde kwam, is in dit verband een sprekend voorbeeld. Dit hoorspel, dat op een avond in oktober 1938 in Amerika werd uitgezonden, is een realistische weergave van een invasie

van Noord-Amerika door buitenaardse wezens. Nog vóór de radio-uitzending was afgelopen, werd helder hóé intens de angstreacties van
luisteraars waren geweest. Veel mensen die 's avonds naar de radio hadden geluisterd, gingen ervan uit dat hetgeen ze hoorden echt gebeurd
was. Massaal belden ze buren en familie om te waarschuwen voor de
invasie. Velen vluchtten in blinde paniek de straat op.

Cantril (1940) heeft de reacties van de luisteraars bestudeerd om
erachter te komen waarom mensen zo geschrokken waren van de uitzending. De uitzending bleek zeer realistisch te zijn, vooral door het geloof-
waardige optreden van autoriteiten in het hoorspel. Een groot aantal
luisteraars had de aankondiging van het programma, waarin verteld
werd dat het om een hoorspel ging, gemist. Anderen dachten dat het
hoorspel onderbroken was door een nieuwsuitzending over de invasie.
Kortom, deze klassieke, en voor communicatiewetenschappers en mediapsychologen zeer interessante gebeurtenis, maakt duidelijk hoe sterk de
realiteitsperceptie van mensen samenhangt met hun emotionele reacties
op media.

Aansluiting van media-inhoud bij bestaande angsten. Media-inhouden die
aansluiten bij bestaande angsten van een individu hebben een hogere
emotionele impact. Zo zal een kind dat al bang is voor spinnen, extra
bang worden van een film als *Arachnophobia*, waarin een dorp geteisterd
wordt door hordes giftige tarantula's. Dit *resonantieproces* wordt bevestigd
door onderzoek. Experimenten hebben aangetoond dat personen die
bang zijn voor de dood relatief meer angst vertonen wanneer ze een film
zien die over een dodelijke ziekte gaat dan personen die niet of minder
bang zijn voor de dood (Weiss et al., 1968). Ook blijkt dat vrouwen die
net een kind hebben gekregen, een hogere hartslag hebben tijdens het
zien van een film over een bevalling dan vrouwen die niet net bevallen
zijn (Sapolsky & Zillmann, 1978).

De geografische nabijheid van de plaats van het mediagevaar. Een andere factor
die angst kan verhogen is de relatieve nabijheid van de plaats of context
van een mediagevaar. Gebeurtenissen die geografisch dicht bij de kijker
gebeuren, hebben over het algemeen een hogere impact dan gebeurtenissen die ver van zijn bed plaatsvinden. Dit geldt voor zowel nieuws als
entertainment. In een experiment van Heath (1984) werden groepen stu-

denten toegewezen aan twee experimentele condities waarin een film werd getoond waarin een misdaad werd gepleegd. De helft kreeg te horen dat het misdrijf in de buurt was gepleegd, de andere helft hoorde dat het in een stad ver weg was gebeurd. De studenten die dachten dat de misdaad in de buurt was begaan, waren banger dan de andere studenten. Een experiment van Smith en Wilson (2000) laat zien dat kinderen van tien en elf banger zijn voor nieuws over een misdrijf dat in hun stad was gepleegd dan voor nieuws over een misdrijf dat ver weg had plaatsgevonden.

Motivatie om angsteffecten toe te laten. Natuurlijk spelen ook de motieven van kijkers om naar mediagevaren te kijken een rol. Zoals eerder in dit hoofdstuk duidelijk werd, kunnen kijkers verschillende cognitieve kijkstrategieën toepassen. Ze kunnen naar fictie kijken voor louter entertainment of om er een kick van te krijgen. Als dat laatste het geval is, kunnen ze de emotionele impact van de film op zichzelf verhogen door ervoor te kiezen om in de filmgebeurtenissen te geloven. Dit proces wordt door Zillmann (1982) de *vrijwillige opschorting van ongeloof* genoemd (*the willing suspension of disbelief*). Mensen blijken het soms prettig te vinden om zich emotioneel te laten meeslepen tijdens het kijken naar fictie. Tegenovergestelde cognitieve kijkprocessen vinden ook plaats. Volwassen kijkers die de emotionele impact juist binnen de perken willen houden, kunnen zich concentreren op de gedachte dat de gebeurtenissen binnen de grenzen van de mediaproductie plaatsvinden, waardoor ze niet serieus worden genomen. Dit laatste proces wordt in de Angelsaksische literatuur *adult discount* genoemd (Zillmann, 1982).

Kenmerken van de film. Filmproducenten gebruiken een reeks van stilistische middelen om angsteffecten van fictie te vergroten. Himmelweit en collega's (1958) vonden dat kinderen bepaalde geluidseffecten, in het bijzonder muziek, angstwekkende elementen van films vonden. Thayer en Levinson (1983) lieten zien dat het toevoegen van verschillende soorten muziek aan een film de angstreacties kan verhogen dan wel verlagen. Ze vonden dat de toevoeging van zogenoemde *horrormuziek* aan een documentaire over industriële ongelukken tot meer angst leidde dan de toevoeging van gebruikelijke 'documentairemuziek'. Ook bepaalde vooraankondigingen van gevaar in een film, waardoor je als kijker al voorbereid bent op een bloedige moordpartij, blijken tot hogere angstreacties te leiden dan bij films waarbij de bloedige moordpartij een verrassing is (Nomikos et al., 1968).

Cognitief ontwikkelingsniveau van de toeschouwer. Het cognitieve ontwikkelingsniveau van een kijker is een belangrijke bepalende factor voor de intensiteit van angsten voor mediagevaren. In de eerste plaats zijn kinderen tot een jaar of zes nog niet goed in staat om de hiervoor genoemde *adult discount* in te zetten. Met andere woorden, ze kunnen nog niet adequaat hun kennis over wat wel en geen fantasie is, inzetten tijdens het kijken naar fictie. Ze kunnen zichzelf ook nog niet effectief geruststellen door te denken dat hetgeen ze zien 'maar nep' is. Bepaalde typen onrealistische fictie hebben dan ook vaak een grote uitwerking op jongere kinderen. Als kinderen zes jaar zijn, werkt het goed om tegen hen te zeggen dat wat ze zien niet echt is. Pas later kunnen kinderen deze kennis zonder hulp toepassen (Harris, 2000). Veel kinderen verklaren tot ze acht zijn bepaalde *special effects* in televisieseries nog met tovenarij (Davies, 1997). Dit speciale kenmerk van jonge kinderen heeft grote gevolgen voor hun verwerking van fictieve media. In het volgende onderdeel ga ik hier verder op door.

Leeftijdsverschillen in angstreacties op media-inhouden

Hoewel het moeilijk te voorspellen is welke specifieke programma's of fragmenten van programma's angst oproepen bij een individueel kind, is er wel een aantal algemene regels te herkennen in de ontwikkeling van kinderangsten. Leeftijd of cognitief niveau is niet alleen een belangrijke voorspeller van de angsten die kinderen in het dagelijkse leven ontwikkelen, maar ook van de gebeurtenissen in de media die kinderen bang maken. Cantor (2001) komt op basis van haar onderzoek naar de invloed van media op kinderangsten tot drie algemene conclusies.

Fantastische versus realistische media-inhouden.   De eerste conclusie is dat kinderen tot zeven jaar vooral bang worden van fantastische gevaren in de media, van gebeurtenissen die niet in de werkelijkheid kunnen gebeuren. Ook kunnen ze van streek raken van dingen die plotseling verdwijnen of een andere vorm krijgen, iets wat vaak in tekenfilms voorkomt.

Vanaf een jaar of zeven neemt de angst voor fantastische gevaren af. Vanaf dat moment worden kinderen weliswaar nog wel bang van fictieve media-inhouden, maar die moeten dan wel in het echte leven kunnen gebeuren (bijvoorbeeld the X-files of Commissaris Rex).

> 'Toen ik vijf was, was ik als de dood voor De Hulk. Het moment dat de man verandert in de Hulk heeft lange tijd een grote indruk op mij achtergelaten. Als ik 's avonds naar bed ging, moest de deur open blijven. Ik was doodsbang dat de Hulk met draaiende ogen mijn kamer binnen zou komen. Deze angst heeft een aantal maanden geduurd. Als ik nu de Hulk zie, lig ik in een deuk.'
> Pauline, 21 jaar.

Perceptuele versus conceptuele verwerking van media.   De tweede conclusie van Cantor is dat jonge kinderen eerder bang zijn van films met direct waarneembare gevaren, zoals The Wizard of Oz, terwijl oudere kinderen banger zijn voor films met impliciete of gesuggereerde gevaren, zoals Poltergeist en Jaws. In de film Poltergeist wordt een huis belaagd door onzichtbare geesten. De gevaren in deze film worden vaak gesuggereerd door impliciete bedreigingen; uit angstaanjagende muziek en schuivende meubelstukken moet de kijker afleiden dat er een poltergeist op de loer ligt. Dit soort gevaren wordt door jonge kinderen helemaal niet begrepen. Die zien wel een tafel rondschuiven, maar verbinden dat beeld niet met de poltergeist die het schuiven veroorzaakt. Een ander voorbeeld. In de film Jaws wordt het gevaar soms gecommuniceerd via een grote donkergrijze vin die door het water zoeft. Om bang te kunnen worden van deze beelden, moet je echter wel weten dat er onder het water, aan die driehoekige vin, een monster vastzit. Voor dit soort gesuggereerde gevaren moeten kinderen bepaalde kennis hebben. En die hebben ze vaak nog niet (Cantor, 2001).

Dit verschil tussen jongere en oudere kinderen verklaart ook waarom goedaardige, maar monsterachtig uitziende figuren kinderen tot zo'n jaar of zes intens bang kunnen maken. Een goed voorbeeld hiervan is de geest in de lamp in de film Aladdin. Wie deze film kent, weet dat deze geest buitengewoon vriendelijk en behulpzaam is. Toch jaagt hij veel jonge kinderen de stuipen op het lijf. Dat komt doordat jonge kinderen vooral letten op de groteske perceptuele eigenschappen van de geest. En die zijn in zijn geval duidelijk aanwezig: vergezeld van een enorme plof komt er een groot spookachtig wezen uit een lamp dat zich vervolgens over het gehele filmbeeld verspreidt. Onderzoek wijst uit dat jonge kinderen nog niet goed letten op de motieven van mediafiguren. Als een mediafiguur er angstaanjagend uitziet, maar geen enkel kwaad in de zin heeft, dan kan hij voor jonge kinderen evengoed zeer angstaanjagend zijn (Cantor, 2001).

Concrete versus abstracte gevaren. De derde en laatste conclusie van Cantor is dat televisiefilms of -programma's met abstracte gevaren met name beangstigend zijn voor oudere kinderen. Films met abstracte gevaren gaan over politieke invasies, kwaadaardige samenzweringen of rampen met giftig gas enzovoort. Een voorbeeld is de film *The Day After* over een nucleaire aanval op een Amerikaanse gemeenschap. Toen deze film in Amerika op de televisie kwam, maakten veel ouders zich zorgen over de reacties van hun kinderen. Uit onderzoek van Cantor en collega's (1986) bleek echter dat kinderen tot twaalf jaar veel minder van slag waren van deze film dan tieners. Eigenlijk waren de ouders zelf het meest geschokt. Dit komt doordat de emotionele effecten van deze film met name voortkomen uit bespiegelingen over een eventuele vernietiging van de aarde. Dit is een abstract concept dat het verstand van jonge kinderen ver te boven gaat. Het aanvoelen van gevaar hangt af van kennis en ervaring. Een aanvallend dier roept bij iedereen angst op, omdat het een beroep doet op instinctmatige reacties van mensen op snelle benadering, plotselinge of vreemde bewegingen en harde geluiden. Maar voor andere bedreigingen, zoals nucleaire wapens, is een zekere kennis nodig, die bij jonge kinderen nog ontbreekt.

'Maar het is ook een beetje leuk' om naar mediageweld te kijken

Ik herinner me een verhaal van een buurman van vroeger. Hij was getuige geweest van een verkeersongeluk waarbij een zwaarbeladen vrachtwagen over een fietser was gereden. Het was afgrijselijk geweest. Binnen een mum van tijd waren horden toeschouwers naar het ongeluk gestroomd. Mijn buurman omschreef zijn ervaring als volgt: 'Enerzijds voelde ik intense angst en afgrijzen. Ik moest overgeven en wilde wegrennen. Maar tegelijkertijd was daar dat soort van morbide nieuwsgierigheid om te zien wat er verder gebeurde.' Er blijken maar weinig dingen zo paradoxaal te zijn als het kijken naar geweld – of het nu in de realiteit is of via de media. Aan de ene kant kunnen kijkers intens angstig worden van elementen in mediaproducten. Maar toch willen ze er steeds opnieuw naar kijken. Dit geldt ook voor kinderen. In een van mijn onderzoeken gaf maar liefst 53% van de kinderen die in het laatste jaar bang waren geweest voor iets op tv, aan het ook 'een beetje leuk' te vinden om naar enge dingen te kijken. 8% vond het zelfs héél leuk om te griezelen voor de buis.

De behoefte aan het zien van geweld en angstaanjagende dingen is iets wat diep in de mens geworteld zit. Denk eens aan de gladiatorengevechten in de amfitheaters van Rome 2000 jaar geleden. Gladiatoren, meestal krijgsgevangenen of slaven, vochten op leven en dood tegen elkaar of tegen wilde dieren. Vaak werden ze verscheurd door leeuwen of krokodillen onder gejubel van tienduizenden opgewonden toeschouwers. Waarom vinden volwassenen en kinderen het plezierig om naar gewelddadige en angstaanjagende films te kijken, zelfs als ze na afloop angstig blijven, slecht kunnen slapen en nachtmerries krijgen? Dit is een vraag waar wetenschappers zich nog steeds mee bezighouden en waarop niet simpelweg één antwoord bestaat. Er bestaan verschillende theorieën, waarvan ik er vijf zal bespreken.

De theorie van opwindingsoverdracht

De eerste verklaring voor het plezier dat mensen beleven aan het kijken naar geweld biedt de theorie van opwindingsoverdracht (excitation transfer theory) van Zillmann (1978). Deze theorie gaat ervan uit dat iedere emotie (bijvoorbeeld angst, woede, plezier) bij mensen eenzelfde fysieke staat van opwinding (arousal) teweegbrengt. Deze fysieke opwinding varieert in intensiteit, maar is kwalitatief niet verschillend voor de diverse emoties. Een ander uitgangspunt van de opwindingsoverdrachttheorie is dat, wanneer twee gebeurtenissen die beide een verhoogde opwindingstoestand veroorzaken, na elkaar optreden, de opwinding die de eerste gebeurtenis creëert de staat van opwinding ten gevolge van een volgende gebeurtenis kan intensiveren.

Wat heeft dit nu met het kijken naar geweld te maken? Als een kind naar iets angstaanjagends kijkt, bijvoorbeeld een moordscène, dan stijgt zijn fysieke opwindingsniveau, ten gevolge van een angstreactie. Als de angstaanjagende scène daarna afgelopen is – bijvoorbeeld omdat het slachtoffer ontsnapt – dan ervaart het kind een nieuwe emotie: opluchting. Maar omdat het kind zich nog steeds in een verhoogde staat van opwinding bevindt, en omdat deze opwinding overgaat op de nieuwe emotie, is het gevoel van opluchting extra intensief. Met andere woorden, kinderen die eerst een beetje bang zijn geweest voor iets in een film, voelen zich, zodra het gevaar geweken is, extra opgelucht en tevreden. En juist deze door fysieke opwinding geïntensiveerde opluchting maakt het kijken naar geweld aantrekkelijk.

De hang-naar-sensatietheorie

Volgens de hang-naar-sensatietheorie (*sensation seeking theory*) vinden kinderen (en volwassenen) het leuk om naar gewelddadige en angstwekkende media-inhouden te kijken, omdat deze hun behoefte aan sensatie bevredigen. Het psychologische concept van sensatie zoeken wordt door Zuckerman (1996) gedefinieerd als de tendens van mensen om gevarieerde, nieuwe, complexe en intense sensaties en ervaringen te zoeken, en bereid te zijn om fysieke, sociale, wettelijke en financiële risico's te nemen om deze sensaties te ondergaan. Mensen hebben van oudsher een behoefte aan sensatie, de een wat meer dan de ander. Volgens Zuckerman (1979) neemt de behoefte aan sensatie gedurende de kindertijd toe. Ze vormt een piek tijdens de tienerjaren en dan neemt ze met het rijpen der jaren geleidelijk weer af. Jongens hebben over het algemeen een grotere behoefte aan sensatie dan meisjes.

Kinderen en tieners zijn dus relatief grote sensatiezoekers. Wat doen ze met deze behoefte aan opwinding en sensatie? Dat verschilt per kind. Jonge kinderen stoeien of doen aan superheldspel. Tieners met een sterke behoefte aan sensatie gaan bijvoorbeeld bungeejumpen. Maar kinderen kunnen ook voorzien in hun behoefte aan sensatie door te kijken naar actie- en horrorfilms. De voorkeur van kinderen en jongeren voor angstaanjagende media-inhoud hangt inderdaad samen met hun hang naar sensatie. Een studie van Johnston (1995) toont aan dat middelbare scholieren met een hoge hang naar sensatie meer van horrorfilms houden dan leeftijdgenoten met weinig hang naar sensatie.

Het schenden van gedragsregels: de verboden-vruchttheorie

Een derde reden dat kinderen aangetrokken worden tot gewelddadige en angstaanjagende media is dat ze ervan genieten om 'plaatsvervangend' deel te nemen aan spannend en agressief gedrag; gedrag waarvoor ze ofwel nog te klein zijn om het succesvol uit te kunnen voeren, of dat ze niet mógen uitvoeren. Veel avonturen- en actiefilms tonen scènes waarin sociale normen worden overtreden. Het is goed mogelijk dat kinderen het plezierig vinden om via een film plaatsvervangend deel te nemen aan normovertredend gedrag van succesvolle superhelden (Cantor, 1998a; Sparks & Sparks, 2000).

De knuffeltheorie

De knuffeltheorie (the snuggle theory of horror) stelt dat adolescenten gewelddadig entertainment aantrekkelijk vinden omdat het hun de gelegenheid biedt om hun sekserollen te ontdekken en te versterken. Jongens kunnen laten zien dat ze masculien zijn en meisjes dat ze jongens hierom bewonderen. Deze theorie bouwt voort op observaties van de Romeinse filosoof Ovidius (43 v.C.-18 n.C.) tijdens de gewelddadige gladiatorengevechten in het Colosseum van het oude Rome, waar mannelijke en vrouwelijke toeschouwers de gelegenheid hadden elkaar te ontmoeten. In zijn Ars Amatoria, de eerste westerse handleiding voor de kunst van het minnen, zette Ovidius de sociale functie van de gladiatorengevechten uiteen. Hoe meer gruwelijkheden er plaatsvonden in de arena, des te meer zochten de vrouwen fysieke steun bij de mannen. Vrouwen zouden tijdens de gevechten zitten te sidderen van angst en zich in totale afhankelijkheid vastklampen aan de mannen. Deze afhankelijkheid van vrouwen was volgens Ovidius de aanleiding tot romantische aantrekkingskracht en seksuele gunsten (Zillmann & Gibson, 1996).

Volgens Zillmann en collega's (1986) wordt gewelddadig en angstaanjagend entertainment nog steeds aantrekkelijk gevonden vanwege zijn sekserol-socialiserende functie. Dit soort entertainment geeft mannen de gelegenheid hun moed en mannelijkheid te bewijzen, terwijl het vrouwen de gelegenheid geeft hun gevoeligheid en behoefte aan bescherming te tonen. Om hun knuffeltheorie te testen, lieten Zillmann en collega's een stuk van de film Friday the 13th, Part III aan eerstejaars studenten zien. Iedere proefpersoon keek samen met een student van het andere geslacht. Deze student van het andere geslacht deed net alsof hij of zij onbevangen meekeek, maar was in werkelijkheid een 'bondgenoot' van de onderzoekers. Tijdens het kijken wisselden de bondgenoten hun gedrag af. Bij één groep studenten waren ze onverschillig, bij een tweede groep beheerst, en bij een derde groep emotioneel. Na afloop van de film moesten de proefpersoonstudenten aangeven wat ze van de film vonden. Zoals de onderzoekers al hadden verwacht, vonden mannelijke studenten de film het mooist wanneer ze samen met een 'emotionele' vrouw hadden gekeken. De vrouwelijke studenten daarentegen vonden de film het mooist, wanneer ze die met een 'beheerste' man hadden bekeken.

Het 'ikke ook'- effect

Ten slotte kijken sommige kinderen ook naar angstaanjagende films om later over de sappige details van de film mee te kunnen praten. Als een film of programma 'in' is op school, is het moeilijk om achter te blijven. Een illustratief voorbeeld in dit verband is de filmserie *Faces of Death*, die in het midden van de jaren negentig in Nederland voor de nodige opschudding zorgde. In *Faces of Death* worden hondjes levend opengesneden, vallen bungeespringers te pletter en worden bankdirecteuren door hun hoofd geschoten. Allemaal levensechte opnamen. Kamerleden durfden de film niet in hun eentje te bekijken: te afgrijselijk. Toch bleek dat één op de drie scholieren een of meer delen van de film had gezien. Als klasgenoten er zoveel over praten, dan is het natuurlijk een *must* om ook te kijken (Cantor, 1998b).

Effectieve geruststellingsstrategieën

Kinderen maken in het algemeen gebruik van twee typen geruststellingsstrategieën: cognitieve en niet-cognitieve strategieën. *Cognitieve strategieën* zijn strategieën waarbij kinderen hun angst weg proberen te denken, bijvoorbeeld door zichzelf voor te houden dat wat ze zien maar verzonnen is, dat bloed op tv maar verf of ketchup is, of dat ze te groot zijn om bang te zijn. *Niet-cognitieve strategieën* zijn *fysieke interventiestrategieën*, zoals de ogen sluiten, achter de bank kruipen of de televisie uitdoen, én sociale interventiestrategieën, zoals bij ouders op schoot gaan zitten of een pop of knuffel pakken. Vanaf een jaar of acht gebruiken kinderen vooral cognitieve strategieën om zichzelf gerust te stellen, terwijl jongere kinderen zichzelf vaker op niet-cognitieve manieren geruststellen. In een van mijn onderzoeken heb ik kinderen van zeven tot twaalf jaar gevraagd wat ze zoal doen als ze iets engs op tv zien. Uit tabel 4.2 blijkt inderdaad dat kinderen van zeven en acht meer fysieke strategieën gebruiken, terwijl elf- en twaalfjarigen meer cognitieve strategieën toepassen (Cantor, 2001; Valkenburg et al., 2000).

Tabel 4.2 *Hoe stellen kinderen zichzelf gerust als ze bang worden van iets op tv?*

Als jij bang wordt van iets op tv, hoe váák...	7-8-jarigen %*	11-12-jarigen %*
... zeg je tegen jezelf dat het programma wel goed afloopt?	36	43
... ga je dan dicht tegen je vader of moeder aanzitten?	29	11
... zeg je tegen jezelf dat al het bloed maar ketchup is?	26	30
... pak je dan je pop of lievelingsbeest?	24	5
... zeg je tegen jezelf dat wat je ziet maar verzonnen is?	23	36

* De percentages geven weer hoeveel kinderen zichzelf váák op de desbetreffende wijze geruststellen.

Manieren om kinderen gerust te stellen bij gewelddadig nieuws en entertainment. Kinderen zijn uitgerust met een aantal hulpmiddelen om hun angsten te overwinnen. Of ze deze middelen met succes aanwenden, hangt af van de manier waarop ouders hun dit leren. Uit de literatuur over effectieve manieren om kinderangsten te overwinnen blijkt consequent dat het nooit verstandig is kinderangsten te ontkennen. Als een kind 's nachts wakker wordt omdat er monsters in het donker staan die hem willen opeten, dan is het onverstandig te zeggen: 'Dat is onzin, want monsters bestaan niet.' Voor jonge kinderen staan fantasieën en dromen vaak dicht bij de werkelijkheid. Als een kind droomt van een monster, staat het monster ook echt in zijn kamer. Ontkennen heeft in veel gevallen dan ook een averechts effect (Fraiberg, 1994; Sarafino, 1986).

Sommige volwassenen denken dat het verstandig is om de angst van een kind te negeren. Ze houden zichzelf voor dat de angst tijdelijk is en het kind er vanzelf wel overheen groeit. Te doen alsof angsten er niet zijn, is volgens Sarafino (1986) hetzelfde als het negeren van een koorts van 38 graden. In beide gevallen heeft het kind een probleem dat weg kán gaan als er niets aan wordt gedaan, maar dat ook kan verergeren. Het is niet erg om zo nu en dan voorbij te gaan aan een angst – wanneer deze klein is en goed in de gaten gehouden kan worden. Maar de normale kinderangsten, zoals angst voor dieren en monsters, moeten serieus genomen worden zodra ze opduiken.

Ouders wenden verschillende strategieën aan om hun kinderen gerust te stellen als zij angstig worden van dingen die zij in de media tegenkomen. In tabel 4.3 staan enkele geruststellingstrategieën, uitgesplitst naar ouders van kinderen van vijf en zes jaar, en van elf tot twaalf jaar.

Tabel 4.3 *Hoe stellen ouders hun kinderen gerust als ze bang worden van iets op tv?*

Als uw kind bang wordt van een tv-programma, hoe vaak stelt u hem/haar dan gerust door…	5-6-jarigen %*	11-12-jarigen %*
… uw kind op schoot te nemen	45	11
… uw kind zijn/haar pop, of lievelingsbeest te geven	15	6
… met uw kind over iets anders te gaan praten	17	7
… uit te leggen dat de dingen die uw kind zag maar verzonnen zijn	55	38
… uit te leggen dat een programma goed zal aflopen	34	17
… uit te leggen dat bloed in films maar verf of ketchup is	40	33

* De percentages geven weer hoeveel ouders hun kinderen váák op de desbetreffende wijze geruststellen.

Zoals tabel 4.3 laat zien, gebruiken de ouders van jongere kinderen relatief vaak fysieke strategieën om hun kind gerust te stellen, zoals een kind op schoot nemen of een knuffelbeest geven. Fysieke strategieën zijn ook het meest effectief voor kleuters, omdat het bij kleuters vaak nog weinig zin heeft om uit te leggen dat iets maar verzonnen is (Cantor, 2001). Ouders van oudere kinderen gebruiken vaak cognitieve strategieën, bijvoorbeeld door uit te leggen dat de dingen die kinderen zien maar verzonnen zijn. Deze strategieën kunnen ertoe leiden dat kinderen tijdelijk gaan denken dat alles op televisie maar verzonnen is, ook documentaires en het nieuws. Dit is normaal; het is het proces waarbij kinderen langzamerhand het juiste onderscheid leren maken tussen media-inhouden die de werkelijkheid reflecteren en die dat niet doen (Wright et al., 1994).

Kinderen geruststellen in het geval van gewelddadig *nieuws* vraagt om specifieke strategieën, omdat veel cognitieve strategieën die bij fictie worden gebruikt, niet relevant zijn voor nieuws. Gewelddadig nieuws kan kinderen op twee manieren van streek brengen, ten eerste via de directe confrontatie met nieuwsbeelden, en ten tweede via empathie, waarbij kinderen indirect de angst en zorg van hun ouders over het desbetreffende nieuws overnemen. Kinderen zien hun ouders als machtige probleemoplossers die hen beschermen tegen gevaar. Als kinderen hun ouders angstig zien reageren op iets in het nieuws, dan voelen ze aan dat er gevaar bestaat, en kunnen dan zelf ook bang worden.

Als kinderen bang worden van gewelddadig nieuws, stellen ouders hen vaak gerust door te vertellen dat de daders ziek of niet in orde zijn, en door te verzekeren dat het desbetreffende gevaar niet thuis of in de buurt kan gebeuren (Valkenburg et al., 2001). Als deze strategieën niet relevant zijn, bijvoorbeeld omdat het gevaar wél dichtbij is of kan komen, dan wordt aanbevolen (a) extra voorzichtig te zijn met het televisienieuws, (b) de eigen zorgen niet te veel in het bijzijn van kinderen te uiten, (c) altijd op vragen van kinderen in te gaan, en (d) de aandacht van kinderen af te leiden door deze te richten op enige *positieve* aspecten van de gebeurtenissen, bijvoorbeeld op de heldhaftige rol van hulpverleners.

Tot slot. In dit hoofdstuk werd duidelijk dat de meeste kinderen wel eens zo bang van iets in de media worden dat ze na afloop nog bang blijven. Ook werd duidelijk dat deze angst bij de meeste kinderen weer verdwijnt na enkele uren of dagen. Bij naar schatting 10% tot 12% van de jeugdige kijkers is de angst die een film of televisieprogramma oproept echter een stuk serieuzer. Ze blijven weken en soms maanden tot jaren angstig van die ene ijzingwekkende scène. Voor hen heeft dat avondje zappen naar de verkeerde film soms ingrijpende gevolgen voor hun dagelijkse leven.

Slaaptekort, niet alleen onder de douche willen, en niet meer de zee in durven, zijn voorbeelden die uit verschillende onderzoeken blijken.

Niet alleen nieuws en entertainment voor volwassenen, maar ook kinderentertainment bevat angstwekkende elementen voor kinderen. Veel van dit soort entertainment wordt *gemarket* als familiefilms, maar is dat niet. Dit soort films zijn uitsluitend geschikt voor kinderen die in staat zijn zichzelf gerust te stellen met de redenering dat hetgeen ze zien 'maar verzonnen is'. Zoals duidelijk werd, kunnen kinderen jonger dan zeven jaar dit nog niet goed. Het is daarom van belang dat volwassenen zich realiseren dat het bij dit soort films niet voldoende is om mee te kijken. Want ook al kijkt er een volwassene mee, dan nog kunnen jonge kinderen intens bang worden van dit soort films.

5

Kinderen, commercie en reclame

Kinderen en reclame is een onderwerp dat zowel in Nederland als in de rest van de wereld veel discussie oproept, niet alleen onder ouders en leerkrachten, maar ook onder adverteerders, beleidsmakers en academici. Dit hoofdstuk biedt inzicht in de stand van zaken met betrekking tot het onderzoek en de theorievorming over dit onderwerp. Het hoofdstuk bestaat uit vier delen. Het *eerste* deel gaat in op een aantal algemene aspecten van het consumentengedrag van kinderen. Het begint met de vraag waarom kinderen commercieel interessant zijn geworden. Ook komt aan de orde hoe het merkbewustzijn van kinderen zich ontwikkelt, en hoe groot de invloed van kinderen is op de gezinsaankopen. Het *tweede* deel gaat over de effecten van reclame. Reclame-effecten op kinderen worden in de literatuur vaak ingedeeld in bedoelde en onbedoelde effecten. Beide typen effecten komen aan bod. Het *derde* deel bespreekt een aantal kenmerken van reclame waarvan verondersteld wordt dat ze een of meer effecten op kinderen vergroten, zoals herhaling, het gebruik van aanprijzende beroemdheden en het aanbieden van premiums. In het *vierde* en laatste deel ga ik in op de vraag welke kinderen het meest gevoelig zijn voor verschillende reclame-effecten. Onderzoek wijst bijvoorbeeld uit dat jonge kinderen gevoeliger zijn dan oudere kinderen voor bepaalde effecten van reclame. In dit onderdeel geef ik verklaringen waarom dit zo is.

Kinderen en hun consumentengedrag

Marketeers van speelgoed en kinderproducten hebben de laatste twee decennia een reeks van strategieën ontwikkeld om de kinderconsument te bereiken. Waarom zijn kinderen de laatste jaren commercieel zo interessant geworden? Een belangrijke verklaring hiervoor is dat de marketingwereld heeft ontdekt dat kinderen niet één, maar drie verschillende markten vertegenwoordigen. Allereerst vormen kinderen een primaire markt. Het kind is in de meeste westerse landen erkend als een belangrijke nichemarkt. Een nichemarkt is een min of meer afgebakende cliëntengroep, die voldoende financiële middelen heeft en om specifieke producten vraagt.

Kinderen vormen echter ook nog twee andere markten, namelijk een beïnvloedingsmarkt en een toekomstige markt. Uit diverse onderzoeken blijkt dat hedendaagse kinderen een bepalende invloed hebben op de gezinsaankopen. Ze beïnvloeden niet alleen voor een belangrijk deel welke levensmiddelen er in huis komen, ze hebben ook inspraak in het restaurant waar gegeten wordt, de vakantiebestemming en zelfs het merk van de nieuwe auto. Ten slotte leert onderzoek dat volwassenen in sterke mate loyaal blijven aan de merken die ze als kind waardeerden. Wie als producent een kind weet te boeien, heeft dus een aanzienlijke kans voor lange tijd een consument aan zich te binden (McNeal, 1992).

Dat de huidige generatie kinderen in tegenstelling tot vroeger meer geld te besteden heeft en meer invloed op de gezinsaankopen uitoefent, kan verklaard worden door verschillende factoren. Zoals eerder in dit boek duidelijk werd, hebben ouders van nu in vergelijking tot eerdere generaties een hoger inkomen en opleidingsniveau. Daarnaast krijgen ze minder, en op steeds latere leeftijd kinderen. Er zijn meer gescheiden ouders en éénoudergezinnen en ouders werken vaker beiden buitenshuis. Deze factoren dragen ertoe bij dat kinderen over meer geld beschikken en dat ouders toegeeflijker zijn, vaker schuldgevoelens hebben en er alles voor over hebben dat het hun kinderen aan niets ontbreekt (McNeal, 1999).

De commerciële mediaomgeving van kinderen

Het feit dat kinderen de laatste twee decennia als een volwaardige nichemarkt zijn ontdekt, heeft grote gevolgen voor de commerciële omgeving van kinderen. Supermarkten en warenhuizen investeren bijvoorbeeld meer tijd en middelen dan ooit tevoren in een kindvriendelijke inrichting. Bijvoorbeeld door aparte speelruimtes te creëren, door kinderen *premiums* (cadeautjes) aan te bieden, of eenvoudigweg door merken in hun assortiment op te nemen die kinderen goed kennen van de reclame. Ook is het bekend dat supermarkten sommige merken en producten opzettelijk op ooghoogte van kinderen plaatsen, zodat kinderen ze beter kunnen zien en binnen handbereik hebben. Dit verhoogt de kans dat kinderen in de desbetreffende winkel terug willen komen en hun ouders daartoe aanmoedigen (McNeal, 1999).

Ook de commerciële mediaomgeving van kinderen is sterk veranderd. Ten eerste is de hoeveelheid op kinderen gerichte televisiereclame enorm toegenomen. Momenteel is er zelfs meer reclame op kinderen gericht dan op jongeren (Buijzen & Valkenburg, 2000b). Naast reclame komen kinderen via de televisie in toenemende mate in aanraking met andere, minder opvallende marketingpraktijken die minder irritatie onder ouders en volwassenen oproepen dan reclame. Vooral sponsoring van televisieprogramma's heeft de laatste tien jaar een grote vlucht genomen. Er zijn verschillende vormen van sponsoring. Soms is er sprake van *product placement*. Het veelvuldig drinken van Coca-Cola in *Goede tijden Slechte Tijden* is een voorbeeld van *product placement* (GTST wordt gesponsord door Coca-Cola). Soms wordt het hele programma door de adverteerder geproduceerd, waarbij tijdens het programma op allerlei mogelijke wijzen producten van de adverteerder worden getoond (Neijens, 2000).

De verhoogde trend tot sponsoring van televisieprogramma's loopt parallel aan de opkomst van commerciële televisiezenders die specifiek op kinderen zijn gericht, zoals *Fox Kids* en *Cartoon Network*. Deze commerciële kinderzenders zijn tegenwoordig, in tegenstelling tot vroeger, lucratief, en wel om verschillende redenen. Ten eerste concentreren deze zenders zich vooral op teken- en animatiefilms, die met de komst van digitale ontwerpsystemen veel sneller en goedkoper te maken zijn dan vroeger. Ten tweede is dit type programma's gemakkelijker internationaal te slijten dan programma's met realistische acteurs, omdat de karakters (vaak dieren of fantasiefiguren) minder cultuurafhankelijk zijn en gemakkelijker na te synchroniseren. Ten slotte lenen teken- en animatiefilms zich uitstekend voor de *merchandising* van speelgoed en producten. Merchandising is het marketen van producten (bijvoorbeeld speelgoed) die gerelateerd zijn aan een ander populair product (bijvoorbeeld een tekenfilm).

Merchandising via kinderprogramma's heeft tot voor kort nooit veel kritiek gehad. Films en televisieseries als *Mickey Mouse* en *Sesamstraat* zijn van oudsher verbonden met merchandising. De kritiek ontstond pas toen teken- en animatiefilms *primair* geproduceerd gingen worden voor de merchandisingopbrengsten. Deze kinderprogramma's, die uitsluitend geproduceerd worden vanwege de merchandising, worden *programmalange commercials* (*program-length commercials*) genoemd. Voorbeelden van programmalange commercials zijn de *Ninja Turtles*, *Power Rangers*, *Pokémon* en *Teletubbies*. Deze entertainmentprogramma's, die in feite commercials zijn, worden vaak niet als zodanig herkend, noch door kinderen, noch door volwassenen. De kritiek op deze programma's richt zich op het feit dat overheden of zelfregulerende instanties hun verantwoordelijkheid ontlopen om tot regulering van dit type kinderprogramma's te komen (Buckingham, 2000).

Een andere trend in de commerciële mediaomgeving van kinderen is dat televisie, films, gedrukte media, computerspellen en het internet in toenemende mate aan elkaar verbonden worden met betrekking tot de marketing van speelgoed en kinderproducten. Neem Pokémon. Er is niet alleen een Pokémon-televisieserie, maar er zijn Pokémonfilms, Pokémon-computerspellen en enige tientallen Pokémon-internetsites. Daarbij zijn er ook nog Pokémonkaarten, speelgoed en vele andere accessoires. Vaak worden kinderen via televisiereclames verwezen naar internetsites van het desbetreffende kinderprogramma of -product, terwijl kinderen op de internetsites de producten kunnen bekijken, uitproberen en bestellen.

Ten slotte biedt het *internet* adverteerders extra mogelijkheden om hun op kinderen gerichte marketingpraktijken te verbreden. Het wordt steeds gewoner dat adverteerders het web gebruiken om informatie van surfende bezoekers te verzamelen. Die informatie gebruiken zij om hun doelgroep beter te leren kennen en om hun producten beter toe te snijden op de wensen van deze doelgroep. Internet biedt adverteerders, in tegenstelling tot andere media, de mogelijkheid om marktonderzoek te verbinden aan reclame. Het moge duidelijk zijn dat dit, als het kinderen betreft, in ethisch opzicht kwestieus is. Onderzoek toont aan dat kinderen vrij gemakkelijk persoonlijke informatie via het internet geven. In een onderzoek van Turow en Nir (2000) werd aan Amerikaanse jongeren van tien tot zeventien jaar de vraag gesteld of zij bereid zouden zijn om hun naam, adres en informatie over wat ze wel en niet leuk vinden door te geven, in ruil voor een gratis cadeautje. 23% van de jongeren wilde dit wel doen. In de Verenigde Staten was het aan het einde van de jaren negentig zo gangbaar geworden om via het internet informatie van kinderen te verzamelen, dat er in 1998 een speciale wet is aangenomen, de zogenoemde COPPA, the Children's Online Privacy Protection Act. Deze wet moet het uitlekken van gezinsgegevens via jonge kinderen reguleren. Sinds deze wet, die in 2000 actief werd, is het in de Verenigde Staten niet meer toegestaan om via het internet kinderen onder de dertien jaar naar persoonlijke informatie te vragen zonder toestemming van de ouders. In het volgende hoofdstuk komen de COPPA en de commerciële internetomgeving van kinderen uitgebreider aan bod.

De ontwikkeling van het consumentengedrag van kinderen

Het consumentengedrag van kinderen is vaak bestudeerd binnen het theoretische kader van consumentensocialisatie. Onder consumentensocialisatie verstaat men het tamelijk ongedwongen proces waarin kinderen de vaardigheden, kennis en attitudes aanleren die nodig zijn om als consument te functioneren. Hoewel er niet één algemeen geaccepteerde definitie van een consument bestaat, hebben de meeste definities de volgende algemene kenmerken gemeen. Een consument is in staat om (1) behoeften en wensen te hebben en te uiten; (2) acties te ondernemen om deze behoeften en wensen te bevredigen; (3) een keuze en een aankoop te doen; en (4) het product te evalueren en te vergelijken met alternatieven. Voldoen kinderen aan deze kenmerken en, zo ja, op welke leeftijd? Deze vraag zal ik hierna proberen te beantwoorden.

Het uiten van behoeften en wensen. De ontwikkeling van het consumentengedrag van kinderen vindt aanvankelijk vooral plaats via de wisselwerking tussen ouders, televisiereclame en de winkel. Zoals in hoofdstuk 2 duidelijk werd, hebben kinderen al vanaf hun geboorte bepaalde behoeften, wensen en voorkeuren voor smaken, geuren, kleuren en geluiden. Kinderen beginnen ook al vanaf hun geboorte deze behoeften en wensen aan hun ouders te communiceren. Het uiten van behoeften en wensen is echter aanvankelijk vooral reactief: het kind geeft aan wanneer het aangeboden stimuli wel of niet prettig vindt.

Het ondernemen van acties om behoeften te bevredigen.   Wanneer kinderen anderhalf à twee worden, beginnen ze hun wensen en behoeften steeds actiever kenbaar te maken. In deze periode ontdekken kinderen dat zij een eigen wil hebben en daar gaan ze mee experimenteren. Kinderen gaan nu actief om producten vragen die ze aantrekkelijk vinden. Dat gebeurt vooral wanneer producten in hun directe nabijheid zijn: in de winkel en op de televisie. In een van onze onderzoeken bleek dat 16% van de peuters en kleuters spontaan om één of meer producten vroeg tijdens een 40 minuten durende videoband met reclames en kinderprogramma's. Het vragen om producten gebeurde meestal tijdens reclames, maar ook tijdens kinderprogramma's. Hieronder volgen ter illustratie enkele reacties van kinderen. De kinderen van twee tot drie jaar vroegen vooral om etenswaren, terwijl de kinderen van drie tot vijf jaar om speelgoed én etenswaren vroegen (Vroone, 1999).

> Jongen (26 mnd.) ziet Koekiemonster in Sesamstraat een koekje eten: 'Koekje?'
> Jongen (33 mnd.) ziet Teletubbies toast eten: 'Ik lust koekies!'
> Jongen (44 mnd.) ziet Winnie de Poe-reclame: 'Die wil ik hebben, die hebben!!'
> Jongen (49 mnd.) ziet Pino een appel eten: 'Ik wil een banaan!'
> Jongen (56 mnd.) ziet Nintendo-reclame: 'Ik wil ze alledrie hebben!'
> Meisje (56 mnd.) ziet Barbie-reclame: 'Die heeft lange haren, die wil ik zeker hebben!'

Jonge kinderen kunnen soms zeer aanhoudend zijn in hun vraaggedrag. Dat kan voor ouders tot lastige situaties leiden, bijvoorbeeld als ze met hun kinderen in de supermarkt of speelgoedwinkel zijn. In een van onze onderzoeken gaf 41% van de ouders van kinderen van twee jaar toe dat ze wel eens een conflict met hun kind hadden ervaren tijdens het winkelen. Dit percentage nam snel toe in de leeftijd van twee tot vijf jaar. Bij driejarige kinderen had 59% van de ouders al eens een conflict gehad. En bij vijfjarige kinderen had 70% van de ouders zo'n situatie meegemaakt. Opvallend was dat de winkelconflicten vanaf zes jaar weer afnamen. Dit resultaat is in overeenstemming met eerder onderzoek, waarin gevonden werd dat ouder-kindconflicten in de winkel een zogenoemd curvilineair ofwel kromlijnig patroon (eerst een toename, dan een afname) laten zien (Isler et al., 1987; Valkenburg & Cantor, 2001).

Waarom nemen conflicten gedurende de peuter- en kleutertijd toe en waarom nemen ze weer af tussen de zes en acht jaar? Hiervoor zijn twee verklaringen. In de eerste plaats gaan kinderen pas vanaf vijf à zes jaar over middelen beschikken om zichzelf te weren tegen verleidingen. Kinderen jonger dan zes beschikken nog nauwelijks over strategieën om hun behoeften uit te stellen. Als ze iets aantrekkelijks zien, dan centreren ze hun aandacht op de verleidelijke aspecten van deze stimulus en kunnen die dan heel moeilijk weerstaan. Ook al kunnen ouders peuters en kleuters wel afleiden van aantrekkelijke producten, pas als kinderen vijf à zes jaar zijn, kunnen ze *zelfstandig* technieken toepassen om zichzelf af te leiden (Mischel & Ebbeson, 1970; Mischel & Mischel, 1983).

De afname van de winkelconflicten heeft echter ook te maken met het groeiende vermogen van kinderen om geavanceerde overtuigingsstrategieën toe te passen. Uit onderzoek blijkt dat heel jonge kinderen relatief vaak vraag- en zeurgedrag en boosheid vertonen om hun ouders te overtuigen. Oudere kinderen gebruiken daarentegen vaker geavanceerde overtuigingsstrategieën, zoals onderhandelen, argumenteren, 'slijmen', medelijden opwekken en zelfs ook leugentjes om bestwil (Williams & Burns, 2000). Aangenomen wordt dat de ontwikkeling van overtuigingsstrategieën in kinderen haar oorsprong vindt in de koppigheidsfase, de fase waarin tweejarige kinderen bijna niets anders dan 'nee' kunnen zeggen en expliciet ongehoorzaam gedrag gaan vertonen. Deze ongehoorzaamheid is slechts tijdelijk, want kinderen krijgen dan vrij snel door dat openlijke vormen van verzet minder effectief zijn. Hoewel jammeren, krijsen en boosheid nog relatief vaak voorkomen bij driejarigen, zijn kinderen op deze leeftijd al redelijk in staat compromissen voor te stellen, alternatieve oplossingen aan te reiken en smoesjes te verzinnen voor dingen die ze *niet* willen doen. Al snel daarna ontdekken ze dat dit type strategieën ook helpt bij dingen die ze wél willen doen of hebben. Dit verklaart tevens waarom ouder-kindconflicten afnemen vanaf een jaar of zeven.

Een keuze maken en een aankoop doen.   Vanaf hun vijfde jaar gaan kinderen zelfstandig aankopen doen. Het proces van uitkiezen en betalen in de winkel vindt aanvankelijk plaats met de ouders erbij. Zoals tabel 5.1 laat zien, heeft driekwart van de vijfjarige kinderen al eens zelfstandig een aankoop gedaan als hun ouders erbij zijn, terwijl éénvijfde ook al min of meer regelmatig iets heeft gekocht *zonder* hun ouders. Deze percentages lopen snel op. Als kinderen acht zijn, hebben de meeste kinderen een aankoop gedaan met de ouders erbij. Dan gaat volgens McNeal (1992) ook ongeveer de helft van de kinderen al min of meer regelmatig zelfstandig naar de winkel om iets te kopen. Meestal is dat een winkel of een supermarkt dicht in de buurt waar kinderen veilig naartoe kunnen lopen.

Tabel 5.1 'Doet uw kind wel eens zelfstandig een aankoop?'[*]

Leeftijd kind	Als u erbij bent % 'ja'	Zonder dat u erbij bent % 'ja'
4 jaar	54	2
5 jaar	74	21
6 jaar	79	18
7 jaar	81	35
8 jaar	83	48

Bron: Valkenburg (1999).

Het evalueren van producten en het vergelijken van alternatieven. Om producten te kunnen evalueren en ze te vergelijken met alternatieven, moeten kinderen beschikken over een kritisch vermogen om producten te beoordelen op geschiktheid en kwaliteit. In het tweede hoofdstuk van dit boek werd duidelijk dat kleuters en jonge basisschoolkinderen nog nauwelijks over kritisch vermogen beschikken. Vanwege hun beperkte vermogens om te *decentreren* hebben ze moeite om meerdere details van een product tegelijk in ogenschouw te nemen. Jonge kinderen bezitten niet het vermogen om hun aandacht te richten op meerdere aspecten of dimensies van een persoon of product, hetgeen een belangrijke voorwaarde is voor een goede evaluatie ervan.

Uit verschillende onderzoeken blijkt dat het kritisch vermogen van kinderen zich zeer snel ontwikkelt vanaf een jaar of acht. Vanaf die leeftijd wordt elk product dat hun aandacht krijgt tot in het kleinste detail bestudeerd en met andere producten vergeleken. Als een kind van acht nieuwe gymschoenen krijgt, wordt elk onderdeel van de schoen, van de veters tot het merklogo, nauwkeurig beoordeeld en met kenmerken van andere schoenen vergeleken. Kinderen worden nu ook zeer kritisch over mediaproducten, bijvoorbeeld als deze weinig actie, humor of nieuwswaarde bevatten. Vanaf acht jaar beginnen kinderen in te zien dat reclame wordt gemaakt om hen te overtuigen producten te kopen. Ook reclame ontsnapt dan niet meer aan hun kritisch oog. In tegenstelling tot jongere kinderen, die reclame voornamelijk als aantrekkelijk entertainment zien, staan kinderen vanaf deze leeftijd soms zeer sceptisch tegenover reclame (Young, 1990).

Concluderend kan gesteld worden dat kinderen omstreeks hun twaalfde levensjaar alle kenmerken van een consument vertonen. Ze kunnen (1) hun behoeften en wensen uiten (vanaf de geboorte), (2) acties ondernemen om hun behoeften en wensen te bevredigen (vanaf twee jaar), (3) een keuze maken en een aankoop doen (vanaf vijf jaar), en (4) een product kritisch evalueren en met alternatieven vergelijken (vanaf acht jaar). Hoewel het consumentengedrag van kinderen zich uiteraard verder ontwikkelt en nuanceert gedurende de adolescentieperiode, zijn bij kinderen in de leeftijd van twaalf jaar alle kenmerken van een volwaardige consument in rudimentaire vorm aanwezig.

Hoe groot is de invloed van kinderen op gezinsaankopen?

Eerder werd gesteld dat kinderen invloed hebben op de gezinsaankopen en dat dit één van de oorzaken is dat kinderen commercieel interessant geworden zijn. Volgens McNeal (1999) groeit de invloed van kinderen op de gezinsaankopen al vanaf de jaren zeventig zeer gestaag, en heeft vanaf de jaren tachtig echt een grote vlucht genomen. Alleen al in de jaren negentig is de invloed van kinderen op de gezinsaankopen volgens McNeal met 15% toegenomen.

Waarom groeit de invloed van kinderen op de gezinsaankopen juist in de laatste twee decennia zo snel? De oorzaken hiervan zijn al eerder in dit hoofdstuk genoemd. Ik zet ze nog eens op een rij. Ouders hebben meer inkomen, terwijl de gezinnen kleiner zijn geworden. Er zijn meer éénoudergezinnen en onderzoek laat zien dat kinderen in deze gezinnen meer worden betrokken bij aankoopbeslissingen. Ouders krijgen op latere leeftijd kinderen en tegen de tijd dat de kinderen komen, zijn ze zo gewenst dat ze veel aandacht krijgen. Ouders werken vaak beiden, waardoor ze het gevoel hebben minder tijd voor hun kinderen te hebben dan ze zouden wensen. Vaak kopen ze hun schuldgevoel hierover af met materiële zaken. Zij vinden het ook belangrijker dan vroeger dat hun kind het even goed heeft als andere kinderen. Ten slotte is er in de meeste westerse landen een verschuiving te zien van een autoritaire naar een democratische opvoedingsstijl, waarin veel waarde wordt gehecht aan de mening en mondigheid van kinderen.

Deze recente ontwikkelingen binnen gezin en maatschappij kunnen gezien worden als belangrijke determinanten van de verhoogde invloed van kinderen op gezinsaankopen. Kinderen blijken op twee manieren invloed op hun ouders uit te oefenen, direct en indirect. Kinderen oefenen directe invloed uit wanneer ze actief producten vragen of eisen, hints geven, en gevraagde of ongevraagde aanbevelingen doen. Indirecte of passieve invloed is de situatie waarbij ouders rekening houden met de wensen en verlangens van hun kinderen als ze aankopen doen. Volgens McNeal (1999) hebben veel ouders een lijstje in hun hoofd van de favoriete merken van hun kinderen, waarmee ze rekening houden als ze aankopen doen.

Verschillende onderzoeken geven een indruk van de directe invloed van kinderen. In een onderzoek van Galst en White (1976) bleek dat kinderen van vier tot zes jaar die met hun ouders in de supermarkt zijn, gemiddeld twaalf spontane verzoeken doen om bepaalde producten aan te schaffen. Dit is ongeveer één verzoek per tweeënhalve minuut. Dit aantal stond nog los van de aanbevelingen die kinderen op verzoek van hun ouders deden. Soms bieden ouders hun kinderen bijvoorbeeld de mogelijkheid om te kiezen uit twee of meer alternatieven. Deze door ouders gevraagde aanbevelingen vonden gemiddeld drie keer per supermarktbezoek plaats.

Het vragen om producten in de supermarkt begint al zeer jong. Holden (1983) volgde eens een aantal moeders met hun tweejarige kinderen tijdens het winkelen. De tweejarigen lieten tijdens een supermarktbezoek van 25 minuten gemiddeld achttien keer blijken dat ze een product wilden hebben. In 81% van de gevallen deden ze dat door daadwerkelijk om de producten te vragen. In de overige gevallen maakten ze duidelijk dat ze iets wilden hebben door bijvoorbeeld rechtop in het winkelwagentje te gaan staan, naar een product te wijzen, of door vanuit het wagentje zelf het product te pakken. Uit onderzoek van McNeal (1999) blijkt ten slotte dat kinderen van vier tot twaalf jaar per dag gemiddeld vijf aankoopverzoeken doen. Als ze op vakantie zijn, wordt dit aantal verdubbeld tot tien per dag.

Om wat voor typen producten vragen kinderen het meest? Kinderen vragen het meest om producten die ze zelf consumeren of waarbij ze speciaal belang hebben, zoals speelgoed of producten die vergezeld gaan van een premium. De verzoeken die kinderen aan hun ouders doen, veranderen naarmate ze ouder worden. Kinderen tot een jaar of zeven vragen voornamelijk om snoepgoed, speelgoed en snacks. Kinderen van negen tot twaalf jaar daarentegen vragen vooral om kleding, snoepgoed en sportartikelen (Isler et al., 1987).

Het aantal verzoeken van kinderen zegt echter nog weinig over de invloed die kinderen op de gezinsaankopen uitoefenen. Daarvoor is het nodig om te weten hoe vaak ouders toegeven aan de verzoeken van kinderen. Uit verschillende onderzoeken blijkt dat dit bij kinderen van twee in 14% van de gevallen gebeurt en bij kinderen van vier tot twaalf jaar bij ruwweg 50% van de aankoopverzoeken. Deze percentages zijn hoger wanneer de 'uitgestelde inwilligingen' worden meegerekend. Ouders willigen immers een verzoek van hun kinderen niet altijd direct in, maar doen dat dan wel kortere of langere tijd later (Atkin, 1978; Holden, 1983; Isler et al., 1987; Ward & Wackman, 1972).

Het aantal verzoeken om producten neemt af vanaf een jaar of zeven. Dit betekent echter niet dat de invloed van kinderen op de gezinsaankopen afneemt. Integendeel, verschillende onderzoeken wijzen uit dat kinderen juist meer invloed hebben op de gezinsaankopen als ze ouder worden (Mangleburg, 1990). Een verklaring voor deze paradoxale situatie (minder vragen, en toch meer invloed) is dat oudere kinderen meer *passieve* invloed op hun ouders uitoefenen dan jongere kinderen. Dit fenomeen, in de literatuur het *passieve dictaat* (*passive dictation*) genoemd, houdt in dat ouders tijdens het winkelen op een vanzelfsprekende manier de favoriete merken van hun kinderen kopen, omdat ze deze goed kennen en hun kinderen daarmee willen plezieren.

Veel marktonderzoekers hebben geprobeerd de invloed van kinderen op de gezinsaankopen in percentages uit te drukken. Dat is moeilijk, ten eerste omdat de directe invloed van kinderen moeilijk van hun indirecte invloed te onderscheiden is, maar ook omdat beide invloeden moeilijk te kwantificeren zijn. Toch hebben sommige onderzoekers zich hieraan gewaagd, en de schattingen lijken vrij consistent. In een studie van Hall en collega's (1995) werd onderzocht wat de relatieve invloed van kinderen van vijf tot achttien jaar was op de aankoop van tien producten, waaronder videospellen, vakantiebestemmingen, spijkerbroeken, auto's en de keuze van een bank (in de betekenis van financiële instelling). De relatieve invloed op de aankoop van al deze producten tezamen was 30%. Met andere woorden, kinderen hadden bij deze tien producten tezamen gemiddeld voor 30% zeggenschap over de aankoop en hun ouders voor 70%. De invloed van kinderen varieerde echter sterk per product. De invloed op de aankoop van videospellen was het grootst, namelijk 73%. De vakantiebestemming werd voor 36% door de kinderen bepaald. De aankoop van spijkerbroeken voor 47%, en de keuze van de bank en de auto voor respectievelijk 9% en 10%.

Ook McNeal (1999) heeft een poging gedaan om de invloed van kinderen op de aankoop van 75 producten in percentages uit te drukken. De gemiddelde invloed van kinderen op al deze 75 producten tezamen bedroeg 28%, een cijfer dat dicht bij dat van Hall en collega's ligt. Ook bij McNeal varieerde de invloed sterk per product. De grootste invloed oefenen kinderen uit op producten die voor henzelf bestemd zijn, zoals speelgoed, kleding, snoepgoed, en cosmetica voor kinderen (70 tot 80%). Ook is hun invloed groot op zaken die directe relevantie voor ze hebben, zoals amusementsparken (45%), de keuze van het restaurant (30%) en educatieve software (50%). De minste invloed hebben kinderen op zaken die voor henzelf weinig relevant zijn, zoals auto's (8%) en mineraalwater (9%).

De invloed van kinderen op gezinsaankopen varieert niet alleen per product. Ook veel andere factoren zijn bepalend. Zoals eerder duidelijk werd, tonen verschillende studies aan dat kinderen meer invloed hebben naarmate ze ouder worden. Ook hebben kinderen uit gezinnen met een hoog inkomen en uit éénoudergezinnen meer invloed. Ten slotte blijkt de opvoedingsstijl van ouders van groot belang te zijn. Kinderen van ouders met een autoritaire opvoedingsstijl hebben minder invloed dan kinderen van permissieve en democratische ouders (Mangleburg, 1990).

De ontwikkeling van merkbewustzijn en merkvoorkeuren

Aan het begin van dit hoofdstuk werd gesteld dat kinderen een belangrijke toekomstige markt vormen, omdat ze in hoge mate loyaal blijken te zijn aan de merken die ze als kind hebben leren kennen en waarderen.

Om loyaliteit aan merken te begrijpen, is het nodig te weten hoe het merk-bewustzijn en de merkvoorkeuren van kinderen zich ontwikkelen gedurende de kindertijd. Merkbewustzijn is de actieve of passieve kennis van een bepaald merk. Kinderen hebben merkvoorkeur als zij een specifiek merk verkiezen boven een ander merk.

Zowel het merkbewustzijn als de merkvoorkeuren van kinderen worden in de literatuur gezien als belangrijke voorspellers voor een toekomstig gebruik van producten (Macklin, 1996; Mizerski, 1995). Beide variabelen hoeven echter niet noodzakelijk aan elkaar gerelateerd te zijn. In een onderzoek van Mizerski (1995) bleek dat jonge kinderen heel goed op de hoogte waren van het sigarettenmerk Camel, maar dat hun attitude ten aanzien van het merk niet zo gunstig was. Integendeel zelfs, hoe beter ze het merk kenden, hoe negatiever hun attitude ten aanzien van Camel-sigaretten was.

Merkbewustzijn. Het merkbewustzijn van kinderen wordt vaak gemeten door kinderen te confronteren met merklogo's of andere stimuli (bijvoorbeeld merkkarakters) en daarna te onderzoeken in hoeverre kinderen de achterliggende merken kunnen *herkennen* of zich *herinneren*. Herkenning van merken wordt onderzocht door kinderen merklogo's of -karakters te laten zien en hun daarna te vragen bij welk merk of product dit merklogo het beste past. Kinderen kunnen dan kiezen uit een aantal antwoordmogelijkheden. Bij herinnering moeten kinderen aan de hand van de logo's of karakters *zelf* de merknaam noemen.

Zowel merkherkenning als merkherinnering zijn belangrijk voor het maken van aankoopbeslissingen. Voor een beslissing voor een bepaald merk in de supermarkt is alleen herkenning nodig, omdat de verschillende alternatieven aanwezig zijn op het moment van de keuze. Voor een beslissing die thuis gemaakt moet worden, is herinnering nodig, omdat de verschillende alternatieven niet aanwezig zijn. Om als consument te kunnen fungeren moet een kind beide typen beslissingen leren nemen, en moet dus in staat zijn tot zowel merkherkenning als merkherinnering.

Herkenning van merken door kinderen lijkt eerder in de ontwikkeling plaats te vinden dan herinnering. In een studie van Fischer en collega's (1991) onder drie- tot zesjarigen werd gevonden dat 82% van de kinderen het logo van McDonald's herkende, in de zin dat ze het konden combineren met een plaatje van een hamburger. Daarnaast kon 57% van de kinderen het logo van Nike herkennen, en wist 52% Old Joe (een kameel) te combineren met een plaatje van een pakje Camel-sigaretten. Deze resultaten worden bevestigd in een studie van Mizerski (1995) waarin 70% van de driejarigen het logo van Disney herkende, en 25% het logo van Camel-sigaretten.

De herkenning van merklogo's is bij kleuters, zoals blijkt, al aanzienlijk. Maar zijn zij ook al in staat om zich merken te herinneren? Merkherinnering is een proces dat meer cognitieve activiteit vereist dan merkherkenning. Anders dan bij merkherkenning, moeten kinderen bij merkherinnering zelf een mentale zoektocht naar bepaalde geheugenelementen ondernemen. De vraag op welke leeftijd kinderen in staat zijn om zich merklogo's te herinneren heb ik samen met Chantal van Wijnbergen onderzocht onder 60 kinderen van vijf tot negen jaar. Kinderen kregen in dit onderzoek op individuele basis tien merklogo's te zien. Bij elk logo moesten ze proberen om zelfstandig de merknaam te noemen.

Zoals blijkt uit tabel 5.2 kon 100% van de vijfjarigen al zelfstandig de merknaam bij het logo van McDonald's noemen. Bij de overige logo's wist geen van de vijfjarigen de merknaam. Van de zesjarigen kon 58% al de merknaam bij het logo van Nike noemen. Ook bij merken die minder relevant voor kinderen zijn, zoals Mercedes, kon meer dan de helft van de zesjarigen de juiste merknaam noemen. De merkherinnering van kinderen nam sterk toe in de leeftijd van vijf tot negen. Terwijl de vijfjarigen slechts bij één van de tien merklogo's de juiste merknaam konden noemen, konden de negenjarigen dit al bij zes van de tien merklogo's (Valkenburg & Van Wijnbergen, 2002).

Tabel 5.2 Percentage kinderen dat de juiste merknaam bij een merklogo kan noemen.

Merklogo:	5 jaar %	6 jaar %	7 jaar %	8 jaar %	9 jaar %
McDonald's	100	100	100	100	100
Nike	0	58	67	75	100
Pepsi	0	8	17	33	92
Mercedes	0	52	25	33	58
Shell	0	0	25	5	67

Merkvoorkeuren. Het onderzoek laat zien dat het merkbewustzijn van kinderen zich al vanaf de vroegste peutertijd ontwikkelt. Kinderen beginnen in de peutertijd steeds beter merken te herkennen als ze met hun ouders in de winkel zijn. Als kinderen vijf of zes jaar zijn, beginnen ze zich ook steeds beter merknamen te herinneren. De ontwikkeling van *merkvoorkeuren* van kinderen lijkt een vergelijkbaar pad te bewandelen. Hoewel kinderen pas op hun vierde à vijfde jaar hun eerste aankoop gaan doen, hebben zij al lang voor de eerste aankoop zeer specifieke voorkeuren voor merken. De eerdergenoemde studie van Fischer en collega's (1991) liet zien dat ongeveer tweederde van de kinderen van drie tot zes bij hun ouders 'vaak' of 'bijna altijd' om specifieke merken vragen. Ook experimenteel onderzoek toont aan dat kinderen al zeer jong bekende merken boven onbekende verkiezen. In een studie van Hite en Hite (1995) werd gevonden dat kinderen van twee jaar pindakaas waarvoor veel geadverteerd werd, verkozen boven dezelfde pindakaas in een verpakking van een onbekend merk. De bekende pindakaas werd bovendien nog een stuk lekkerder gevonden dan vergelijkbare pindakaas van een onbekend merk.

Kinderen ontwikkelen blijkbaar al op zeer jonge leeftijd voorkeuren voor merken. Er is echter nog niet goed bekend hoe deze voorkeuren zich ontwikkelen naarmate kinderen ouder worden. Sommige auteurs beweren dat de voorkeuren van kinderen gedurende de kindertijd sterk veranderen maar dat ze in de adolescentieperiode vrij stabiel worden. In een studie van Middelmann en Melzer (1984) werd gevonden dat meer dan de helft van de personen van dertig jaar nog steeds de merken gebruiken die ze gebruikten toen ze zestien waren. Dit gold onder andere voor chocola, spijkerbroeken, koffie, postorderbedrijven, schoonheidsmiddelen en wasmiddelen. Ander onderzoek wijst echter uit dat merkentrouw na de adolescentie niet voor alle producten geldt. In een studie van Moschis en Moore (1981) onder adolescenten van twaalf tot achttien jaar werd bijvoorbeeld gevonden dat de voorkeuren voor sommige typen producten en merken (zoals frisdrank) vooral in de kindertijd worden gevormd, maar dat voorkeuren voor andere typen producten en merken zich pas tijdens of na de adolescentie ontwikkelen en minder stabiel zijn dan marketeers zouden wensen.

Effecten van reclame op kinderen

Zowel in de wetenschappelijke als de populaire literatuur wordt meestal gesproken over het effect van reclame op kinderen. Vaak wordt echter niet duidelijk gemaakt wat er nu eigenlijk bedoeld wordt met 'het effect'. Wordt ermee bedoeld dat kinderen gestimuleerd worden om het product te kopen? Dat hun mening over het geadverteerde merk positiever wordt? Of dat reclame kinderen stimuleert om bij hun ouders te zeuren om producten en hen materialistisch en ontevreden maakt? Doordat vaak niet geëxpliciteerd wordt wat met 'het effect' van reclame wordt bedoeld, is de discussie over reclame-effecten op kinderen vaak onnodig vaag.

De effecten van reclame zijn globaal in te delen in twee typen: *bedoelde* en *onbedoelde effecten*. Onder bedoelde effecten vallen de effecten die adverteerders met hun reclame willen bereiken. Ze willen bijvoorbeeld het merkbewustzijn, de merkvoorkeuren en de koopintentie van kinderen beïnvloeden. Onder onbedoelde effecten van reclame vallen de, vaak ongewenste, bijwerkingen van reclame. In de literatuur zijn verschillende hypothesen over ongewenste bijeffecten van reclame te signaleren. Zo wordt soms gesteld dat reclame kinderen materialistisch maakt, dat reclame tot onnodig veel gezinsconflicten leidt en dat reclame kinderen ongelukkig maakt. In de volgende onderdelen bespreek ik de stand van zaken in het onderzoek naar de belangrijkste bedoelde en onbedoelde effecten van reclame.

Bedoelde effecten

In wetenschappelijke en populaire literatuur wordt vaak de indruk gegeven dat er veel onderzoek is gedaan naar de bedoelde effecten van reclame op kinderen. Dat mag misschien zo zijn, maar dan wordt er waarschijnlijk verwezen naar commercieel onderzoek dat in de regel niet gepubliceerd wordt en daardoor niet beschikbaar is voor de academische wereld. Mijn collega Moniek Buijzen en ik verzamelen al enige jaren het gepubliceerde academische onderzoek naar kinderen en reclame. Naar onze inschatting heeft dit onderzoek zich vanaf de jaren zeventig meer beziggehouden met de manier waarop jongere en oudere kinderen reclame begrijpen en verwerken dan met reclame-effecten. Relatief veel onderzoek heeft zich bijvoorbeeld gericht op de vraag op welke leeftijd kinderen doorhebben dat reclame bedoeld is om te overtuigen.

Er zijn tot op heden naar schatting vijftig academische studies gepubliceerd over de bedoelde effecten van reclame op kinderen. Dat is relatief weinig, als je bedenkt dat er over het effect van mediageweld op agressie wel enige honderden gepubliceerde studies bestaan. De studies naar de bedoelde effecten van reclame zijn globaal in te delen in drie categorieën: onderzoek naar het effect van reclame op (1) het merkbewustzijn, (2) de merkattitudes en -voorkeuren en (3) de koopintentie van kinderen.

De invloed van reclame op het merkbewustzijn

Eerder in dit hoofdstuk werd duidelijk dat de ontwikkeling van merkbewustzijn al vroeg in de kindertijd begint. Vanaf hun tweede levensjaar gaan kinderen verbindingen leggen tussen de merken die ze op de televisie zien en die ze in de winkel tegenkomen, en als ze naar de basisschool gaan, hebben ze al een indrukwekkende hoeveelheid merkrepresentaties in hun geheugen opgeslagen. De relatie tussen reclame en het merkbewustzijn van kinderen is op twee manieren onderzocht. Er is correlationeel onderzoek, waarin het verband wordt vastgesteld tussen de frequentie waarmee kinderen televisiekijken en hun merkbewustzijn. En er is experimenteel onderzoek, waarin kinderen worden geconfronteerd met een of meer commercials voor bepaalde merken, waarna hun merkbewustzijn wordt vastgesteld.

Correlationeel onderzoek. Er is correlationeel onderzoek naar de *merkherkenning* en de *merkherinnering* van kinderen. In de studies naar reclame-effecten op merkherkenning werden kinderen blootgesteld aan een reeks merklogo's of merkkarakters, terwijl tegelijkertijd werd onderzocht hoe vaak kinderen televisiekeken. In al deze studies werd gevonden dat kinderen die veel naar televisie kijken meer merklogo's en/of -karakters konden herkennen (bijvoorbeeld Fischer et al., 1991; Goldberg, 1990).

Het correlationele onderzoek naar *merkherinnering* van kinderen laat veel minder duidelijke resultaten zien. In een studie van Ward en collega's (1977) werd kinderen van 4 tot 12 gevraagd om zoveel merken in een bepaalde productcategorie te noemen als ze maar konden bedenken. Er werd bijvoorbeeld gevraagd om zo veel mogelijk merken tandpasta te noemen. Hoewel de meeste merken die kinderen noemden producten betroffen waarvoor veel geadverteerd werd, was het verband tussen televisiekijken en hun merkherinnering niet significant. Ook in ander onderzoek, waarin kinderen van verschillende leeftijden werden onderzocht, werd geen positief verband gevonden bij kinderen van vier tot veertien jaar. Bij oudere tieners, van vijftien tot achttien jaar, werd wel een positief verband gevonden (Atkin, 1975d; Ward & Wackman, 1971).

Hoe kan het nu dat reclame bij jonge kinderen wel effect heeft op de merkherkenning en niet op de merkherinnering? Daar is een aannemelijke verklaring voor, die ik zal geven nadat ik de experimentele studies heb besproken, want die laten namelijk een gelijksoortig patroon van resultaten zien.

Experimenteel onderzoek. In alle experimentele studies naar de invloed van reclame op het merkbewustzijn (merkherkenning en merkherinnering) kregen kinderen één of meer commercials te zien, waarna het effect op hun merkbewustzijn werd vastgesteld. De meeste van deze commercials waren onbekend voor kinderen. Ze waren speciaal ontworpen of het waren commercials die ten tijde van het onderzoek al een aantal jaren niet meer waren uitgezonden. Net zoals in het correlationele onderzoek was de invloed van de commercials op de merkherkenning van kinderen in alle experimenten groot. In een studie van Macklin (1983) bijvoorbeeld, werden vier- en vijfjarige kinderen blootgesteld aan drie commercials, onder meer een voor cornflakes[1]. Na blootstelling aan één reclame kon 61% van de vierjarigen en 65% van de vijfjarigen het merk cornflakes herkennen.

In een ander onderzoek, van Gorn en Florsheim (1985), kregen zeventig negen- en tienjarige meisjes commercials te zien voor twee merken dieetfrisdrank en twee merken lipstick. Beide commercials werden ten tijde van het onderzoek op de televisie uitgezonden. Eén vertoning van de commercials voor dieetfrisdrank verhoogde de merkherkenning van 28% tot 88%. Voor de lipstickcommercial werden geen significante verschillen gevonden, maar dat kwam omdat alle meisjes een 100% merkherkenning vertoonden, of ze de commercial nu wel of niet hadden gezien. De merkherkenning van lipstick onder deze leeftijdsgroep was dus al zo groot, dat er sprake was van een *plafondeffect.*

Net als in het correlationele onderzoek, laat ook het experimentele onderzoek zien dat de merkherinnering van jonge kinderen minder onder invloed staat van reclame dan hun merkherkenning. In een onderzoek van Macklin (1994) kon slechts 6% van de vier- en vijfjarigen zich de merknaam voor een onbekend merk cornflakes herinneren nadat ze één commercial hadden gezien. Ook na drie vertoningen was de herinnering van het merk niet veel beter.

Hoewel jonge kinderen vaak nog moeite hebben met de merkherinnering, worden slogans uit commercials vaak veel beter herinnerd. In een onderzoek van Neelankavil en collega's (1985) bleek dat 47% van de vijfjarigen en 60% van de zesjarigen na vertoning van slechts één commercial de slogan van deze commercial wist te reproduceren. Ook uit ons eigen onderzoek blijkt dat 40% van de kinderen van twee al in staat is om rijmpjes en slogans uit commercial te imiteren (Valkenburg, 1999).

In het algemeen kan gesteld worden dat de invloed van reclame op de merkherinnering bij jonge kinderen relatief nog niet zo groot is. Dit is echter anders bij adolescenten. Onderzoek laat zien dat de invloed van reclame op zowel de merkherkenning als de merkherinnering bij adolescenten zeer groot is, zelfs groter dan bij volwassenen (Dubow, 1995).

Conclusie. Zowel het correlationele als het experimentele onderzoek laat zien dat de invloed van reclame op de merkherinnering van jonge kinderen lager is dan op hun merkherkenning. Hiervoor zijn verschillende verklaringen. In de eerste plaats vereisen herinneringstaken meer cognitieve arbeid dan herkenningstaken. Bij herinnering vindt eerst een mentale zoektocht naar een bepaald geheugenelement plaats, en in een tweede stap volgt de beoordeling of het geactiveerde geheugenelement het juiste is. Bij herkenningstaken is alleen de tweede stap nodig. De meeste herinneringstaken, vooral die waarbij kinderen zelf merknamen moeten bedenken, zijn voor jonge kinderen waarschijnlijk nog te moeilijk. Waarschijnlijk zó moeilijk dat reclame er geen of weinig invloed op kan uitoefenen.

Een tweede verklaring voor de bevinding dat reclame meer effect op de merkherinnering van oudere dan jongere kinderen heeft, is dat oudere kinderen over betere *mnemonische strategieën* beschikken. Dit zijn strategieën om jezelf te helpen dingen beter te onthouden, zoals een ezelsbruggetje of een visualisatie bij een woord. Vanaf zeven jaar passen kinderen deze strategieën steeds frequenter toe, waardoor hun scores op herinneringstaken aanzienlijk verbeteren.

Een derde verklaring, en die is misschien wel de belangrijkste, is dat oudere kinderen meer kennis hebben dan jongere, waardoor ze bevoordeeld worden bij hun herinnering. Herinneringsonderzoek wijst uit dat nieuwe informatie het best onthouden wordt wanneer deze gerelateerd wordt aan bestaande kennis in het geheugen. Stel dat een kind zich een nieuwe merknaam moet herinneren, bijvoorbeeld Jumbo. Voor een jong kind is Jumbo een nieuw woord, waarvoor een geheel nieuwe geheugeneenheid gecreëerd moet worden. Een ouder kind kan het woord Jumbo verbinden aan vele bestaande geheugeneenheden, zoals olifant, slurf, oerwoud of vliegtuig. Dit is de reden waarom het herinneren van nieuwe merken voor oudere kinderen gemakkelijker is dan voor jongere kinderen. Het verklaart ook waarom het effect van reclame op de merkherinnering bij oudere kinderen groter is dan bij jongere.

De invloed van reclame op de merkattitudes en merkvoorkeuren

Het tweede type onderzoek naar de effecten van reclame richt zich op de vraag of reclame ervoor kan zorgen dat kinderen een positieve attitude krijgen ten opzichte van geadverteerde merken en of zij bepaalde merken prefereren boven andere. In dit onderzoek gaat het er bijvoorbeeld om of kinderen onder invloed van reclame de geadverteerde merken leuk of leuker vinden, dat hun verlangen naar het merk wordt aangewakkerd, of dat ze bepaalde merken onder invloed van reclame eerder kiezen dan andere.

Voordat ik het onderzoek bespreek, wil ik ingaan op de vraag of het theoretisch aannemelijk is dat kinderen onder invloed van reclame bepaalde merken leuker gaan vinden. Elke communicatiewetenschapper en adverteerder weet immers dat attitudes, en dus ook merkattitudes, moeilijk te beïnvloeden zijn, althans veel moeilijker dan kennis en merkbewustzijn. De aanname dat blootstelling aan reclame voldoende is om merkattitudes en -voorkeuren positief te beïnvloeden gaat uit van een simplistisch beïnvloedingsmodel. Zoals eerder in dit boek duidelijk werd, hebben zelfs de allerjongste kinderen al uitgesproken ideeën over wat ze leuk en aantrekkelijk vinden en wat niet. Hun attitudes ten aanzien van merken worden bepaald door vele factoren, waaronder hun geslacht, cognitief niveau, temperament, hun mediavoorkeuren, gezinsomgeving, en hun gehechtheid aan leeftijdgenoten. Al deze factoren bepalen hun selectieve blootstelling aan en aandacht voor media-inhouden en reclame, *en dus ook de effecten ervan*. Als kinderen geen interesse in de inhoud van een reclame hebben, is het onwaarschijnlijk dat hun merkattitude en -voorkeuren erdoor beïnvloed worden. Om kinderen merken leuk te laten vinden is dus meer nodig dan blootstelling aan reclame. Er zijn sinds de jaren zeventig verschillende studies verricht naar de merkattitude en de merkvoorkeuren van kinderen. Hieronder bespreek ik het correlationele en experimentele onderzoek.

Correlationeel onderzoek. Atkin (1975c) was een van de eersten die heeft vastgesteld dat blootstelling aan reclame op zich niet genoeg is om de voorkeuren van kinderen te beïnvloeden. Hij vroeg 755 kinderen hoe vaak ze een bepaalde commercial voor een Snoopy-puntenslijper hadden gezien. Ook vroeg hij hoe leuk ze de Snoopy-commercial en de Snoopy-puntenslijper vonden. Aanvankelijk vond hij een significant verband tussen het aantal keren dat kinderen de commercial hadden gezien en hun attitude ten opzichte van de Snoopy-puntenslijper. Dat significante verband verdween echter helemaal toen Atkin controleerde voor de attitude van kinderen ten opzichte van de commercial. Het al dan niet leuk vinden van de commercial was veel belangrijker voor de merkvoorkeur van kinderen dan hun kijkfrequentie. Met andere woorden, het maakte niet uit of kinderen veel of weinig naar de commercial keken, de cruciale voorspeller van hun merkvoorkeur was of ze de commercial leuk vonden of niet.

Ander, meer recent correlationeel onderzoek, bevestigt dat de merkvoorkeuren van kinderen sterk worden bepaald door hun voorkeur voor de specifieke commercial. Soms worden zelfs correlaties van boven de r = .70 gevonden tussen het leuk vinden van de commercial en het leuk vinden van het merk (bijvoorbeeld Derbaix & Bree, 1997). In een studie van Moore en Lutz (2000) blijkt dat het verband tussen het leuk vinden van een commercial en het leuk vinden van een merk hoger is voor kinderen onder de acht jaar dan voor oudere kinderen. Dit komt volgens de auteurs omdat jongere kinderen minder kritisch over reclame zijn dan oudere kinderen.

Experimenteel onderzoek. Het effect van reclame op de merkattitude van kinderen is in verschillende experimentele studies onderzocht. Sommige onderzoeken richtten zich op snoep, ijs of cornflakes, andere op speelgoed, en weer andere op verzorgingsproducten, zoals antipuistjesmiddelen of lipstick. De meeste onderzoekers lieten kinderen een of meer commercials zien, en vroegen hun daarna hoe leuk ze het geadverteerde product vonden.

In een studie van Atkin (1975b) kreeg de helft van een groep kinderen van zeven tot tien jaar tijdens een videoband een commercial te zien van Clearasil, een antipuistjesmiddel. De andere helft van de kinderen kreeg deze commercial niet te zien. Na afloop werd de kinderen gevraagd wat ze van Clearasil vonden. De kinderen die de Clearasil-commercial hadden gezien, hadden een positievere merkattitude dan de kinderen die de commercial niet hadden gezien. Het effect was groter voor meisjes en ging uitsluitend op voor kinderen die Clearasil niet kenden. Dit komt misschien omdat een commercial voor Clearasil meisjes van zeven tot tien jaar meer aanspreekt dan jongens van die leeftijd, omdat meisjes iets eerder in de puberteit komen, waardoor puistjesbestrijdingsmiddelen relevanter voor hen zijn.

In een studie van Gorn en Goldberg (1977) kregen jongens van acht tot tien jaar een tekenfilm te zien. De studie bestond uit vier experimentele groepen. In de eerste experimentele groep zat in de tekenfilm één commercial gemonteerd voor een nieuw merk speelgoed. Bij de andere twee experimentele groepen zaten ofwel twee ofwel drie commercials in de tekenfilm gemonteerd. Een controlegroep kreeg geen commercials te zien. De merkattitude van de jongens die de commercial hadden gezien was significant positiever dan die van de jongens die de commercial niet hadden gezien. Het maakte niet uit of de jongens de commercials één, twee of drie keer hadden gezien. Herhaling had dus weinig effect op de merkattitude van kinderen.

Gorn en Florsheim (1985) lieten zeventig meisjes van negen en tien jaar twintig minuten naar een videoband met een interview met Steven Spielberg kijken. De helft van de meisjes kreeg gedurende de band twee commercials van een lipstickmerk te zien en twee commercials van een merk dieetfrisdrank. Een vooronderzoek had uitgewezen dat de meisjes wel geïnteresseerd waren in lipstick en niet in dieetfrisdrank. Het onderzoek wees uit dat de lipstickcommercials de merkattitude van meisjes ten aanzien van lipstick positief beïnvloedde, terwijl de dieetfrisdrankcommericals geen effect hadden op de merkattitude ten aanzien van dieetfrisdrank. Uit deze studie blijkt dat een commercial uitsluitend effect op de merkattitude heeft wanneer kinderen al enigszins geïnteresseerd zijn in het product of merk.

Conclusie. De verschillende onderzoeken tonen aan dat reclame inderdaad de merkattitude van kinderen positief kan beïnvloeden, maar dat dit niet per se hoeft te gebeuren. Wanneer er een klein effect wordt gevonden op geaggregeerd niveau (voor alle kinderen tezamen), kan er een groter, kleiner, of helemaal geen effect binnen bepaalde subgroepen bestaan. Het onderzoek laat ook zien dat het effect van reclame op de merkattitude en de merkvoorkeuren van kinderen bepaald wordt door de leeftijd van het kind, de waardering voor de commercial, de bekendheid met het merk, en de interesse in het geadverteerde product en merk.

De invloed van reclame op de koopintentie

Onderzoekers gaan ervan uit dat kinderen nog maar beperkte mogelijkheden hebben om zelf aankopen te doen, dus ze meten de koopintentie van kinderen meestal aan de hand van de verzoeken die kinderen aan hun ouders doen. Hoewel er redelijk wat onderzoek is naar het vraaggedrag van kinderen, heeft slechts een zevental studies het verband tussen reclame en het vraaggedrag van kinderen onderzocht. De correlationele studies laten zonder uitzondering zien dat kinderen die meer naar commerciële televisie kijken hun ouders vaker om producten vragen. De ruwe correlaties in deze studies variëren van $r = .18$ (Isler et al., 1987) tot $r = .41$ (Atkin, 1975d). In de meeste studies lagen de ruwe correlaties echter rond de $r = .30$. Als we deze correlatie interpreteren met de in hoofdstuk 2 besproken omrekeningsmethode van Rosenthal en Rubin (1982), dan blijkt dat kinderen die boven de mediaan naar commerciële televisie kijken een gemiddelde kans van 65% hebben om bij hun ouders om geadverteerde producten te vragen, terwijl kinderen die onder de mediaan naar commerciële televisie kijken een gemiddelde kans van 35% hebben om bij hun ouders om geadverteerde producten te vragen. Zo'n verschil in vraaggedrag tussen kinderen die veel en weinig kijken is voor adverteerders uiteraard zeer belangrijk. In ieder geval belangrijk genoeg om omvangrijke reclamecampagnes voor kinderproducten op te zetten.

Onbedoelde effecten

Het onderzoek naar de onbedoelde effecten van reclame op kinderen
heeft zich onder andere gericht op de vragen of reclame (1) kinderen
materialistisch maakt, (2) gezinsconflicten stimuleert, en (3) kinderen
ongelukkiger maakt. Deze onbedoelde effecten worden hierna besproken.

Maakt reclame kinderen materialistisch?

Een aantal onderzoekers veronderstelt dat reclame kinderen materialistisch kan maken. In een aantal onderzoeken is nagegaan of dit inderdaad zo is. In de correlationele studies die tot op heden zijn uitgevoerd,
werd materialisme meestal onderzocht door kinderen op stellingen te
laten reageren zoals 'Het is echt waar dat je met geld geluk kan kopen'
en: 'Het is mijn levensdroom om kostbare spullen te kunnen bezitten.'
Op één uitzondering na (Ward & Wackman, 1971), laten alle correlationele studies positieve verbanden zien tussen de kijkfrequentie van commerciële televisie en materialistische attitudes van kinderen en adolescenten. De correlaties variëren van $r = .13$ tot $r = .32$. Ook het experimentele onderzoek laat zien dat reclame een effect op de materialistische
instelling van kinderen heeft (Goldberg & Gorn, 1978; Greenberg &
Brand, 1993). Het effect van reclame op materialisme lijkt echter niet
altijd op te gaan. Een causaal-correlationele studie van Moschis en
Moore (1982), waarin 211 adolescenten van twaalf tot achttien jaar ruim
een jaar werden gevolgd, suggereert dat reclame uitsluitend invloed op
materialisme heeft bij kinderen uit gezinnen waarin niet gesproken
wordt over consumentenkwesties (zie Buijzen & Valkenburg, 2002, voor
een overzicht).

Verhoogt reclame conflicten in het gezin?

Een aantal academici veronderstelt dat reclame gezinsconflicten bevordert. Het achterliggende idee hierbij is dat reclame kinderen aanzet om
bij hun ouders om de geadverteerde producten te vragen. Omdat ouders
natuurlijk niet al deze extra productverzoeken kunnen honoreren, zijn ze
genoodzaakt om vaker 'nee' te zeggen tegen hun kinderen, waardoor de

kans op ouder-kindconflicten zou toenemen.

Dat het kijken naar reclame het aantal productverzoeken bevordert, is al eerder aan de orde geweest. Dit is een bedoeld reclame-effect en het onderzoek laat zien dat dit reclame-effect ook bestaat. Maar leiden door reclame veroorzaakte productverzoeken nu ook tot meer ouder-kind-conflicten? De directe relatie tussen blootstelling aan televisiereclame en gezinsconflict is in twee correlationele studies onderzocht. In beide studies werd een significant positieve correlatie gevonden tussen reclame en ouder-kindconflict (Atkin, 1975c, 1975d).

Ook een experiment van Goldberg en Gorn (1978) suggereert dat het kijken naar reclame ouder-kindconflicten kan stimuleren. In deze studie kregen kinderen van vier en vijf jaar een kleuterprogramma te zien waarin wél of geen reclame voor een aantrekkelijk stuk speelgoed was gemonteerd. Na afloop werd hun gevraagd welk product ze liever wilden hebben, een tennisbal of het geadverteerde product. Hierbij werd hun verteld dat de voorkeur van hun moeder uitging naar de tennisbal. Kinderen die aan de commercial waren blootgesteld gingen vaker (45,8%) tegen de wil van hun moeder in dan kinderen die de commercial niet hadden gezien (21,3%).

Bij een tweede meting van conflict werd de kinderen na blootstelling aan het kleuterprogramma een verhaaltje verteld over een jongetje dat zijn vader vroeg om het geadverteerde speelgoed, maar dat vervolgens niet kreeg. Vervolgens werd de kinderen twee afbeeldingen getoond, één van een kind dat zijn vader knuffelt en één van een kind dat boos bij zijn vader wegloopt. Men vroeg de kinderen hoe ze dachten dat het jongetje uit het verhaal zou reageren. De kinderen die de commercial hadden gezien kozen het plaatje met het boze jongetje iets vaker, hoewel het verschil tussen de experimentele groep en de controlegroep niet significant was.

Maakt reclame kinderen ongelukkig?

Ten slotte menen sommige onderzoekers dat reclame kinderen ongelukkig maakt. Hiervoor worden verschillende hypothesen aangevoerd. De eerste stamt uit de *sociale vergelijkingstheorie*. Aangenomen wordt dat reclame voor kinderen een wereld schildert vol mooie mensen en begerenswaardige producten. Als kinderen veel naar reclame kijken en hun eigen situatie met die in de commercials vergelijken, kan het contrast tussen beide werelden hen ongelukkig maken. Deze hypothese is tot op heden nauwelijks onderzocht. De enige studies die er zijn, hebben zich gericht op het effect van mooie modellen in tijdschriftreclames op een negatief zelfbeeld van tienermeisjes en vrouwelijke studenten. De resultaten van deze studies zijn gemengd. In het experiment van Richins (1991) werd gevonden dat vrouwelijke studenten na het zien van een gedrukte advertentie met een mooi vrouwelijk model minder tevreden over zichzelf waren. In een studie van Martin en Kennedy (1993), waarin meisjes in de leeftijd van negen tot achttien werden onderzocht, werd geen invloed van reclame op de perceptie van de eigen aantrekkelijkheid gevonden.

Een tweede hypothese heeft te maken met de manier waarop kinderspeelgoed en -producten in reclames worden gepresenteerd. Door het gebruik van bepaalde technieken (bijvoorbeeld close-ups, bewegende beelden van speelgoed dat niet uit zichzelf kan bewegen) kunnen reclames bij kinderen hoge verwachtingen wekken ten aanzien van de prestatie en kwaliteit van het product. Aangenomen wordt dat jonge kinderen deze technieken nog niet goed kunnen doorzien. Als het product na aankoop tegenvalt, kunnen ze gefrustreerd, teleurgesteld en ongelukkig worden. Deze hypothese is tot op heden slechts éénmaal onderzocht. In deze survey, onder 253 zes- tot elfjarige jongens, werd een klein negatief verband gevonden tussen blootstelling aan reclame en tevredenheid over het product. Deze relatie gold alleen voor de jongste kinderen in de steekproef (Robertson et al., 1985).

Een derde en laatste hypothese stelt dat kinderen ongelukkig worden omdat reclame hen materialistisch maakt. Aangenomen wordt dat mensen die materialistisch zijn, tevens ongelukkig zijn, omdat ze materiële bezittingen als een belangrijk middel zien om geluk en succes te verkrijgen. Als dan blijkt dat producten niet de verwachte staat van geluk bezorgen, volgen gevoelens van teleurstelling en ongeluk. Hoewel er wel aanwijzingen zijn dat reclame kinderen materialistisch maakt, is er geen onderzoek dat uitwijst dat materialistische kinderen ook ongelukkig zijn. Er is wel een meta-analyse die suggereert dat *volwassenen* die materialistisch zijn, minder tevreden zijn met hun leven (Wright & Larsen, 1993). Hoewel het voorstelbaar is dat dit ook bij kinderen het geval is, is er geen onderzoek dat deze stelling kan bevestigen.

Samenvattend kan gesteld worden dat het onderzoek naar de relatie tussen reclame en gevoelens van ongeluk onder kinderen te beperkt is om tot conclusies te komen (zie Buijzen & Valkenburg, 2002).

Kenmerken van commercials die effecten op kinderen vergroten

Een deel van het onderzoek naar de effecten van reclame heeft zich gericht op de vraag welke kenmerken van commercials de effectiviteit vergroten. Er zijn zes factoren onderzocht die mogelijk een of meer effecten van reclame kunnen vergroten. Dit zijn: (1) herhaling van de commercial, (2) het gebruik van het *peer-popularity appeal*, (3) het aanbieden van een premium, (4) aanprijzende beroemdheden (*celebrity endorsement*), (5) aanprijzende presentatoren (*host selling*), en (6) het gebruik van een visueel geheugensteuntje (*visual cue*) op de verpakking van het geadverteerde product. Hieronder bespreek ik in hoeverre onderzoek laat zien dat deze elementen inderdaad een of meer effecten van reclame verhogen.

Herhaling

Herhaling van de hoeveelheid commercials bevordert zowel de merkherkenning als de merkherinnering van kinderen (Gorn & Goldberg, 1980; Macklin, 1994). Het is echter niet waarschijnlijk dat herhaling de merkattitudes en de merkvoorkeuren van kinderen stimuleert (Atkin, 1975a; Gorn & Goldberg, 1977). Een studie van Gorn en Goldberg (1980), waarin een commercial voor een merk ijs werd onderzocht, suggereert dat herhaling alleen invloed op de merkattitude kan hebben als er sprake is van verschillende commercials voor hetzelfde merk. Het effect van herhaling op de koopintentie (ofwel het vraaggedrag) van kinderen is niet onderzocht. Noch is het bekend of herhaling een of meer onbedoelde effecten van reclame stimuleert.

Het 'peer-popularity appeal'

Commercials voor speelgoed of andere kinderproducten laten vaak twee of meer vrolijke kinderen zien die samen het geadverteerde product nuttigen of ermee spelen. In deze commercials wordt gebruikgemaakt van het zogenoemde *peer-popularity appeal*. Het gebruik van dit *appeal* heeft een tweeledig doel. In de eerste plaats houden kinderen ervan om via de media naar andere kinderen te kijken, waardoor de kans op aandacht voor de commercial toeneemt. In de tweede plaats gaan adverteerders ervan uit dat de effectiviteit van reclame toeneemt wanneer kinderen zien dat leeftijdgenoten in een positieve stemming geraken door het geadverteerde product. Eerder in het boek werd duidelijk dat de kans op media-effecten vergroot wordt wanneer de geobserveerde modellen positieve gevolgen ondervinden van hun gedrag. Het onderliggende mechanisme hier is *observationeel leren*. In reclames waarin gebruik wordt gemaakt van het peer-popularity appeal, wordt kinderen de indruk gegeven dat ze zich door het geadverteerde merk net zo goed en populair kunnen voelen als de kinderen in de commercial. Aangenomen wordt dat dit de effectiviteit van reclame verhoogt.

Wordt de effectiviteit van reclame inderdaad verhoogd door het peer-popularity appeal? Er is tot op heden slechts één studie die dit heeft onderzocht. In deze studie, van Loughlin en Desmond (1981), kregen kinderen een commercial te zien voor een onbekend stuk speelgoed, de *Dancing man doll*. De helft van de kinderen kreeg een versie te zien waarin vier vrolijke, enthousiaste kinderen met de Dancing man doll speelden (de peer-popularity commercial). De andere helft van de kinderen kreeg een versie te zien waarin slechts één kind met de pop speelde (de controle-commercial). Het was niet zo dat de kinderen die de peer-popularity commercial hadden gezien, meer verlangden naar het geadverteerde product dan de kinderen uit de controlegroep. De kinderen uit de peer-popularity-conditie vonden echter wel de commercial veel leuker, en ze zouden het geadverteerde speelgoed ook liever aan een vriend of vriendin geven dan de andere kinderen. De studie van Loughlin en Desmond heeft alleen het effect van peer popularity op de merkattitude onderzocht. Het is niet bekend of het peer popularity appeal het merkbewustzijn en de koopintentie van kinderen positief beïnvloedt. Noch is het bekend of de onbedoelde effecten van reclame beïnvloed worden door dit appeal.

Premiums

Een *premium* is een cadeautje dat je krijgt als je het geadverteerde product koopt. McDonald's maakt bijvoorbeeld van oudsher gebruik van premiums in de advertenties voor zijn *happy meal*. Er zijn verschillende onderzoeken uitgevoerd naar het effect van commercials waarin gebruik wordt gemaakt van een premium. In al deze studies werden commercials voor diverse merken cornflakes gebruikt. Dat is uiteraard jammer, want het is moeilijk om tot conclusies te komen wanneer het onderzoek zich beperkt tot commercials over slechts één type product.

Sommige studies vonden wel effecten, andere niet. In een onderzoek van Miller en Busch (1979) onder vijf- tot twaalfjarige kinderen, werd gevonden dat een premium de merkvoorkeuren van kinderen beïnvloedt. De kinderen in deze studie die een commercial met het premium hadden gezien, kozen twee keer zo vaak het merk als kinderen die deze commercial niet hadden gezien. Ook bleek dat de premiumcommercial door de jonge kinderen van vijf tot zeven minstens even goed werd herinnerd als door oudere kinderen, terwijl de jongere kinderen bij de commercials zonder premium een veel slechtere merkherinnering vertoonden dan de oudere kinderen. Dit resultaat impliceert dat een premium de merkherinnering van jonge kinderen stimuleert.

Ook Atkin (1975a) vond dat een premium in een commercial het verlangen van kinderen naar het merk cornflakes deed toenemen. Dit resultaat ging echter alleen op voor kinderen van drie tot zeven, en niet voor oudere kinderen. Hij vond geen effect op de koopintentie van kinderen. De overige twee studies lieten geen significante effecten zien, noch voor merkbewustzijn, noch voor merkvoorkeur en vraaggedrag (Heslop & Ryans, 1980; Shimp et al., 1976).

Werkt een premium in een commercial nu wel of niet? Twee studies laten wel effecten zien, en twee andere weer niet. Het effect van premiums is echter uitsluitend onderzocht voor cornflakes. De kans is aanzienlijk dat premiums bij andere producten, zoals speelgoed, hamburgers of chips zeer effectief zijn. Wanneer men successen zoals de flippo's en McDonald's happy meal in gedachten neemt, is het voorstelbaar dat premiums in commercials een groot effect hebben, op zowel het merkbewustzijn, de merkvoorkeur als de koopintentie van kinderen. Maar, nogmaals, dit is niet onderzocht – althans niet in academisch onderzoek.

Aanprijzende beroemdheden ('celebrity endorsement')

De term *celebrity endorsement* wordt in de reclamewereld gebruikt voor advertenties waarin een beroemdheid het geadverteerde merk aanprijst. Voorbeelden van aanprijzende beroemdheden zijn de voetballer Eric Cantona in de Liptonice-commercial en Monique van der Ven in de FBTO-commercial. Celebrity endorsement is ontstaan vanuit de lang gevestigde aanname in de sociale psychologie dat een betrouwbare zender in het communicatieproces meer overtuigingskracht heeft dan een onbetrouwbare (Hovland & Weiss, 1951). Beroemdheden trekken aandacht voor de commercial, en worden door het publiek als interessant, gezaghebbend en geloofwaardig gezien. Daarbij komt dat een niet onbelangrijk deel van het publiek denkt dat de beroemdheden het geadverteerde merk aanprijzen omdat ze oprecht affectie voor het merk hebben (en niet om er geld mee te verdienen). Veelvoorkomende aanprijzende beroemdheden zijn sportfiguren, acteurs of andere figuren uit de entertainmentwereld (Atkin & Block, 1983).

In veel landen, zoals Engeland en Amerika, zijn aanprijzende beroemdheden verboden in op kinderen gerichte commercials. Zo'n beroemdheid heeft immers een speciaal gezag, hetgeen in het geval van op kinderen gerichte reclame als onethisch wordt beschouwd. Ook in Nederland is een bepaling in de Nederlandse Reclame Code opgenomen dat figuren die gezag en vertrouwen onder kinderen genieten, niet mogen optreden in op kinderen gerichte reclame.

Hoewel het inzetten van aanprijzende beroemdheden in de advertentiewereld als een succesvolle strategie wordt gezien, is er slechts weinig academisch onderzoek verricht naar het effect ervan op kinderen. Dat komt waarschijnlijk doordat aanprijzende beroemdheden in kindercommercials in veel landen verboden zijn, waardoor het weinig zin heeft om het effect ervan te onderzoeken. In een studie van Atkin en Block (1983) werd het effect van beroemdheden in alcoholadvertenties op de merkattitude en de verkoopintentie van adolescenten van dertien tot zeventien jaar onderzocht. De adolescenten kregen drie tijdschriftadvertenties te zien, waarin de merken werden aangeprezen door ofwel een beroemdheid ofwel een onbekend persoon. In een advertentie werd bijvoorbeeld een whiskymerk aangeprezen door ofwel Kojak (Telly Savalas) ofwel een onbekende man van middelbare leeftijd in dezelfde kledij en houding.

De adolescenten vonden de aanprijzende beroemdheden inderdaad betrouwbaarder, aantrekkelijker en competenter dan de onbekende mensen. Ook hadden de adolescenten die de advertenties met de aanprijzende beroemdheden hadden gezien, een positievere attitude ten aanzien van het geadverteerde merk. Ze waren bovendien eerder geneigd het geadverteerde merk te kopen.

In een studie van Ross en collega's (1981) onder jongens van acht tot veertien jaar, kregen kinderen een commercial voor een speelgoed raceauto te zien, waarin wél of geen gebruik was gemaakt van een aanprijzende beroemdheid (een coureur). Er werd geen effect van de beroemdheid op de merkattitude gevonden. Opgemerkt moet echter worden dat de raceautocommercials die in deze studie werden gebruikt regelmatig op de televisie waren ten tijde van het onderzoek. Dit is vrij ongebruikelijk in experimenteel onderzoek naar reclame-effecten, waarin meestal onbekende commercials worden gebruikt of commercials die al een hele tijd niet meer zijn uitgezonden. De bekendheid van kinderen met de commercial kan natuurlijk heel goed experimentele effecten maskeren. Hoe kun je immers in een experiment een effect van één enkele reclame verwachten, wanneer diezelfde reclame al tientallen malen is uitgezonden?

Hebben aanprijzende beroemdheden nu effect? Het onderzoek van Atkin en Block geeft reden om aan te nemen dat dit zo is. Het onderzoek van Ross en collega's laat minder sterke effecten zien, maar dat onderzoek is niet betrouwbaar, omdat er een commercial is gebruikt die waarschijnlijk te bekend was onder de jongens die aan het onderzoek deelnamen. Het is daarom verstandig om in toekomstig onderzoek uit te gaan van de *werkhypothese* dat aanprijzende beroemdheden effect hebben, hoewel dit nog niet definitief is aangetoond.

Aanprijzende presentatoren ('host selling')

Bij *hostselling* is er, net als bij celebrity endorsement, sprake van een beroemdheid die een product aanprijst. Het verschil is echter dat de beroemdheid in het geval van host selling optreedt in de reclameblokken die tijdens zijn eigen programma worden uitgezonden. Host selling is in de meeste landen verboden, omdat het als onethisch wordt beschouwd om jonge kinderen, die moeite hebben om de grenzen tussen reclame en entertainment te bepalen, te bestoken met reclame waarin dezelfde hoofdfiguur voorkomt als in het bijbehorende programma. Host selling komt in Nederland sporadisch voor.

Het is belangrijk te weten dat de term *host* in host selling in de literatuur breed wordt opgevat. Een presentator hoeft niet altijd een persoon van vlees en bloed te zijn. Wanneer een tekenfilmfiguur optreedt in zowel een commercial als in het omringende programma is er ook sprake van host selling. De meeste studies naar host selling hebben het effect van aanprijzende *tekenfilmberoemdheden* onderzocht.

De studies die tot op heden zijn uitgevoerd, laten weinig eensluidende resultaten zien. Atkin (1975a) heeft het effect van host selling op de merkherinnering en de merkattitude van kinderen van drie tot tien jaar onderzocht. Hij gebruikte daarvoor Fred Flintstone, die ten tijde van zijn onderzoek als merkkarakter van een bekend Amerikaans merk cornflakes fungeerde. Atkin gaf twee groepen kinderen een commercial te zien waarin Fred Flintstone cornflakes aanprijst. In één groep was de commercial in een Flintstones-cartoon gemonteerd, in een andere groep in een Bugs Bunny-cartoon. Er was geen verschil in de merkherinnering van de kinderen tussen de twee experimentele condities. Er bleek wel een effect op de merkattitude. Kinderen in de host-sellingconditie hadden ongeveer 50% meer verlangen naar het merk cornflakes dan de kinderen in de controleconditie.

De resultaten van Atkin worden bevestigd in een studie van Miller en Busch (1979) onder kinderen van vijf tot twaalf, de enige studie waarin een presentator van vlees en bloed, Mr. Magic, werd gebruikt om een merk cornflakes aan te prijzen. De host-sellingcommercial leidde, in vergelijking tot een controlecommercial, net zoals bij Atkin niet tot verschillen in merkbewustzijn, maar wel tot verschillen in merkvoorkeuren.

De overige studies laten meer gemengde resultaten zien. In een experiment van Kunkel (1988) had host selling alleen effect op de merkattitude en het vraaggedrag van kinderen van zeven en acht. Op de kinderen van vier en vijf had de aanprijzende beroemdheid, vreemd genoeg, een tegenovergesteld effect. De host-sellingcommercial resulteerde bij de jongere kinderen in een negatievere merkattitude en in minder vraaggedrag dan de controlecommercial. In een experiment van Wilson en Weiss (1992), ten slotte, onder meisjes van vier tot elf, werd helemaal geen effect gevonden. Maar in deze studie werd een commercial voor een plastic pop (Beetlejuice doll) gebruikt en tijdens het onderzoek bleek dat de onderzochte meisjes de Beetlejuice-poppen helemaal niet leuk vonden. De meeste effectonderzoekers weten dat, als de initiële interesse van kinderen in het desbetreffende product of de desbetreffende commercial ontbreekt, er moeilijk effecten te verwachten zijn.

Heeft host selling nu effect of niet? De weinige studies die tot op heden zijn uitgevoerd, hebben dit niet overtuigend aangetoond. Ze hebben echter ook niet overtuigend aangetoond dat host selling geen effect heeft. Voor adverteerders en marketeers is het echter van belang te weten dat het onverstandig is om host selling toe te passen. Ook al is de regulering van op kinderen gerichte reclame in Nederland relatief liberaal – host selling is in Nederland in tegenstelling tot vele andere landen niet verboden – de hausse in kindermarketing wordt door steeds meer ouders met argusogen gevolgd, en de kans op weerstand ten opzichte van dit soort praktijken neemt toe.

Visuele geheugensteuntjes op de verpakking

Visuele geheugensteuntjes (*visual cues*) op de verpakking die rechtstreeks te maken hebben met de inhoud van commercials kunnen het merkbewustzijn, de merkattitude en het vraaggedrag van kinderen stimuleren. Dit blijkt uit een tweetal studies van Macklin (1994, 1996). In een van de studies kregen kinderen van drie tot acht jaar vijf producten met niet bestaande merknamen te zien, bijvoorbeeld een frisdrank met de naam *Nacht*. Daarna werd hun gevraagd om zich de merknaam van de producten te herinneren. In één experimentele conditie werd de herinnering van kinderen gestimuleerd met een visueel geheugensteuntje in de vorm van een plaatje (in het geval van de frisdrank Nacht een sterrenhemel). In een andere met behulp van een kleur (in het geval van de frisdrank de kleur zwart). Een controlegroep kreeg geen visueel geheugensteuntje. De kinderen van drie tot vijf jaar die de visuele geheugensteuntjes hadden gekregen, herinnerden zich de merknaam maar liefst tien keer zo goed als de kinderen in de controlegroep. De zeven- en achtjarigen die de visual cue hadden gekregen, herinnerden zich de merknaam ongeveer anderhalf maal zo goed.

In een andere studie van Macklin (1994) werd het effect van een merkkarakter op de verpakking van cornflakes onderzocht. Kinderen kregen eerst een commercial voor een merk cornflakes te zien met de naam 'Jumpers'. In de commercial trad een kikker op, ook Jumpers genaamd. Daarna kreeg de helft van de kinderen de doos van de cornflakes te zien waarop de kikker Jumpers stond afgebeeld, terwijl de andere helft een doos zonder de kikker kreeg. De verpakking mét kikker stimuleerde in vergelijking met de verpakking zonder kikker niet alleen het merkbewustzijn, maar ook de merkattitude en het vraaggedrag van kinderen.

Eigenschappen van kinderen die reclame-effecten vergroten

Kindkenmerken die reclame-effecten op het merkbewustzijn vergroten

In de effectstudies is voor twee achtergrondvariabelen onderzocht of deze het effect van reclame op het merkbewustzijn van kinderen beïnvloeden: het geslacht en de leeftijd van het kind. Het effect op het merkbewustzijn is voor jongens en meisjes niet verschillend, zo suggereert het onderzoek (Miller & Busch, 1979; Zuckerman et al., 1978). De leeftijd van kinderen is echter wel belangrijk. Vrijwel alle studies die de effecten van reclame op meer dan één leeftijdsgroep onderzochten, laten zien dat het effect van reclame op het merkbewustzijn van kinderen groter wordt naarmate kinderen ouder worden (bijvoorbeeld Atkin, 1975a; Macklin, 1983; Stoneman & Brody, 1983). Ook laat het onderzoek zien dat voor jonge kinderen het effect van reclame op *merkherkenning* groter is dan op *merkherinnering*, maar dat de achterstand wat betreft merkherinnering wordt ingehaald in de tweede helft van de basisschooltijd. De tienertijd is voor zowel merkherkenning als merkherinnering een piekperiode. Een verklaring voor deze verschillen in reclame-effecten op merkherkenning en -herinnering heb ik eerder in het hoofdstuk gegeven.

Kindkenmerken die reclame-effecten op merkattitudes en merkvoorkeuren vergroten

Er zijn talloze kindkenmerken denkbaar die het effect van reclame op hun merkattitude en merkvoorkeuren zouden kunnen beïnvloeden, bijvoorbeeld geslacht, leeftijd, sociaal-economische status, algemene interesse in het product of merk, en bekendheid en ervaring met het desbetreffende merk. Er is echter maar in zeer beperkte mate onderzocht in hoeverre de effecten op de merkattitude en de merkvoorkeuren afhankelijk zijn van dit soort kindkenmerken. Er is bijvoorbeeld nauwelijks onderzocht of bepaalde commercials meer effect hebben op jongens of meisjes, terwijl dat, zeker in het geval van speelgoed, zeer voorstelbaar is.

Uit het onderzoek dat tot op heden is uitgevoerd, blijkt één kindkenmerk het effect van reclame op de merkattitude en de merkvoorkeuren te verhogen, en dat is de leeftijd van het kind. Verschillende studies hebben aangetoond dat kinderen onder de acht onder invloed van reclame een positievere merkattitude hebben dan oudere kinderen (Atkin, 1975a; Loughlin & Desmond, 1981; Wilson & Weiss, 1992). Ook is gevonden dat er bij kinderen tot acht een hoger verband dan bij oudere kinderen bestaat tussen hun attitude ten opzichte van de commercial en hun merkattitude. Met andere woorden, als kinderen onder de acht jaar een commercial leuk vinden, is de kans dat ze het geadverteerde merk ook leuk vinden groter dan bij oudere kinderen (Moore & Lutz, 2000).

Er zijn drie verklaringen voor de bevinding dat jongere kinderen ontvankelijker zijn voor reclame-effecten op hun merkattitude en merkvoorkeuren. De eerste verklaring is dat kinderen pas als ze een jaar of acht zijn goed in staat zijn om stabiele attitudes te vormen en te behouden (Piaget, 1981). Kinderen onder de acht zijn daardoor relatief sneller te overreden door een aantrekkelijke commercial dan oudere kinderen, die immers al meer in staat zijn om nieuwe persuasieve informatie te relateren aan hun bestaande attitudes.

De tweede verklaring is dat jongere kinderen veel minder ervaring en domeinspecifieke kennis hebben die ze kunnen toepassen bij het evalueren van commercials. Er wordt wel eens gesteld dat de informatieverwerking van jongere kinderen meer *stimulusgedreven* is, terwijl die van oudere kinderen meer *schemagedreven* is. Jonge kinderen zijn door een gebrek aan kennis en ervaring minder in staat dan oudere kinderen tegenargumenten te genereren terwijl ze naar commercials kijken, waardoor ze uiteraard gevoeliger zijn voor persuasieve informatie (Young, 1990).

Een derde en laatste verklaring is dat kinderen tot een jaar of acht nog niet goed in staat zijn om de verkoopintentie van reclame te doorzien. Kinderen onder de acht zien reclame vooral als entertainment en zijn in tegenstelling tot oudere kinderen en adolescenten weinig sceptisch en kritisch tegenover reclame. Zoals eerder duidelijk werd, is het algemeen geaccepteerd dat persuasieve effecten groter zijn naarmate de zender van de communicatie geloofwaardiger voor het publiek is. Aangezien reclame voor jongere kinderen relatief geloofwaardig is, omdat zij nog niet goed in staat zijn om persuasieve technieken te doorzien, is het aannemelijk dat het effect op de merkattitude hoger is bij jongere dan bij oudere kinderen.

Vanaf een jaar of acht worden kinderen kritischer en sceptischer ten aanzien van reclame. Dit bereikt zijn hoogtepunt bij twaalf jaar (Boush, 2001). Dat kinderen sceptischer tegenover bepaalde reclames worden, hoeft echter niet te betekenen dat ze sceptisch over alle commercials zijn. Daarbij komt dat adolescenten die kritisch zijn over bepaalde technieken die in commercials worden gebruikt, bijvoorbeeld vergelijkende tests, de resultaten van deze tests vaak toch geloven (Linn et al., 1982; Riecken en Ugur, 1990).

Het feit dat kinderen onder de acht ontvankelijker zijn voor reclame-effecten op hun merkattitude en merkvoorkeuren dan oudere kinderen, betekent zeker niet dat de effecten van reclame op oudere kinderen te verwaarlozen zouden zijn. De aanname dat kennis en cognitief niveau afdoende zijn om reclame-effecten te neutraliseren gaat uit van een te simpel beïnvloedingsmodel. Commercials roepen namelijk niet alleen cognitieve reacties op, maar ook emoties. En emoties zijn vaak helemaal niet met kennis en verstand te reguleren. Ook al weet je dat een film maar nep is, dan nog kun je er altijd bang, verdrietig of blij van worden. Ook al weet je dat je geliefde je bedriegt, dan nog kun je wel naar hem of haar verlangen. Zo werkt het bij reclame-effecten ook. Ook al weet een kind dat een commercial gebruikmaakt van geraffineerde overtuigingsstrategieën, dan nog kan een bepaald product of merk grote aantrekkingskracht hebben.

Hoe is het nu mogelijk dat kinderen (en volwassenen trouwens ook) zich laten verleiden door reclame terwijl ze weten dat ze een beetje in het ootje worden genomen? Het antwoord hierop lijkt enigszins op het verhaal over de wet van de schijnbare realiteit in hoofdstuk 4, waarin werd verklaard hoe en waarom kijkers emoties kunnen ervaren bij fictieve mediaproducten. Waarschijnlijk kan reclame, net als fictief entertainment, op verschillende manieren worden geconsumeerd. Kijkers kunnen bijvoorbeeld verzuimen sceptische gedachten te ontwikkelen om hun verlangens naar het merk te dempen. Soms vinden kijkers het misschien niet erg om een beetje in de maling genomen te worden, vooral niet als het om producten of merken gaat die persoonlijk relevant voor hen zijn. Oudere kinderen en volwassenen weten vaak wel dat sommige reclames overdrijven, maar kunnen deze desondanks toch leuk en/of informatief vinden. Kijkers kunnen er echter (bewust of onbewust) ook voor kiezen wél sceptische gedachten te vormen. Dit kan bijvoorbeeld gebeuren bij reclames die hun claims te veel overdrijven. Het kan ook gebeuren bij merken waarin de kijker geen interesse heeft of waarmee hij negatieve ervaring heeft.

Conclusie. Reclame heeft, om verschillende redenen, een groter effect op de merkattitude van kinderen onder de acht dan op die van oudere kinderen. Dit betekent echter niet dat oudere kinderen zichzelf afdoende tegen reclame-invloeden kunnen weren. Reclame communiceert emoties, en emoties zijn niet altijd met kennis en verstand te reguleren. Dat geldt niet alleen voor kinderen, maar ook voor tieners en volwassenen.

Kindkenmerken die reclame-effecten op de aankoopverzoeken vergroten

Het is aannemelijk dat bepaalde kenmerken van het kind, zoals geslacht, leeftijd, temperament en de sociaal-economische status van het gezin, het effect van reclame op de aankoopverzoeken beïnvloeden. Er is echter nauwelijks onderzoek verricht naar de factoren die reclame-effecten op de aankoopverzoeken van kinderen beïnvloeden. In een studie van Atkin (1975d) werd gevonden dat het verband tussen reclame en vraaggedrag niet afhangt van het geslacht, maar dat de leeftijd wel een rol speelt. Het verband tussen blootstelling aan reclame en het vraaggedrag van kinderen was hoger voor kinderen van vier en vijf dan voor oudere kinderen.

Het is voorstelbaar dat er bij kinderen onder de zeven een relatief groter direct verband bestaat tussen het kijken naar reclame en het vraaggedrag. Jongere kinderen hebben immers over het algemeen meer moeite dan oudere kinderen om hun behoeften uit te stellen en om zichzelf af te leiden van de verleidelijke aspecten van bepaalde producten. Kinderen vragen het meest om producten wanneer ze direct met een aantrekkelijke stimulus geconfronteerd worden. Reclame is zo'n stimulus. Het is dus denkbaar dat jongere kinderen die veel naar reclame kijken ook meer om de geadverteerde producten vragen dan oudere kinderen.

Conclusie. De studies naar het effect van reclame waarin achtergrondvariabelen zijn onderzocht hebben zich tot op heden beperkt tot het geslacht en de leeftijd van het kind. Geslacht heeft geen invloed op het effect van reclame op merkbewustzijn, merkattitude en merkvoorkeuren van kinderen. De rol van het geslacht van kinderen in het effect op het vraaggedrag is tot op heden te weinig onderzocht om tot conclusies te leiden. Leeftijd heeft wel een bepalende invloed, zij het dat deze invloed anders uitpakt bij verschillende typen reclame-effecten. De studies naar het effect van reclame op het merkbewustzijn laten zien dat leeftijd een *positief* effect heeft: hoe ouder de kinderen, hoe groter het effect van reclame op hun merkbewustzijn. Bij het effect op merkattituden en merkvoorkeuren speelt leeftijd echter een *negatieve* rol. Hoe ouder kinderen worden, hoe minder het effect van reclame op hun merkattituden en merkvoorkeuren. Dit leeftijdsverschil gaat echter alleen op wanneer kinderen onder de acht worden vergeleken met kinderen boven de acht. Er is geen onderzoek dat uitwijst dat adolescenten minder gevoelig zijn voor invloeden op hun merkattituden en merkvoorkeuren dan oudere kinderen. De rol van leeftijd bij het effect van reclame op het vraaggedrag van kinderen is nog onvoldoende onderzocht om tot conclusies te komen.

[1] In dit hoofdstuk wordt gesproken over cornflakes. Dit is de vertaling die gekozen is voor *cereal*, dat in Amerika een bredere betekenis heeft dan cornflakes.

6

Interactieve media: internet en computergames

De laatste jaren heeft het gebruik van interactieve media een enorme vlucht genomen onder kinderen en jongeren. Dit hoofdstuk biedt inzicht in de stand van zaken van het onderzoek naar kinderen, internet en computergames. Het hoofdstuk bestaat uit drie delen. In het *eerste* deel ga ik in op de interactieve mediaomgeving van kinderen. Hier komt een aantal kenmerkende eigenschappen van kinderwebsites aan bod en ook worden de verschillende typen video- en computergames die in omloop zijn besproken. In het *tweede* deel staat het *gebruik* van interactieve media centraal. Hier gaat het om de vraag welke kinderen welke interactieve media gebruiken, en hoe dit verschilt voor jongens en meisjes van verschillende leeftijden en achtergronden. In het *derde* en laatste deel komt een aantal positieve en negatieve effecten van interactieve media aan bod. Ik bespreek de belangrijkste fysieke (epileptische aanvallen, de *Nintendo-duim*), cognitieve (intelligentie, ruimtelijk inzicht) en sociale effecten (vriendschapsvorming, agressie) van interactieve media.

De interactieve mediaomgeving van kinderen

Het internet en computerspellen worden in dit hoofdstuk tezamen besproken onder de noemer *interactieve media*. Dit is niet alleen omdat internet en computerspellen beide tot de belangrijkste interactieve media-activiteiten van kinderen behoren, maar vooral ook omdat de grenzen tussen beide media in toenemende mate vervagen. Computerspellen worden steeds meer on line gespeeld en het spelen van webgames is zelfs de populairste internetactiviteit van kinderen geworden. Dit

verschijnsel, waarbij technologieën die aanvankelijk los van elkaar stonden *convergeren*, is een opvallende ontwikkeling in de hedendaagse digitale mediacultuur. In dit onderdeel begin ik met een bespreking van een
aantal eigenschappen van commerciële en niet-commerciële kinderwebsites. Daarna geef ik een beschrijving van de verschillende typen computergames die on en off line in omloop zijn, en ga ik in op enkele specifieke kenmerken van de interactieve mediaomgeving van kinderen.

Websites voor kinderen

Het aantal websites dat zich speciaal op kinderen en jongeren richt, is de
laatste jaren spectaculair gegroeid. Alleen in Nederland al bestaan er op
dit moment naar schatting enige tientallen sites voor kinderen en jongeren. Deze kinderwebsites zijn over het algemeen in te delen in drie categorieën. Er zijn de *non-profit sites*, die op initiatief van de overheid, musea,
bibliotheken en publieke omroepen worden ontwikkeld, en die informatie combineren met entertainment. Daarnaast zijn er de *commerciële sites*,
die weer kunnen worden onderverdeeld in *mediagerelateerde* en *productgerelateerde* sites. Mediagerelateerde sites zijn de sites van commerciële televisiekanalen, zoals Fox Kids en Cartoon Network. Productgerelateerde
sites zijn de sites van speelgoedwinkels en fabrikanten van kinderproducten, zoals Mattel en Nintendo, die tegenwoordig vrijwel zonder uitzondering hun eigen websites hebben (Montgommery, 2000).

Kinderwebsites, of ze nu commercieel zijn of niet, lijken aanzienlijk
op elkaar wat betreft de activiteiten die ze aanbieden. Vrijwel alle sites
bevatten webgames. Ook is het vaak mogelijk om te chatten, digitale
kaarten te versturen, filmpjes te zien en muziek te beluisteren of te
downloaden. Op sommige sites kun je meedoen aan prijsvragen of kun
je met beroemdheden mailen. Ten slotte bieden sommige sites de gelegenheid tot *Instant Messaging* (IM). Met Instant Messaging kun je, net als
bij chatrooms, direct met elkaar praten via tekst die vrijwel gelijktijdig in
een scherm verschijnt. Bij speciale gamesites kun je tussen de spellen
door tekst uitwisselen over de voortgang van het spel. Veel kindersites
vragen aan kinderen om zich te registreren als ze zich voor het eerst aanmelden. Kinderen moeten dan gegevens, zoals hun leeftijd, geslacht,
adres en e-mailadres, opgeven. Soms is voor registratie toestemming
van de ouders vereist.

De meest favoriete websites van kinderen zijn de commerciële sites. In een Amerikaans onderzoek van Henke (1999) noemde 74% van de kinderen een commerciële site als hun meest geliefde. Ook Montgommery (2000) vond dat de meeste sites van de top-25 van populaire Amerikaanse kindersites primair een commerciële doelstelling hadden. Deze sites waren van mediaconglomeraten als Nickelodeon, Disney, Fox en Time Warner en speelgoedfabrikanten als Nintendo, Lego en Mattel. Deze voorkeur voor commerciële sites geldt ook voor Nederlandse kinderen. In de zomer van 2001 heb ik samen met Petra Smale en Moniek Buijzen onder 377 Nederlandse kinderen van acht tot dertien jaar onderzocht welke websites het populairst zijn. Dit waren vrijwel uitsluitend commerciële, vooral mediagerelateerde sites. De topdrie vormden Fox Kids, Cartoon Network en Dragonball Z. Verder werden vooral chatpagina's en websites over voetbal genoemd.[1]

Doelstelling 1 van kindersites: het stimuleren van het merkbewustzijn en de merkattitude

Hoewel internetsites voor kinderen (evenals die voor volwassenen trouwens) tot op heden zelden winstgevend zijn, hebben vrijwel alle fabrikanten van kinderproducten en kinderentertainment een site. Het doel van deze sites, die wel *branded communities* worden genoemd, is tweeledig. Het primaire doel is het stimuleren van het merkbewustzijn en de merkattitude van kinderen. De sites worden ontwikkeld vanuit de opvatting: '*Love my community, love my brand*' (Montgommery, 2000, p. 153).

Het internet biedt een unieke gelegenheid om kinderen vertrouwd te maken met merken. Kinderen en tieners zijn immers vaak de bepalende gebruikers van nieuwe digitale technologieën. Hoewel geen adverteerder van kinderproducten de waarde en effectiviteit van televisiereclame onderschat, weet iedereen dat adverteren via het web juist in het geval van kinderen meer mogelijkheden biedt dan de televisie. Op enkele nieuwe technieken na (bijvoorbeeld *product placement*), komen kinderen bij televisie immers relatief beperkt in aanraking met merken: voornamelijk via kostbare commercials die hoogstens 30 seconden duren. Op het internet daarentegen kunnen kinderen urenlang spelen in een *branded community* waar de grenzen tussen entertainment en reclame ver te zoeken zijn. Kinderen hebben vaak niet eens door dat ze zich op een site bevinden die primair een commercieel doel heeft. Dit onvermogen van kinderen om entertainment van commercie te onderscheiden is zelfs bij televisie al een probleem, terwijl de commercials daar nog in afgezonderde reclameblokken staan. Uit een explorerend onderzoek van Henke (1999) bleek inderdaad dat maar heel weinig kinderen van negen tot elf jaar (slechts 13%) weten dat het doel van hun favoriete commerciële site adverteren is. Verreweg de meeste kinderen (74%) dachten dat hun favoriete site er was om hen te vermaken.

Doelstelling 2 van kindersites: het verzamelen van marktgegevens

Een tweede doelstelling van commerciële websites heeft te maken met de uitstekende mogelijkheden die kindersites bieden om marktgegevens te verzamelen. Dit gebeurt op verschillende manieren. Ten eerste wordt kinderen om persoonlijke informatie (leeftijd, geslacht, adres, e-mailadres, enzovoort) gevraagd wanneer ze zich registreren. Maar daarnaast worden kinderen op sommige sites ook regelmatig geconfronteerd met surveys, waarin hun gevraagd wordt om informatie te geven, bijvoorbeeld over hun voorkeuren wat betreft de inhoud en activiteiten van de site en de hun aangeboden producten. De antwoorden op deze vragen worden door de adverteerders gebruikt om hun website en hun producten aan te passen, zodat ze optimaal aan de wensen van kinderen voldoen.

Informatie van de gebruikers wordt ten slotte ook verzameld via zogenoemde *cookies*. Cookies zijn stukjes software die op de computer van een bezoeker van een website worden overgebracht. Cookies worden door de website-eigenaar aangemaakt en automatisch op de harde schijf van de bezoeker geïnstalleerd. Cookies informeren de website op welke gedeelten van de site een bezoeker is geweest en hoe lang die bezoeker op de desbetreffende plaatsen was. Op die manier informeren ze de website-eigenaar over de sterke en zwakke punten van de site. Cookies kunnen ook dienen om de profielen van de verschillende bezoekers te bepalen. Ze worden gebruikt om marktgegevens te verzamelen, die regelmatig met andere bedrijven worden uitgewisseld (Davidson, 1999).

Zowel *Microsoft Explorer* als *Netscape* maken het mogelijk dat websites cookies op de harddisk van bezoekers plaatsen. Iedereen kan controleren vanuit welke websites er cookies op zijn computer staan. Je kunt ze ook zelf verwijderen uit je map Cookies, die meestal in de map *Windows* te vinden is. Het verwijderen van cookies kan met name nuttig zijn voor personen die veel ongevraagde reclame-mail (*spam*) krijgen.

De meeste entertainmentsites maken er geen geheim van dat ze de informatie van kinderen die ze via registratie, surveys en cookies verkrijgen, gebruiken om hun sites, producten en merken te optimaliseren. Vaak staan hun *privacybepalingen* waarin dit soort informatie wordt vermeld, gewoon op hun site. In deze bepalingen kan onder meer staan dat de site informatie deelt met andere adverteerders. Dit zijn bijvoorbeeld de adverteerders die *banners* hebben op hun site. Banners zijn de logo's of kleinere knipperende tussenschermpjes die je, als je erop klikt, bij een andere website brengen.

In 1996 werd door het Amerikaanse Center for Media Education een inhoudsanalyse uitgevoerd met betrekking tot het verzamelen van persoonlijke gegevens van kinderen via het web. Uit deze survey bleek dat veel van de kindersites games, surveys en prijsvragen gebruikten om informatie van kinderen te verzamelen. Een jaar later werd door de Amerikaanse Federal Trade Commission, de FTC, gevonden dat 86% van de kindersites persoonlijke informatie van kinderen verzamelde.

Deze onderzoeksresultaten waren in 1998 aanleiding voor een nieuwe wet in Amerika, de COPPA (Children's Online Privacy Protection Act), die in het vorige hoofdstuk al aan de orde kwam. Sinds de invoering van de COPPA, die in april 2000 effectief werd, is het in Amerika verboden om via het web informatie te verzamelen van kinderen onder de dertien zonder toestemming van hun ouders. De belangrijkste bepalingen van de COPPA staan opgenomen in tabel 6.1.

Het is de vraag of de COPPA het verzamelen van persoonlijke gegevens via kinderwebsites voldoende bemoeilijkt. Ik heb ter voorbereiding van dit hoofdstuk enige tientallen kindersites bezocht terwijl ik mij voordeed als twaalfjarige. Mijn ervaring is dat verreweg de meeste kindersites, ook de Amerikaanse, nog steeds gegevens van kinderen verzamelen, via registratie, surveys en/of cookies. Na mijn bezoek aan deze kindersites bevonden zich enige tientallen cookies in mijn cookiesmap, waaronder die van Nintendo, Barbie, Fox Kids en Cartoon Network. Ook werden mij op de kindersites geregeld surveyvragen gesteld. Geen van de sites die ik heb bezocht heeft hiervoor toestemming (aan mijn ouders) gevraagd.

Ook Nederlandse commerciële sites verzamelen geregeld persoon-

Tabel 6.1 De belangrijkste bepalingen van de COPPA (Children's Online Privacy Protection Act).*

1   Alle websites die zich op kinderen onder de dertien jaar richten en die informatie van kinderen verzamelen, moeten zich houden aan de richtlijnen van de COPPA.

2   Wanneer websites informatie van kinderen verzamelen, moeten ze precies de manieren van dataverzameling vermelden in hun *privacybepalingen*, die duidelijk op de website moeten worden vermeld.

3   Persoonlijke informatie van kinderen omvat adresgegevens, zoals naam, huisadres, e-mailadres en telefoonnummer, maar ook informatie over bijvoorbeeld de hobby's, voorkeuren en interesses van kinderen. Onder persoonlijke informatie wordt informatie verstaan die direct van de kinderen wordt verkregen alsook informatie die via cookies wordt verzameld.

4   Het is verboden om meer informatie van kinderen te verzamelen dan strikt nodig is, bijvoorbeeld door informatie als voorwaarde tot deelname aan een spel te maken of door kinderen een bonus aan te bieden in ruil voor informatie.

5   Websites moeten, voordat informatie van kinderen wordt verzameld, toestemming van de ouders vragen. Zonder ouderlijke toestemming mag er geen informatie van kinderen worden verzameld.

6   Ouders moeten bericht krijgen van de website over de typen informatie die de website verzamelt, waarvoor de informatie gebruikt wordt, en met wie ze gedeeld wordt.

7   Ouders moeten de persoonlijke informatie die hun kind heeft gegeven kunnen inzien. Ook hebben ze het recht om te eisen dat de informatie van hun kinderen verwijderd wordt.

* De volledige richtlijnen van de COPPA zijn te vinden op www.ftc.gov/bcp/conline/pubs/buspubs/coppa.htm.

lijke informatie van kinderen, ook informatie die, als de COPPA in Nederland zou gelden, helemaal niet verzameld zou mogen worden. Fox Kids bijvoorbeeld looft bonuspunten (Brix genaamd) uit voor elke ingevulde survey. Via deze surveys wordt de mening van kinderen gevraagd over onder meer de Fox Kids website, over mobiele telefoons en SMS, het merk van hun favoriete spelcomputer en het type games waar ze van houden. Voor iedere survey die kinderen invullen, krijgen ze 50 tot 200 brix. Als ze 15.000 brix hebben verzameld, kunnen ze een cadeau uitkiezen uit de 'Brix-boetiek'. In de privacybepalingen meldt Fox Kids dat de gegevens van kinderen gebruikt worden om hun website en hun producten te verbeteren, maar dat deze ook gedeeld worden met bedrijven die op de site adverteren of waarmee ze zaken doen. Die bedrijven kunnen kinderen dan rechtstreeks benaderen om hun producten aan te bieden. Het is zeer de vraag hoeveel ouders op de hoogte zijn van dit soort privacybepalingen van Nederlandse kindersites.

Verschillende typen video- en computergames

In de wereld van *gamers* wordt een duidelijk onderscheid gemaakt tussen video- en computergames. Videogames worden gespeeld op een spelcomputer, voor in huis (bijvoorbeeld Sony PlayStation) of voor in de hand (zoals Nintendo's Game Boy). Computergames worden op de pc gespeeld. In de wetenschappelijke wereld wordt zelden een onderscheid gemaakt tussen deze twee typen games. Hoewel de beeldkwaliteit van beide soorten games identiek is, bestaan er belangrijke verschillen in het gebruik van beide typen games. Jongens van twee tot dertien jaar spelen bijvoorbeeld drie tot vijf keer zoveel videospellen als meisjes van deze leeftijd, terwijl dit sekseverschil voor computerspellen nauwelijks opgaat. Ook spelen kinderen uit gezinnen met lagere inkomens relatief meer met video- dan met computerspellen, waarschijnlijk omdat een spelcomputer goedkoper is dan een pc (Roberts et al., 1999). Hoewel video- en computergames een belangrijk kenmerk, namelijk de *interactiviteit*, gemeen hebben, is het om bovengenoemde redenen niet verstandig om ze over één kam te scheren. Ik probeer in dit hoofdstuk de onderzoeksresultaten met betrekking tot de twee typen games zo veel mogelijk apart te bespreken.

In de spelwereld worden traditioneel zes typen games onderscheiden, die gemaakt worden als video- en/of computergame: (1) platformspellen, (2) adventures, (3) actiespellen, (4) Role Playing Games, (5) simulatiespellen, en (6) denk-, puzzel- en vaardigheidsspellen. Populaire spellen worden steeds vaker via het internet gespeeld. In veel landen bestaan speciale sites waar kinderen zich kunnen aanmelden om *webgames* met andere bezoekers te spelen. Op deze sites kun je met je eigen vrienden spelen, als je samen inlogt, maar je kunt het ook tegen onbekende spelers opnemen. Bij sommige sites wordt spelers de mogelijkheid geboden om tussen of tijdens de spellen met elkaar via Instant Messaging (IM) te communiceren.

Platformspellen. Platformspellen zijn de meest gespeelde video- en computerspellen. Ze bevatten meestal vrij veel actie. In platformspellen doorloopt de speler verschillende 'levels' (spelepisodes). Het doel is op een behendige manier aan het einde van het *level* te komen en uiteindelijk aan het einde van het spel. De twee klassiekers in dit speltype zijn *Mario*, de loodgieter van Nintendo, en *Sonic*, de egel van Sega.

Adventures. Dit zijn spellen waarin de speler ronddwaalt door een verhaal en al doende moet zien te achterhalen hoe het verhaal verloopt. Als speler bestuur je een van de hoofdpersonen. Deze persoon moet een doel bereiken, bijvoorbeeld een moord oplossen of de Heilige Graal vinden. Bij adventures bestaat de mogelijkheid te stoppen met spelen en hetgeen bereikt is te saven. Een speler kan wel maandenlang met dezelfde adventure bezig zijn. Een zeer populair voorbeeld van dit speltype is het computerspel *Myst*.

Actiespellen.   Actiespellen worden ook wel *Beat'em ups* of *Shoot'em ups* genoemd. Een moderne *Beat'em up* of *Shoot'em up* is een reis door een virtueel doolhof waarin het erom gaat een maximum aantal doelen te raken. Of dat nu vuistvechters, pantserwagens of buitenaardse wezens zijn, is om het even. De nieuwste generatie spellen zijn driedimensionaal en worden gespeeld vanuit het *eerstepersoonsperspectief*. Als speler bekijk je het spel vanuit het gezichtspunt van de hoofdpersoon. Als de hoofdpersoon door een gang loopt, ervaar je als speler de omgeving van het spel zoals de hoofdpersoon deze ziet. Voorbeelden van dit speltype zijn *Tomb Raider*, *Quake*, *Mortal Kombat* en *Doom*.

Role Playing Games (RPG's).   Role Playing Games, kortweg RPG's genoemd, spelen zich vrijwel altijd af in een fantasiewereld. De speler krijgt een rol toebedeeld die hij gedurende het spel behoudt, bijvoorbeeld die van dief of tovenaar. Als je alleen speelt, worden de andere rollen door de computer vervuld. Als je met meerdere spelers speelt, heeft iedereen zijn eigen rol. In een RPG bepaalt de speler wat de hoofdpersoon wel of niet moet doen. Het spel verandert als gevolg van de beslissingen van de speler(s). Voorbeelden van dit speltype zijn de *Dungeons and Dragons*-spellen.

Een bepaald type rollenspel dat vooral populair is onder wat oudere adolescenten, is de MUD, ofwel *Multi-User Dungeon* of *Domain*. MUD's zijn virtuele omgevingen op het internet, waarbij meerdere gebruikers die zijn ingelogd met elkaar interacteren. Dit gebeurt uitsluitend via tekst. Alle objecten, omgevingen en personen worden met tekst beschreven; er komt geen beeld aan te pas. Deze spellen doen daarom een groot beroep op de fantasie van de deelnemers. Alle deelnemers spelen een fictief karakter, dat samen met andere karakters een interactief verhaal creëert. Er zijn verschillende typen MUD's. Sommige bestaan vooral uit competitieve rollenspellen waarbij het er vooral om gaat monsters te doden. Andere, vooral de MOO's (MUD, *Object Oriented*) zijn meer op sociale communicatie gericht (Parks & Roberts, 1998).

Simulatiespellen.   In simulatiespellen is het doel om de werkelijkheid zo goed mogelijk na te bootsen. Er zijn verschillende soorten simulatiespellen. In de sport- en racesimulaties is de speler een voetballer of coureur, in de vliegsimulaties een piloot, en in de gevechtssimulaties of strategische oorlogsspellen een militair. Ten slotte zijn er de zogenoemde *politieke of economische simulatiespellen*, waarin een speler de opdracht heeft om een stad, dorp of dierenpark op te bouwen en te besturen. Een van de bekendste in deze laatste soort is *SimCity* 2000.

Denk-, puzzel- en vaardigheidsspellen.   Deze categorie bestaat vaak uit traditionele bord- of denkspellen zoals schaken, dammen en domino, die als computer- of webgame zijn uitgegeven. Het beroemdste en meest succesvolle spel in deze categorie is *Tetris*, dat enige jaren geleden standaard werd meegeleverd bij een Nintendo-spelcomputer. In *Tetris* moet een speler verschillende blokjes zo draaien en verschuiven dat ze naadloos een rechthoekige ruimte opvullen. Inmiddels zijn er vele varianten op dit spel. Puzzel-, denk- en vaardigheidsspellen worden zowel off als on line gespeeld.

Het is de laatste jaren niet altijd gemakkelijk om een game onder te bren-

gen in een van de zes hiervoor genoemde categorieën. Vooral de nieuwste spellen zijn vaak een combinatie van verschillende speltypen. Zo'n
spel dat elementen bevat van verschillende typen computerspellen wordt
een *hybride* genoemd. Deze trend tot *hybridisering* is niet alleen in de
video- en computerspelwereld te observeren. Ook televisieprogramma's
en films bevatten steeds vaker elementen die traditioneel tot andere gen-
res behoren.

Het doel van de hiervoor beschreven spellen is zeker niet altijd primair
entertainment. Veel educatieve software, onder de noemer *edutainment*,
maakt gebruik van de hiervoor beschreven speltechnieken. Ook MUD's
hebben niet altijd spel en entertainment ten doel. Ze kunnen eveneens
gebruikt worden voor educatie, onderzoek en communicatie.

De machowereld van video- en computergames

Veel video- en computergames vertegenwoordigen een machowereld,
waarin weinig plaats is voor vrouwen. De meeste superhelden zijn stoe-
re, overdreven viriele mannen. Voorzover er vrouwen in de spellen voorkomen, zijn het meestal lieftallige prinsessen of hulpeloze slachtoffers
die gered moeten worden uit de handen van gorilla's of ander gespuis.
Als er al überhaupt vrouwen te zien zijn, dan worden ze karikaturaal
vrouwelijk afgebeeld: grote borsten, ronde billen, lange benen en
gekleed in sexy bikini's.

Provenzo (1991) was een van de eersten die op basis van een inhoudsanalyse vond dat vrouwen een marginale rol spelen in de videospelwereld.
Ook meer recente inhoudsanalyses bevestigen dit. Dietz (1998), die 33
populaire videospellen analyseerde, toonde aan dat in 41% van de spellen
überhaupt geen vrouwen voorkomen. Daarnaast werden vrouwen in 28%
van de spellen afgeschilderd als seksobject en in 21% als slachtoffer.

In het laatste decennium zijn er wel pogingen ondernomen om video-
en computerspellen te maken waarin de traditionele rolpatronen worden
omgedraaid. Aan het einde van de jaren negentig had ongeveer 15% van
de videospellen een vrouw als held of actiefiguur. Deze vrouwelijke helden gaan vaak wel in traditionele vrouwelijke kleding gekleed. Sommige
vrouwelijke vechters in *Mortal Kombat II* dragen bijvoorbeeld haremslui-
ers (Dietz, 1998).

Een beroemd voorbeeld van een zeer populair computerspel met een vrouwelijke *machoheld* is de spellenserie *Tomb Raider*, waarin Lara Croft, een archeologe met extreem geprononceerde boezem allerlei bloeddorstige monsters van zich afschiet. Het was aanvankelijk de vraag of deze vrouwelijke hoofdpersoon ervoor zou zorgen dat meisjes zich meer tot dit type spellen aangetrokken zouden voelen. De praktijk heeft uitgewezen van niet. De schaars geklede Lara Croft heeft voornamelijk jongensharten veroverd. Ze is al jaren het onderwerp van vele nieuwsgroepen en chatrooms waarin vrijwel uitsluitend jongens met elkaar fantaseren over Lara's opvallende fysieke eigenschappen. In het merendeel van de gewelddadige computerspellen dat tot de jaren negentig uitkwam, hebben vrouwen twee extreme verschijningsvormen: óf killer óf slachtoffer. Beide rollen lijken niet veel meisjes aan te spreken (Subrahmanyam & Greenfield, 1998).

Vanaf de jaren negentig verschijnen er relatief veel computerspellen zonder geweld en met een vrouwelijke hoofdpersoon. Het was de computerspelindustrie nu ernst om ook de andere helft van hun doelgroep voor hun spellen te interesseren, en meisjes voelen zich nu eenmaal minder aangetrokken tot geweld en kunnen zich beter identificeren met een vrouwelijke dan een mannelijke hoofdpersoon, was de gedachte. De seksespecifieke marketing van deze spellen werd bevorderd door commercials en verpakkingen met veel roze en paarse kleuren. Veel van deze geweldloze spellen met een vrouwelijke hoofdpersoon hadden, evenals de gewelddadige spellen, geen succes bij meisjes. Dit komt waarschijnlijk omdat in video- en computerspellen geweld en actie van oudsher altijd onlosmakelijk met elkaar verbonden zijn. Toen het geweld eruit werd gehaald, verdween ook de actie, waardoor de spellen saai werden (Kinder, 1996; Subrahmanyam & Greenfield, 1998).

Een spel voor meisjes dat in de tweede helft van de jaren negentig plotseling wél extreem succesvol bleek, was het computerspel *Barbie Fashion Designer* dat in 1996 werd geïntroduceerd. Van dit spel zijn wereldwijd enige miljoenen exemplaren verkocht. Hoewel alle Barbiespellen die tot op heden zijn uitgekomen redelijk succesvol zijn, sprong dit spel er onmiskenbaar uit. Het succes van dit spel kon dus niet alleen worden toegeschreven aan het gebrek aan geweld en de aanwezigheid van een vrouwelijke hoofdpersoon, want op dat concept waren alle andere Barbiespellen, die minder succesvol waren, ook gebaseerd. Men ontdekte via dit spel dat het niet zozeer de geweldloosheid van de spellen is, die de belangstelling van meisjes wekt. Ook bleek dat meisjes niet worden afgeschrikt door de traditionele rolpatronen in de video- en computer-spellen. Het succes ervan ligt waarschijnlijk in de combinatie van rea-lisme, vrouwelijkheid van de hoofdpersoon, en de creatieve opdrachten die erin voorkomen. In *Barbie Fashion Designer* moeten meisjes met behulp van de computer kleding voor Barbie ontwerpen, een activiteit die goed past bij de fantasie en spelthema's van meisjes van deze leeftijd, die vaker dan jongens hun dagelijkse ervaringen reflecteren. Meisjes houden voor-al van *realistische* contexten in computerspellen en niet van de car-toonachtige spellen die de markt domineren, en waar jongens zo van houden (Subrahmanyam & Greenfield, 1998).

Geweld op internet en in video- en computergames

De digitale mediacultuur van kinderen staat bol van het geweld. In het onderzoek van Dietz (1998) werd duidelijk dat 80% van de door haar onderzochte videospellen geweld bevatte. Vrijwel al deze spellen zijn gebaseerd op het principe dat de hoofdfiguur zich een weg vecht door verschillende werelden of levels. In de marketing van deze spellen krijgt het geweld en vooral het realisme ervan veel nadruk. Want hoe geweld-dadiger en bloediger de spellen, hoe populairder ze zijn, zo wijst de praktijk uit:

> '*Je ziet iemand door zo'n doolhof lopen in Doom en dan vliegt er zo'n eenoog bloedig monster, dan pak je je shotgun en dan schiet je hem neer en dan hoor je zo "aaargh". Zie je dat oog er zo half uitgepuild, allemaal bloed op de grond. Gewoon heel leuk.*'
> Lucas, 13 jaar.[2]

Zelfs video- en computerspellen die op het eerste gezicht onschuldig lij-ken, bevatten veel geweld. In een onderzoek van Thompson en Haninger (2001) werden spellen onderzocht die door de Amerikaanse ESRB (Entertainment Software Rating Board) waren geclassificeerd als *every-one*. Zo'n classificatie betekent dat deze spellen volgens dit zelfregule-rende instituut voor alle leeftijden bestemd zijn. De studie van Thomp-son en Haninger toonde echter aan dat maar liefst tweederde van deze zogenaamd onschuldige spellen geweld bevatte. Het verwonden van menselijke of fantasiekarakters werd in 60% van de spellen beloond, of was nodig om verder te kunnen spelen.

Niet alleen video- en computerspellen, maar ook het internet biedt kinderen legio mogelijkheden om met geweld in aanraking te komen. Het internet is een afspiegeling van het gewone leven. Er zijn fascinerende plaatsen, maar er zijn ook veel sites waar jonge kinderen echt niet moeten komen. Bovendien wordt internet vaak bevolkt door anonieme personen, en juist deze anonimiteit kan er bij sommige typen internetgebruikers voor zorgen dat de remmen op het communiceren van grofheden afnemen (Kiesler et al., 1984; Walther et al., 1994).

Conclusie. Ik heb hiervoor een aantal kenmerkende eigenschappen van de digitale mediacultuur van kinderen genoemd. Ik heb laten zien dat zowel de inhoud als de gebruikte technieken in toenemende mate *convergeren*. Niet alleen verdwijnen de traditionele grenzen tussen entertainment en commercie, maar ook de toepassingen integreren: computergames worden webgames; en tijdens het spelen van webgames kunnen kinderen naar digitale muziek luisteren en via Instant Messaging contacten leggen met individuen over de hele wereld.

Ook heb ik laten zien dat de digitale mediacultuur *privatiseert* en *vercommercialiseert*. De populairste kindersites worden niet aangeleverd door publieke instellingen en omroepen, maar door commerciële bedrijven, die de sites primair gebruiken om kinderen entertainment te bieden in *branded communities*. Als deze trend zich doorzet, zullen de sociale en culturele behoeften van hedendaagse en toekomstige generaties kinderen met name gedefinieerd worden in relatie tot commerciële mediaproducten en -producenten (Buckingham, 2000).

Een ander kenmerk van de digitale kindercultuur is dat zij de gebruikers in toenemende mate *fragmentariseert*. Doordat mediaproducenten in staat zijn om nauw gedefinieerde gebruikersprofielen te bepalen, kan er steeds adequater aan nichemarketing worden gedaan, waarbij commercieel entertainment wordt geboden dat nauw aansluit bij de voorkeuren van kleine, afgebakende doelgroepen. Een ontwikkeling die hier het directe gevolg van is, is dat de digitale kindercultuur zich in toenemende mate *separeert* van de volwassenencultuur. De kindermediamarkt is in tegenstelling tot vroeger lucratief, waardoor hedendaagse kinderen niet alleen hun eigen televisiekanalen (zie hoofdstuk 5), maar ook hun eigen webgames, IM-programma's en websites hebben. Het is voorstelbaar dat deze ontwikkelingen in de digitale mediaomgeving van kinderen voor ouders en opvoeders een extra uitdaging vormen (Turow, 2001).

Gebruik van interactieve media

Hoe vaak gebruiken kinderen internet? Wat doen jongens en meisjes als ze on line zijn? Hoe ziet de ideale kinderwebsite eruit? Welke kinderen spelen games? Wat is er zo fascinerend aan video- en computerspellen? Deze vragen komen in dit onderdeel aan bod. Ik begin met het gebruik van het internet. Daarna komen video- en computerspellen aan bod.

Gebruik van internet

De cijfers doen je duizelen wanneer je onderzoeksresultaten naar het gebruik van internet leest. In de afgelopen vijf jaar is het aantal internetgebruikers wereldwijd gegroeid van 25 naar 500 miljoen. Vergelijken we dit met andere media, dan heeft de verspreiding van internet plaatsgevonden in een tempo zoals nooit eerder is aanschouwd. De telefoon bijvoorbeeld bereikte de mijlpaal van 500 miljoen gebruikers pas na 45 jaar, en de televisie deed er ruim 15 jaar over.

Het gebruik van internet onder kinderen is de laatste jaren zo snel gestegen dat alle onderzoeksgegevens eigenlijk alweer verouderd zijn voordat ze gepubliceerd worden. Toch wil ik beginnen met enige cijfers. Op dit moment is in Nederland ruim driekwart van de kinderen van zeven tot dertien jaar on line. Dat betekent dat het internetgebruik van kinderen in vier jaar tijd bijna twintig keer in omvang is gestegen, want in 1997 was nog maar 4% van de kinderen op het web aangesloten. Het betekent ook dat het internetgebruik van Nederlandse kinderen zich de laatste jaren ontwikkeld heeft tot een niveau dat vergelijkbaar is met dat van Amerikaanse kinderen. Deze inhaalslag moet pas in de laatste twee jaar hebben plaatsgevonden, want in 1999 waren Amerikaanse kinderen nog ongeveer anderhalf à twee maal zo vaak on line als Nederlandse. De snelle toename in de laatste twee jaar is waarschijnlijk het gevolg van de plotselinge hausse in gratis internetproviders die enkele jaren geleden intrad (Valkenburg, 1997; Valkenburg & Soeters, 2001).

Uit ons onderzoek onder 377 kinderen van zeven tot dertien jaar, dat in het voorjaar van 2001 werd uitgevoerd, blijkt dat 33% van de Nederlandse kinderen het internet één keer per week gebruikt. Ongeveer 20% gebruikt het een à twee keer per week en 10% elke dag. Als kinderen on line zijn, zijn ze dit gemiddeld een half uur tot een uur. Oudere kinderen (tien- tot dertienjarigen) gebruiken het internet frequenter dan jongere (zeven- tot negenjarigen), en zijn ook *langer* on line. Jongens en meisjes maken even vaak gebruik van het internet, en ze blijven, als ze het web opgaan, ook even lang on line.

Waarom gebruiken kinderen internet?

Gebruiken kinderen het internet vooral voor entertainment? Of gebruiken ze het vooral voor informatieve, communicatieve of sociale doeleinden? Deze vragen hebben we onderzocht onder kinderen van acht tot dertien jaar. Uit deze studie blijkt dat kinderen het internet vanuit verschillende motieven gebruiken. Het belangrijkste motief is *affiniteit met de computer*. Kinderen houden ervan om met de computer te werken en zijn nieuwsgierig naar wat het internet hun te bieden heeft. Een bijna even belangrijk motief om het internet te gebruiken is het zoeken naar *informatie* over hobby's en idolen en voor het vervullen van schoolopdrachten. *Entertainment* en *sociale interactie* (bijvoorbeeld nieuwe vrienden maken) zijn ook belangrijk, maar iets minder dan het zoeken naar informatie. De algemene motieven om internet te gebruiken verschillen niet voor meisjes en jongens. Oudere kinderen (elf- tot dertienjarigen) gebruiken het internet meer om informatie te zoeken dan jongere (acht- tot tienjarigen). Dit komt waarschijnlijk omdat oudere kinderen meer huiswerk hebben dan jongere en het internet meer gebruiken voor schoolopdrachten (Valkenburg & Soeters, 2001).

Wat vinden kinderen leuk aan internet?

Deze vraag hebben we onderzocht door kinderen spontaan een beschrijving te laten geven van een leuke ervaring op het internet. Het spelen van computergames werd het meest genoemd, door zowel meisjes (18%) als jongens (16%). Ook het bekijken en beluisteren van videoclips en liedjes werd vaak genoemd, door 17% van de meisjes en 10% van de jongens. Ten slotte noemden kinderen een bezoek aan een favoriete kinderwebsite vaak als positieve ervaring. Ook dit gold voor zowel meisjes (13%) als jongens (12%).

De spontane beschrijvingen van kinderen laten een paar belangrijke verschillen zien. In de eerste plaats noemden alleen jongens (7%) en geen van de meisjes het downloaden van *codes* en *cheats* als een leuke ervaring. Codes of cheats zijn stukjes software om de condities van een computerspel te verbeteren, bijvoorbeeld door meer levens of energie te verkrijgen. Ook beschreven alleen jongens (7%) en geen enkel meisje het stuiten op sensationele internetsites (geweld en porno) als een leuke ervaring.

Andere verschillen in de beschrijvingen waren dat meisjes meer op zoek blijken te gaan naar informatie, bijvoorbeeld over hun idolen of over dieren. Ook beschreven meisjes iets vaker dan jongens chatten en het ontmoeten van andere mensen als een leuke ervaring. Dit onderzoek laat zien dat jongens en meisjes niet zozeer verschillen in de tijd die ze aan internet besteden en ook niet in de algemene motieven om het internet te gebruiken, maar dat ze wel aanzienlijk verschillen in wat ze wel en niet leuk vinden op het net.

Hoe ziet de ideale kinderwebsite eruit?

Dit hebben we onderzocht door kinderen een aantal bekende activiteiten van kinderwebsites voor te leggen en hun te vragen hoe belangrijk ze het vonden dat die desbetreffende activiteiten op de website aanwezig waren. De antwoorden van deze kinderen, uitgesplitst voor jongens en meisjes, staan in tabel 6.2.

In tabel 6.2 staan de verschillende website-activiteiten zo gerangschikt dat de meest populaire bovenaan en de minst populaire onderaan staan. De tabel laat zien dat zowel jongens als meisjes games het belangrijkst vinden op een website. Andere belangrijke website-activiteiten zijn het vinden van informatie, het luisteren naar muziek, het downloaden van spelletjes en het downloaden van filmpjes. De rangorde van favoriete websitebezigheden is echter niet gelijk voor jongens en meisjes. Meisjes vinden het belangrijker om op een kindersite te chatten, e-mailen en digitale kaarten te versturen, terwijl jongens het belangrijker vinden om games en filmpjes te kunnen downloaden.

Tabel 6.2 'Op een leuke website moet ik...'

	Jongens % 'ja'	Meisjes % 'ja'
... spelletjes kunnen doen	84	87
... informatie kunnen vinden	81	79
... muziek kunnen luisteren	72	73
... spelletjes kunnen downloaden	82	59
... filmpjes kunnen downloaden	72	55
... kunnen chatten	56	71
... digitale kaarten kunnen sturen	46	61
... kunnen sms'en	38	41

Instant Messaging

Instant Messaging (IM) is een internetactiviteit waarbij je, zoals eerder duidelijk werd, via het internet met elkaar praat via tekst die vrijwel gelijktijdig in een scherm verschijnt. Voorbeelden van populaire Instant Messaging-programma's zijn ICQ (I seek you) en MSN Messenger van Microsoft. IM is enorm populair onder kinderen en jongeren. Jongeren lopen bij deze toepassing duidelijk voor op volwassenen. Een survey van Lenhart en collega's (2001) laat zien dat 66% van de twaalf- tot veertienjarige internetgebruikers IM gebruikt. Ter vergelijking: slechts 44% van de volwassenen maakt er gebruik van.

Tienermeisjes lopen in het geval van IM voor op jongens. De survey van Lenhart en collega's wijst uit dat 72% van de meisjes en 60% van de jongens van twaalf tot veertien jaar IM gebruikt. Dit is enerzijds opvallend, omdat de meeste nieuwe technologieën (videospellen, MUD's) aanvankelijk vooral worden gebruikt door het mannelijke geslacht. Anderzijds is het niet zo verrassend. De geschiedenis laat namelijk zien dat het vaak vrouwen zijn die communicatieve technologieën als eersten omarmen. Dit begon al toen de telefoon aan het eind van de negentiende eeuw op de markt kwam. Dit medium was aanvankelijk bedoeld om de efficiëntie in het bedrijfsleven te bevorderen. Men verwachtte niet dat er lange gesprekken gevoerd zouden worden, dus bestond de telefoonrekening uit vaste kosten per gesprek, onafhankelijk van de duur ervan. Al snel na de introductie werd de telefoonindustrie opgeschrikt door het massale gebruik van de telefoon door vrouwen. Een van de kleinere Amerikaanse telefoonbedrijven in die tijd, Indiana Telephone Company, die zich bedreigd voelde in zijn winstgevendheid, maakte in een openbare hoorzitting bezwaar: vrouwen hielden te lange gesprekken over onbelangrijke zaken en daar was de telefoon niet voor bedoeld. Tijdens deze zitting bleek vrijwel niemand anders bezwaar te hebben tegen de manier waarop vrouwen het medium gebruikten, en dus was er geen reden ertegen op te treden. Het duurde niet lang voordat de telefoonindustrie inzag dat vrouwen een belangrijke doelgroep vormden, en dat hun telefoongebruik zeer winstgevend kon zijn (Rakow, 1988; Van Zoonen, 2000).

De mobiele telefoon lijkt ongeveer een eeuw later eenzelfde patroon te volgen, zo blijkt uit marktonderzoek. Opnieuw zijn vrouwen de trendsetters. Dit keer zijn het echter vooral tienermeisjes. Ongeveer driekwart van de veertien- tot zestienjarige meisjes is in het bezit van een mobiele telefoon, tegenover 60% van de jongens van deze leeftijd (NOP Research Group, 2000). Hedendaagse meisjes gebruiken, evenals hun overgrootouders een eeuw geleden, de mobiele telefoon vooral om wat te kletsen en met vrienden in contact te blijven. Zoals duidelijk werd, hechten meisjes ook op het internet meer belang dan jongens aan communicatieve toepassingen (e-mailen, chatten en digitale kaarten).

Concluderend kan gesteld worden dat kinderen en jongeren bepalende gebruikers van veel interactieve mediatechnologieën zijn. Oudere kinderen en tieners maken er frequenter en langer gebruik van dan jongere kinderen. Er zijn geen belangrijke verschillen tussen jongens en meisjes in de tijd die ze aan het internet besteden en in hun algemene motieven om het internet te gebruiken. Er zijn wel enkele belangrijke verschillen in het soort technologie dat hun voorkeur geniet.

Gebruik van video- en computergames

Eerder in het hoofdstuk werd duidelijk dat veel wetenschappelijk onderzoek geen onderscheid maakt tussen video- en computerspellen. Dat maakt conclusies over het gebruik van deze spellen onbetrouwbaar, omdat beide typen spellen verschillend worden gebruikt door diverse doelgroepen. Videospellen worden, in tegenstelling tot alle andere media, relatief vaker gespeeld door kinderen uit gezinnen met een lage sociaal-economische status, terwijl dat bij computerspellen eerder andersom is. Ook is het gebruik van videospellen anders aan leeftijd gerelateerd dan dat van computerspellen. Videospellen worden bijvoorbeeld vooral gespeeld door acht- tot dertienjarigen, terwijl computerspellen relatief vaker door heel jonge kinderen en adolescenten worden gespeeld (Roberts et al., 1999; Woodard & Gridina, 2000).

Een serie onderzoeken, vooral die uit de jaren tachtig, laat zien dat jongens ongeveer drie keer zoveel tijd besteden aan videospellen als meisjes. Ook uit marktgegevens van spelfabrikanten uit die tijd blijkt dat circa driekwart van de videospellen naar het mannelijk geslacht ging. Het is in dit verband echter belangrijk om te weten dat deze vroege onderzoeken uitsluitend videospellen betroffen, want computerspellen waren er toen nog nauwelijks (zie bijvoorbeeld Dominick, 1984; Lin & Lepper, 1987; Kubey & Larson, 1990).

De grote verschillen in videospelgebruik tussen jongens en meisjes werden aan het begin van de jaren negentig als een serieus probleem gezien. Men ging ervan uit dat videospellen de entree tot de volwassen (computer)wereld vormden, waarin het kunnen werken met computers onontbeerlijk is. Men vreesde dat de kloof tussen jongens en meisjes groter zou worden, met het gevaar dat meisjes op latere leeftijd in een nadelige positie zouden geraken.

De aanvankelijke bezorgdheid over de gevolgen van verschillen in het videospelgebruik van jongens en meisjes is echter door steeds meer onderzoekers verlaten. Hoewel jongens in vergelijking met meisjes nog steeds drie tot vijf keer meer videospellen spelen, is de totale tijd die jongens en meisjes per dag aan de computer besteden niet significant verschillend: zowel jongens als meisjes besteden per dag gemiddeld ongeveer drie kwartier aan de computer. Ook blijkt dat de verschillen tussen jongens en meisjes bij computerspellen veel minder groot zijn dan bij videospellen. Tot zeven jaar besteden meisjes en jongens evenveel tijd aan computerspellen. In de leeftijdsgroep van acht tot dertien jaar spelen jongens iets meer, maar dit verschil betreft maar een paar minuten (negentien versus elf minuten). Alleen bij adolescenten is het verschil tussen jongens en meisjes groter: mannelijke adolescenten van veertien tot achttien jaar spenderen gemiddeld zestien minuten per dag aan computerspellen, en hun vrouwelijke leeftijdgenoten slechts vijf minuten (Roberts et al., 1999).

Het afnemen van de sekseverschillen in het gebruik van interactieve media sinds de tweede helft van de jaren negentig, heeft misschien te maken met het feit dat de videogamecultuur meer dan de computergamecultuur een gewelddadige machowereld vertegenwoordigt. Hoewel er ook talloze gewelddadige computerspellen zijn, is het aanbod van computerspellen wel breder dan dat van videospellen. Educatieve spellen zijn bijvoorbeeld vrijwel allemaal computerspellen. Dit verschil blijkt duidelijk uit een onderzoek van Roberts en collega's (1999). In dit onderzoek werd aan kinderen die de vorige dag een video- of computerspel hadden gespeeld, gevraagd wat voor type spel dit was. Bij de videospellen bleek 42% van de kinderen een actiespel te hebben gespeeld, terwijl dit bij computerspellen slechts 19% van de kinderen betrof. Daarnaast bleek dat in het geval van computerspellen 28% van de kinderen een educatief spel noemde, terwijl bij de videospellen *geen* van de kinderen een educatief spel had gespeeld.

De afnemende sekseverschillen in het gebruik van computerspellen lijken ook op te gaan voor Nederlandse kinderen. Zoals eerder duidelijk werd, beschrijven meisjes het spelen van webgames minstens even vaak als een positieve ervaring als jongens. Meisjes vinden het ook minstens even belangrijk als jongens om op een website webgames te kunnen spelen. Jongens en meisjes houden wel van andere typen spellen. Dat blijkt bijvoorbeeld uit onze bevinding dat alleen jongens en geen meisjes het downloaden van codes en cheats als een leuke ervaring beschreven. Codes en cheats worden immers relatief vaak gebruikt in gewelddadige actiespellen.

Concluderend kan gesteld worden dat er misschien aanvankelijk gegronde reden tot bezorgdheid is geweest over een mogelijk ongelijke toegang van jongens en meisjes tot interactieve media, maar dat er nu weinig reden tot zorg meer is. De hier geboden inzichten maken tevens duidelijk dat het belangrijk is om in toekomstig onderzoek een helder onderscheid te maken tussen video- en computerspellen.

Wat is de aantrekkingskracht van video- en computergames?

Zowel de computer als het internet worden wereldwijd door kinderen het meest frequent gebruikt om *games* te spelen. Computergames hebben blijkbaar een universele aantrekkingskracht op kinderen. Dit komt in de eerste plaats door de inhoud en de kwaliteit van de spellen. Fabrikanten van computerspellen houden bijzonder goed rekening met de voorkeuren van hun doelgroep en volgen nauwlettend nieuwe trends in de jongerencultuur. De nieuwste generatie computerspellen biedt actie, snelheid, aantrekkelijke muziek, mooie geluidseffecten en 'graphics' van filmkwaliteit. Computerspellen hebben daarnaast nog verschillende andere kenmerken die kinderen en jongeren aan het scherm gekluisterd houden.

Uitdagingen op het juiste niveau. Kwalitatief goede computerspellen zijn zo geprogrammeerd dat ze de speler een continue uitdaging bieden die nog net binnen zijn mogelijkheden ligt. De meeste spellen zijn in het begin relatief gemakkelijk en worden gedurende het spel steeds moeilijker. Op deze manier gaat de speler op elk niveau een moeilijke, maar nog net te overwinnen uitdaging aan. En niemand is zo tevreden als wanneer moeilijke hindernissen toch overwonnen worden. Dit prettige gevoel bij het overwinnen van hindernissen is te verklaren met de theorie van de opwindingsoverdracht van Zillmann (1978), die in hoofdstuk 4 aan de orde kwam. Het overwinnen van hindernissen is een activiteit die ervoor zorgt dat de arousal, de fysieke opwinding, bij kinderen toeneemt. Als de hindernis eenmaal overwonnen is, ervaart het kind opluchting. Maar omdat het zich nog steeds in een verhoogde staat van opwinding bevindt, is het gevoel van opluchting extra intensief. Met andere woorden, kinderen die eerst een beetje in spanning hebben gezeten, voelen zich, zodra de hindernis genomen is, extra opgelucht en tevreden. En dat verklaart wellicht waarom het overwinnen van hindernissen in computerspellen zo'n prettige ervaring is.

Mogelijkheden voor actieve controle. In tegenstelling tot televisiekijken bieden computerspellen de mogelijkheid tot actieve controle. De meeste spellen laten ruimte voor vrije keuze. De speler kan elementen bepalen zoals kleur, achtergrond, moeilijkheid, karakter en bloed of geen bloed. In sommige spellen wordt het verloop van het verhaal zelfs voor een groot deel door de speler bepaald. Volgens Fritz (1995) vinden juist kinderen die worstelen met hun eigen fysieke en emotionele ontwikkeling het prettig om controle te hebben over hun spel. Video- en computerspellen bieden hun gelegenheid om tijdelijk alles volledig onder controle te hebben, en dat geeft een goed gevoel.

Kansen op succes. Bij het kijken naar films kan een toeschouwer alleen de successen en belevingen van anderen via empathie meebeleven. Bij computerspellen ervaart de speler zelf de successen en beloningen. Net als bij sportbeoefening en het maken van muziek krijgt de speler onmiddellijk 'feedback' op zijn handelingen. Als de voorafgaande actie succesvol is geweest, wordt de speler direct beloond. Deze tussentijdse beloningen vormen een sterke stimulans om door te spelen.

Prikkeling van de nieuwsgierigheid. Computerspellen doen een sterk beroep op de nieuwsgierigheid van spelers. Ten eerste omdat er net zoals bij een boek of een tv-serie sprake is van een spannend verhaal, waarvan de speler de afloop wil weten. Maar ook omdat er tijdens het spel voortdurend dingen gebeuren die de nieuwsgierigheid prikkelen. Een speler kan bijvoorbeeld op een geheim cassettebandje stuiten of op een dichte doos of deur die hij zelf moet openen. Dit is anders dan bij films, waarin de nieuwsgierigheid uitsluitend wordt geprikkeld door tijdelijk informatie achter te houden. Computerspellen doen een extra beroep op de nieuwsgierigheid, omdat een antwoord op dit soort geheimzinnige raadsels vaak nodig is om verder te kunnen spelen (Grodal, 2000).

Mogelijkheid tot identificatie. Video- en computerspellen hebben alle essentiële kenmerken waarvan bekend is dat ze kunnen leiden tot intense betrokkenheid en identificatie. Ze bieden superhelden in alle maten en vormen, die opereren in een fantasiewereld vol mysterieuze krachten en bizarre avonturen. Dit alles in een sfeer en met muziek die naadloos aansluiten bij de laatste trends in de jongerencultuur. Ook maken veel spellen gebruik van het 'eerstepersoonsperspectief'. Dat wil zeggen dat de speler de spelomgeving ervaart vanuit het gezichtspunt van de held. Deze aanpak verhoogt natuurlijk de identificatie. De speler wordt zelf hoofdpersoon:

> 'Ja het is sowieso dat ik me in een computerspel inleef... Ik schrik soms zo bij *Doom* dat het voor mij gewoon... dat mijn hart echt dunkedunk... dat ik echt denk van shit en soms denk ik gewoon: dit wil ik niet spelen. Zoals bij *Doom* daar was één kamer... in het donker moest je spelen, je zag alleen maar geweervuur uit de mond van de ander z'n geweer en dan kon je daarnaartoe schieten en dan hoorde je het geschreeuw of je hem geraakt had of niet. Nou toen zei ik: Dit speel ik niet, dus ik heb een code gehaald dat het licht aanging.
> Mathijs, 14 jaar.[2]

Mogelijkheid om samen te spelen. Veel spellen bieden de mogelijkheid om samen te spelen, al dan niet via het web. Dit wordt ook door veel kinderen gedaan. In een onderzoek van Van Schie en collega's (1996) werd gevonden dat 68% van de kinderen meestal video- of computerspellen samen met andere kinderen speelt. Het spelen van games op het web is een opwindende ervaring. Gamesites bieden de mogelijkheid om tegen vreemde of bekende gamers te spelen. Het is niet bekend hoe vaak kinderen gebruikmaken van deze interactieve gamesites. Wel is bekend dat zowel jongens als meisjes het spelen van webgames van alle internetactiviteiten het vaakst als een positieve ervaring noemen.

Effecten van interactieve media

Effectonderzoek naar het gebruik van interactieve media staat voor het grootste gedeelte nog in de kinderschoenen. Het meeste onderzoek heeft zich tot op heden gericht op computerspellen, en in veel mindere mate op het internet. Over de effecten van interactieve media op kinderen zijn de meningen sterk verdeeld. Voorstanders noemen meestal de positieve effecten, zoals een verbetering van de oog-handcoördinatie, het ruimtelijk inzicht en de mogelijkheid om samen te spelen. Tegenstanders stellen dat interactieve media te veel tijd wegnemen van andere activiteiten, zoals huiswerk, lezen en sport. Ook zijn tegenstanders van mening dat interactieve media kinderen eenzaam maken en hun sociale contacten verarmen, of dat ze de creativiteit van kinderen doden, omdat spelers vaak niet meer hoeven te doen dan het nauwgezet volgen van vooropgestelde regels. Ten slotte zijn sommige tegenstanders ervan overtuigd dat gewelddadige computerspellen kinderen agressief maken. In dit laatste deel van het hoofdstuk bespreek ik aan de hand van het wetenschappelijk onderzoek dat tot op heden is uitgevoerd een aantal positieve en negatieve effecten van interactieve media die in de onderzoeksliteratuur aandacht hebben gekregen. Ik maak daarbij een indeling in fysieke, cognitieve, en emotionele en sociale effecten.

Fysieke effecten

Kunnen kinderen epileptische toevallen van interactieve media krijgen? En hoe zit het met de effecten van computergebruik op RSI (*Repetitive*

Strain Injury) bij kinderen? Er zijn twee fysieke effecten van computerspellen waarover onderzoeksliteratuur bestaat, onderzoek naar het effect van
de spellen op epileptische toevallen tijdens of na het spelen, en onderzoek
naar het effect van de spellen op RSI, of een aan RSI gerelateerde aandoe-
ning: de Nintendo-duim. Beide effecten bespreek ik hieronder.

Epileptische toevallen. Vooral in de jaren tachtig verschenen er met enige
regelmaat berichten in de pers over kinderen die epileptische toevallen
kregen als gevolg van het spelen van videospellen. Dit verschijnsel heeft
ook in de wetenschappelijke literatuur veel aandacht gekregen. Deze epileptische toevallen worden vooral veroorzaakt door een specifieke vorm
van epilepsie, fotosensitieve epilepsie, waarbij een kind overgevoelig is
voor de lichtflikkeringen op beeldschermen, maar ze kunnen ook voorkomen bij andere vormen van epilepsie. De symptomen variëren van
hoofdpijn en veranderingen in het gezichtsveld tot toevallen, zenuwtrek-
kingen, duizeligheid, verwarring en bewustzijnsverlaging. De symptomen verdwijnen zodra het kind niet meer speelt. De kans erop neemt ook
af naarmate kinderen verder van het scherm af zitten (meer dan een
meter) en de kwaliteit van het beeldscherm beter is: 100Hz-beeldscher-
men blijken veiliger dan 50Hz-beeldschermen (Badinand-Hubert et al.,
1998; Graf et al., 1994).

RSI en 'Nintendonitis'. Bij sommige spellen zitten kinderen intens gecon-
centreerd en gespannen voor het scherm. Als ze te lang in deze houding
zitten, lopen ze, net als volwassenen, het risico van RSI (Repetitive Strain
Injury): pijn in de elleboog en pols of geen gevoel meer in de onder- of
bovenarm. Met het toenemende gebruik van computers onder kinderen,
is RSI net als bij volwassenen een groeiend probleem. Een speciale vorm
van RSI bij kinderen is een verschijnsel dat in de literatuur Nintendonitis
wordt genoemd. Dit is een woordspeling op de medische term tendinitis,
een peesontsteking. Nintendonitis of een Nintendo-duim is het pijnlijke
gevolg van langdurige en snelle bewegingen met de duim op de controller
(het besturingsapparaat) van spelcomputers (Macgregor, 2000).

Cognitieve effecten

Cognitieve effecten zijn effecten die met kennis en begrip te maken hebben. Er is een aantal onderzoeken naar de effecten van computertoepassingen in de schoolsituatie. Deze onderzoeken vonden bijvoorbeeld dat de kennis van kinderen over biologie of meteorologie toeneemt door het gebruik van bepaalde computertoepassingen (zie Roschelle et al., 2000, voor een overzicht). Op dit soort onderzoek ga ik in dit boek niet in. Ik bespreek het onderzoek naar het effect van interactieve media in de *huissituatie*. Dit soort onderzoek is meer gericht op de onbedoelde, informele leereffecten van interactieve media. Ik bespreek onderzoek naar de volgende drie cognitieve effecten: intelligentie, creativiteit en oog-handcoördinatie.

Intelligentie.   Sommige onderzoekers menen dat kinderen intelligenter worden door het gebruik van de computer en het spelen van computerspellen. In hoofdstuk 1 werd al duidelijk dat de scores op IQ-tests gedurende de laatste decennia snel toenemen. Deze toename in intelligentie blijkt vooral op te gaan voor non-verbale tests, waarbij figuratieve factoren een belangrijke rol spelen (Flynn, 1999). Omdat de opdrachten in dit soort intelligentietests vaak lijken op bepaalde taken in computerspellen, gaan sommige onderzoekers ervan uit dat computerspellen de verhoogde intelligentiescores veroorzaken (Greenfield, 1998; Neisser, 1998).

Om de hypothese dat de computer kinderen intelligenter maakt te bevestigen, zou aangetoond moeten worden dat de verschillen in intelligentie die *tussen* verschillende generaties kinderen zijn gevonden, ook opgaan voor kinderen *binnen* generaties. Met andere woorden, als computers en computerspellen inderdaad verantwoordelijk zijn voor de verschillen in intelligentie tussen generaties, dan moeten kinderen uit eenzelfde generatie die de computer veel en weinig gebruiken ook verschillen in intelligentie. Hoewel er wel enige studies bestaan die kleine tot matige effecten op leerprestaties hebben gevonden, is er tot op heden geen onderzoek dat aantoont dat hedendaagse kinderen die veel aan de computer zitten intelligenter zijn dan kinderen die dit niet doen.

Er zijn wel aanwijzingen dat een bepaalde vorm van intelligentie, namelijk *ruimtelijk inzicht*, door het spelen van computerspellen gestimuleerd kan worden. Bij ruimtelijk inzicht gaat het erom de vorm van objecten te onthouden, en te begrijpen hoe deze in of bij andere objecten passen. In bijna elke intelligentietest is ook een test voor ruimtelijk inzicht opgenomen. Er zijn verschillende onderzoeken die aantonen dat kinderen die vaak spellen spelen een beter ruimtelijk inzicht ontwikkelen. In een onderzoek van Okagaki en Frensch (1994) bijvoorbeeld, speelde een groep tieners zes uur lang het puzzelspel *Tetris*. Geen van de tieners had ervaring met dit spel. Na zes uur *Tetris* spelen was bij zowel de jongens als de meisjes het ruimtelijk inzicht verbeterd. Niet alleen puzzelspellen bevorderen het ruimtelijk inzicht, ook andere spellen hebben deze potentie (Greenfield, Brannon et al., 1994; Subrahmanyam & Greenfield, 1994).

Creativiteit. Sommige mensen zijn ervan overtuigd dat computerspellen kinderen minder creatief maken, omdat de spellen aan de hand van tevoren vastgestelde regels moeten worden gespeeld, zodat er niets overblijft om zelf uit te vinden. Op deze argumentatie is bij voorbaat al het een en ander af te dingen. Het is inderdaad niet goed voor de creatieve ontwikkeling van kinderen als ze te eenzijdig worden geconfronteerd met spellen die gebonden zijn aan vaste regels, zoals mens-erger-je-niet en ganzenbord. Het is echter onjuist te veronderstellen dat alle video- en computerspellen spellen met vooropgestelde regels zijn. In sommige spellen kunnen kinderen hun fantasie geheel de vrije loop laten. Ze kunnen onder meer tekeningen maken, muziek componeren en creatieve verhalen schrijven.

Er is tot op heden geen onderzoek dat aantoont dat computerspellen kinderen creatiever kunnen maken. Er is wel een studie die heeft aangetoond dat kinderen die een half jaar lang in de klas met het computerprogramma *Logo* hadden gewerkt, creatiever waren dan kinderen die niet met dit programma hadden gewerkt (Clements, 1991). *Logo* is een computerprogramma, ontworpen door Seymour Papert, waarmee kinderen, via instructies aan een schildpadje, lijnen en figuren op een beeldscherm kunnen tekenen. Hoewel er tot op heden geen onderzoek is dat aantoont dat computerspellen kinderen creatiever kunnen maken, is het wel denkbaar dat bepaalde adventures, RPG's en simulatiespellen die ontworpen zijn om de creativiteit van kinderen te stimuleren, dit ook daadwerkelijk doen (zie Valkenburg, 2001).

Oog-handcoördinatie. Oog-handcoördinatie is de vaardigheid om hetgeen met de ogen wordt gezien onmiddellijk met de handen uit te voeren.

Oog-handcoördinatie is belangrijk bij bijvoorbeeld typen. Maar ook bij het bedienen van machines en het besturen van auto's, treinen en vliegtuigen. Voor tandartsen, horlogemakers en alle andere beroepen die fijne vingerbewegingen vereisen, is een goede oog-handcoördinatie onontbeerlijk. Sommige typen computerspellen, vooral de platform- en actiespellen, vergen een verregaande oog-handcoördinatie, en veel onderzoekers gaan er dan ook van uit dat deze spellen de oog-handcoördinatie stimuleren (bijvoorbeeld Griffith et al., 1983).

Het onderzoek naar de vraag of computerspellen inderdaad de oog-handcoördinatie stimuleren is echter beperkt. In een onderzoek van Gagnon (1985) werd geen effect gevonden, maar in dit onderzoek werd de oog-handcoördinatie gemeten via een papieren test, waarop kinderen snel met een potlood punten in cirkels moesten plaatsen. Het is natuurlijk mogelijk dat deze meting te ver afstaat van de oog-handcoördinatie die computerspellen vereisen. Daarbij gaat het immers om het volgen van bewegende objecten. Drie andere onderzoeken, waarin tests werden gebruikt die binnen de bovenstaande definitie van oog-handcoördinatie vallen, vonden wel een positief effect (Greenfield, De Winstanley et al., 1994; Griffith et al., 1983; Kuhlman & Beitel, 1991).

Emotionele en sociale effecten

Worden kinderen eenzaam als ze te veel internetten? Ondermijnen interactieve media de gezinsrelaties? Worden kinderen wel eens bang van dingen die ze op internet meemaken? Worden kinderen agressief van gewelddadige computerspellen? In dit laatste onderdeel geef ik een overzicht van de stand van zaken met betrekking tot het onderzoek naar de emotionele en sociale effecten van interactieve media. Ik begin met een bespreking van de verdringingshypothese. Daarna komen de effecten van interactieve media op gezinsrelaties en op vriendschapsvorming aan de orde. Ten slotte bespreek ik mogelijke effecten op angst en ongemak, en op agressie.

Verdringingseffecten. Veel ouders en onderwijzers zijn bezorgd dat de tijd die kinderen aan interactieve media besteden ten koste gaat van andere activiteiten die goed zijn voor hun ontwikkeling, zoals huiswerk, sport, muziek en de omgang met leeftijdgenoten. Er is niet veel onderzoek dat verdringingseffecten van computers heeft onderzocht. Het onderzoek dat er is, richt zich meestal op de vraag in hoeverre het toegenomen gebruik van computers de televisiekijktijd doet afnemen (zie Subrahmanyam et al., 2001).

Computerspellen hebben een aantal specifieke eigenschappen om kinderen aan het scherm gekluisterd te houden, zoals duidelijk werd. Uit een onderzoek van Egli en Myers (1984) blijkt dat kinderen die net een nieuw computerspel hadden gekregen, de eerste weken niets liever deden dan aan hun spelcomputer zitten. Maar bij de meeste kinderen was na een paar weken de lol er alweer een beetje af. Hun speelfrequentie was weer gedaald tot het niveau van voor het spel. Een kleine groep kinderen en tieners blijft echter wél langdurig in de ban van de spelcomputer, in de zin dat ze rusteloos worden als ze niet meer kunnen spelen en wel eens andere sociale activiteiten opofferen om te kunnen spelen. Een survey van Griffiths en Hunt (1995) laat zien dat 7% van de twaalf- tot zestienjarigen meer dan 4,5 uur per dag met computerspellen speelt. Het is duidelijk dat bij deze kinderen het spelen van computerspellen wel ten koste dreigt te gaan van allerlei andere activiteiten (Griffiths, 1998).[3]

Gezinsrelaties. Veel interactieve media nodigen uit tot een relatief individueel gebruik, en het is daarom interessant om te weten of en hoe nieuwe media van invloed kunnen zijn op de communicatie en relaties binnen het gezin. Hier is tot op heden nog nauwelijks onderzoek naar gedaan. Een studie die in de begintijd van de spelcomputer werd uitgevoerd, laat zien dat de spelcomputer een positieve invloed had op de gezinsrelaties. De spelcomputer bracht ouders en kinderen bijeen om samen videospellen te spelen en nieuwe dingen te ontdekken (Mitchel, 1985). Het is echter de vraag of deze bindende functie van de spelcomputer nog steeds bestaat nu de meeste kinderen een computer of spelcomputer op hun eigen kamer hebben, en het niveau van hun technologische kennis zich soms ver verheven heeft boven dat van hun ouders.

Het is in dit verband interessant om een vergelijking met de televisie te maken. Toen de televisie haar intrede deed, had zij ook een integrerende functie in het gezin. De televisie was aanvankelijk vaak een soort huisbioscoop, waar gezinsleden en buurtgenoten samen van konden genieten. Deze functie van televisie is echter in de loop van de tijd geheel verdwenen, en wel door verschillende oorzaken. Niet alleen is het televisieaanbod in de laatste decennia verveelvoudigd en hebben verreweg de meeste gezinnen twee of meer tv-toestellen in huis, ook de afstandsbediening speelt een belangrijke rol in de fragmentatie van het gezinspubliek. In veel gezinnen wordt de afstandsbediening voornamelijk bediend door slechts één, soms twee gezinsleden (vaker mannen dan vrouwen), die door hun geërgerde gezinsleden weg te jagen (bewust of onbewust) het groepskijken ontmoedigen (Walker & Bellamy, 2001).

Er zijn ook niet veel aanwijzingen dat de hedendaagse computer en spelcomputer een bindend effect op de gezinsrelaties hebben. Een studie van Roberts (2000) onder jongeren liet zien dat 61% van de twaalf- tot zeventienjarigen het internet meestal alleen gebruikt en dat 64% van hen meestal alleen computerspellen speelt. Uit een onderzoek van Turow en Nir (2000) bleek dat 50% van de ouders dacht dat leden van gezinnen die veel tijd on line besteden, minder met elkaar praten dan ze anders zouden doen. Een onderzoek van Kraut en collega's (1998) bevestigt ten slotte ook dat het gebruik van internet samengaat met een kleine, maar significante, afname in de gezinscommunicatie.

Samenvattend kan gesteld worden dat het onderzoek dat tot op heden is uitgevoerd te beperkt is om te concluderen dat het internet en computerspellen gezinsrelaties *ondermijnen*. Het onderzoek suggereert in ieder geval *niet* dat interactieve media de gezinsrelaties en -communicatie bevorderen.

Vriendschapsvorming en eenzaamheid. Kinderen en jongeren gebruiken het internet zeer geregeld voor communicatie en sociale interactie. Het staat voor sommige onderzoekers echter in het geheel niet vast of de communicatie via het internet wel zo bevorderlijk is voor de sociale ontwikkeling van kinderen en tieners. Men is bijvoorbeeld bezorgd dat de on line sociale contacten die via het internet worden gevormd een substituut zijn voor off line contacten en vriendschappen. De gedachte hierbij is dat on line contacten in het algemeen oppervlakkiger zijn dan off line contacten met vrienden.

Er zijn tot op heden echter weinig aanwijzingen dat het internet voornamelijk tot oppervlakkige contacten leidt. In een onderzoek van Kraut en collega's (1998) werd gevonden dat jongeren veel on line contact hadden met hun eigen vrienden, maar dat het internet ook veel gebruikt werd om nieuwe vrienden te maken. Een survey van Finkelhor en collega's (2000) onder 1500 Amerikaanse kinderen laat zien dat 16% van de jongeren van tien tot zeventien jaar in het laatste jaar wel eens een hechte vriendschap had ontwikkeld met leeftijdgenoten die ze on line hadden ontmoet. Een hechte vriend(in) werd gedefinieerd als iemand met wie je kunt praten over dingen die belangrijk voor je zijn.

Ook andere onderzoeken laten zien dat internetvriendschappen onder jongeren een veelvoorkomend verschijnsel zijn. In een survey van Lenhart en collega's (2001) onder 754 tieners van twaalf tot zeventien jaar, vertelde 48% van de respondenten dat het internet de relaties met hun vrienden had verbeterd, en 32% dat het internet hen hielp bij het maken van nieuwe vrienden. De meeste tieners (61%) vonden niet dat internet tijd wegneemt die ze normaal met hun vrienden zouden doorbrengen. Een kleine groep (10%) dacht wel dat ze door het internet minder tijd met hun vrienden doorbrachten. Daar stond dan tegenover dat ze meer konden communiceren met vrienden die ver weg woonden, want dat gebeurde door het internet veel vaker.

Een speciaal geval van communicatie via het internet vindt plaats via de MUD's. Het is gebruikelijk om in MUD's te experimenteren met je identiteit. Kinderen en jongeren kunnen zich voordoen als iemand die ouder is, van het andere geslacht, of zelfs als iemand zonder geslacht. Hoe staan MUD-bezoekers tegenover on line vriendschappen? Dit werd onderzocht in een studie van Parks en Roberts (1998) onder 235 MUD-deelnemers, die voor het grootste deel uit adolescenten bestonden. Bijna alle deelnemers aan het onderzoek hadden op zijn minst één persoonlijke relatie ontwikkeld tijdens hun deelname aan de MUD. De meesten hadden tussen de vier en vijftien contacten opgedaan. Er werden verschillende typen relaties ontwikkeld, maar de meeste contacten werden door de respondenten geclassificeerd als nauwe vriendschappen (41%), vriendschappen (26%), en romantische relaties (26%). Er bleken significante verschillen te bestaan in de tijd die aan de verschillende vriendschappen werd besteed. Romantische relaties vroegen de meeste tijd, gevolgd door nauwe vriendschappen en vriendschappen.

Een deel (38%) van de respondenten die een persoonlijke relatie waren begonnen, had de persoon in kwestie werkelijk ontmoet. Persoonlijke ontmoetingen vonden het meest plaats bij romantische relaties en nauwe vriendschappen. Slechts 8% van de respondenten had elkaar direct ontmoet. De meesten hadden eerst een aantal andere kanalen gebruikt, zoals e-mail, telefoon, kaarten, brieven en het uitwisselen van foto's.

Samenvattend kan gesteld worden dat de hier besproken studies weinig aanleiding geven tot de veronderstelling dat het internet kinderen en jongeren isoleert van leeftijdgenoten en sociale contacten. Nu is er uiteraard nog veel te weinig bekend over de sociale effecten van *excessief* internetgebruik. Net als bij andere media is het immers aannemelijk dat er ook bij het internet een kleine groep van gebruikers bestaat die zo veel on line zijn dat het een obsessief karakter krijgt en dat het allerlei off line bezigheden verdringt. Er is nog geen onderzoek gedaan naar de prevalentie van dit soort excessief internetgebruik onder kinderen en adolescenten en naar de mogelijke implicaties hiervan.

Angst en ongemak. Op het internet kunnen kinderen drie risico's lopen. In de eerste plaats kunnen ze net als bij de traditionele media zoals televisie en film in aanraking komen met gewelddadige of pornografische inhoud, die ze van streek kan maken. Het internet heeft echter nog twee extra risico's. Kinderen kunnen *on line* lastiggevallen worden, in chatrooms of via e-mail- of IM-boodschappen, en ze kunnen daarnaast ook *off line* lastiggevallen worden, als ze hun adres prijsgeven en/of een persoonlijke ontmoeting regelen.

Het eerstgenoemde risico van het internet komt geregeld voor. In een survey van Mitchel en collega's (2001) onder Amerikaanse kinderen van tien tot zeventien jaar, werd gevonden dat een kwart van de kinderen in het laatste jaar wel eens ongewild op seksualiteit was gestuit. Dit gebeurde tijdens het surfen (via *searches*, verkeerd gespelde adressen, en het al of niet per ongeluk aanklikken van links) of door spammail te openen en op links in die mails te klikken. 23% van de kinderen die op dit materiaal was gestuit, was 'erg' of 'extreem' van streek of beschaamd geraakt door het geziene.

Het tweede risico van internet, *on line harassment* (beledigingen, dreigementen met fysiek geweld), had 6% van de kinderen in het laatste jaar meegemaakt. Deze bedreigingen kwamen het meest voor in chatrooms (33%), via IM (32%), en e-mail (19%). De bedreigingen kwamen in bijna tweederde (62%) van de gevallen van een onbekende. 33% van de kinderen die on line lastig waren gevallen was 'zeer' of 'extreem' bang van de bedreigingen geworden. De bedreigingen kwamen meer voor bij oudere dan bij jongere kinderen.

Off line harassment had geen van de kinderen meegemaakt. Wel had 16% van de kinderen wel eens nauwe on line vriendschappen ontwikkeld, waarvan 3% met een volwassene. Dit gebeurde meestal via chatrooms of MUD's. In de meeste gevallen (69%) was er bij deze vriendschappen ook contact buiten het web geweest, via de telefoon of de standaard post. Soms waren er ook ontmoetingen geweest tussen kinderen en volwassenen. Een meisje van zestien vertelde dat ze via internet in contact was gekomen met een man van tussen de dertig en veertig. Ze hadden een afspraakje met elkaar gemaakt op een publieke plaats. De man wilde met haar naar bed, maar dat had ze geweigerd.

Ook uit een van onze eigen surveys onder kinderen van acht tot dertien blijkt dat een kleine groep kinderen ervaring heeft met on line harassment, maar dat off line harassment niet of nauwelijks voorkomt. De hiervoor besproken surveyresultaten suggereren wel dat off line contact met mede-internetgebruikers iets is dat geregeld voorkomt onder kinderen. Off line harassment is daarom wel een *potentieel* risico van het internet waarmee serieus rekening gehouden moet worden (zie ook Finkelhor et al., 2000; Valkenburg & Soeters, 2001).

Agressie. Er zijn de laatste twee decennia enige tientallen studies uitgevoerd naar de invloed van video- en computerspellen als *Mortal Kombat* en *Dactyl Nightmare* op het agressieve gedrag van kinderen en jongeren. Ook zijn er in het begin van het nieuwe millennium vrijwel tegelijkertijd twee meta-analyses over dit onderwerp gepubliceerd. Meta-analyses zijn studies waarin de resultaten van alle eerdere studies opnieuw worden geanalyseerd en geëvalueerd (zie hoofdstuk 3). Beide meta-analyses rapporteren een correlatie tussen gewelddadige video- en computerspellen en agressief gedrag die in de literatuur wordt geclassificeerd als klein tot middelgroot. Sherry (2001) vond een correlatie van $r = .15$, en Anderson en Bushman (2001) vonden een iets hogere correlatie van $r = .19$.

Als we de resultaten van deze meta-analyses vergelijken met de meta-analyses over het effect van televisie- en filmgeweld, dan moet geconcludeerd worden dat het effect van video- en computerspellen lager is, want in de meta-analyse van Paik en Comstock (1994) werd een correlatie van $r = .31$ gevonden. Dit verschil in effectgrootte heeft misschien te maken met het feit dat in vroege videospellen het geweld nog weinig geloofwaardig was. Zowel Anderson en Bushman als Sherry hebben een groot

aantal empirische studies uit de jaren tachtig in hun analyses opgenomen. In die tijd waren de videospellen nog van een kwaliteit die niet met
televisiegeweld te vergelijken was, zoals onderstaande passage uit *Vrij
Nederland* uit 1994 illustreert:

> '... *De poppetjes op het* Mortal Kombat-*huisscherm bewegen houterig... Het
> beeld bij het spel is tientallen keren onscherper dan een gewoon televisiebeeld.
> Ook de plaatjes van* Night Trap *zijn zo vaag dat ze eerder aan een grofgebroken
> mozaïek doen denken dan aan een filmbeeld.'*[4]

Sherry (2001) vond dat de effecten op agressief gedrag groter waren bij
recent uitgekomen video- en computerspellen. Deze bevinding biedt,
zonder dat Sherry dit wellicht beseft, een verklaring waarom Anderson
en Bushman in hun meta-analyse een groter effect vonden dan Sherry.
Anderson en Bushman hebben een relatief groter percentage recente
studies in hun meta-analyse opgenomen. Om precies te zijn bestond de
meta-analyse van Anderson en Bushman voor 44% uit studies uitgevoerd
in de jaren tachtig en die van Sherry voor 60%. Het is daarom zeer goed
mogelijk dat toekomstige meta-analyses over het effect van video- en
computerspellen correlaties laten zien die met die van Paik en Comstock
overeenkomen.

Hoewel de meta-analyses duidelijk laten zien dat video- en computerspellen agressief gedrag kunnen bevorderen, is het uiteraard minstens
even belangrijk om te weten hoe dit gebeurt. Aangezien de beeld- en
geluidskwaliteit van de laatste generatie video- en computerspellen sterk
overeenkomt met die in films, zijn sommige verklaringen voor de
invloed van film- en tv-geweld zeker bruikbaar om het effect van gewelddadige spellen te analyseren.

Observationeel leren. De observationele leertheorie van Bandura houdt in
dat kinderen agressief gedrag van tv leren door het agressieve gedrag van
tv-helden te observeren en vooral de consequenties ervan. Dit leren van
tv vindt met name plaats wanneer het kind zich met de tv-held identificeert en wanneer het agressieve gedrag van de tv-held beloond wordt.
Video- en computerspellen bieden spelers legio identificatiemogelijkheden. De helden zijn net als televisiehelden mooi, slim, machtig en sterk.
In veel games speelt de speler het spel zelfs vanuit het perspectief van de

hoofdfiguur, hetgeen de identificatiemogelijkheden nog extra stimuleert.

Ook het beloningsaspect van Bandura speelt in video- en computerspellen een grote rol. In veel video- en computerspellen wordt de speler bij iedere goed uitgevoerde geweldactie immers direct beloond. Dit gebeurt in de vorm van extra levens, *power*, *energy* of *ammunitie* of via rechtstreekse complimenten: '*You are the supreme warrior.*' Gewelddadige videospellen leren spelers dezelfde lessen als gewelddadige films en tv-series: geweld loont en het is een succesvol middel om conflicten op te lossen.

Opzwepend geweld in video- en computerspellen.   De tweede verklaring voor de invloed van tv-geweld, zoals in hoofdstuk 3 weergegeven, is dat opzwepende geweldprogramma's kinderen zo onrustig maken dat ze na afloop agressiever worden in hun spel en omgang met andere kinderen. Ook deze verklaring is van toepassing op de video- en computerspelsituatie, omdat ook video- en computerspellen een intense fysieke opwinding (arousal) bij kinderen teweeg kunnen brengen. In de meta-analyse van Anderson en Bushman (2001) werd een significant positieve correlatie van $r = .22$ gevonden tussen het spelen van computerspellen en fysieke opwinding. In gewelddadige computerspellen wordt het geweld meestal gecombineerd met veel actie, snelheid en opzwepende muziek. Het is daarom zeer waarschijnlijk dat kinderen na het spelen van dit soort spellen, net als bij film- en tv-geweld, onrustig blijven en daardoor agressief gedrag vertonen in hun spel en omgang met andere kinderen.

Cognitieve scripttheorie, priming en gewenning.   Ook de verklaringen die de cognitieve scripttheorie, de primingtheorie en de gewenningstheorie bieden, gaan op voor de invloed van agressieve computerspellen (zie hoofdstuk 3). Als film- en televisiegeweld in staat zijn om kinderen agressieve scripts aan te leren, en agressieve gedachten te *primen*, zullen video- en computerspellen dat waarschijnlijk ook kunnen. Ook gewenning is denkbaar bij video- en computerspellen, vooral omdat het geweld in de nieuwste generatie spellen qua realisme en gedetailleerdheid sterk overeenkomt met film- en televisiegeweld.

Agressie door frustratie.   Een van de belangrijkste verschillen tussen televisie en video- en computerspellen is dat een computerspelspeler kan winnen of verliezen, en een televisiekijker niet. Aangezien veel video- en computerspellen een voortdurende uitdaging bieden door steeds moeilijker te worden, mislukken vechtacties vaak meermalen voordat ze tot succes leiden. Het is dan ook voorstelbaar dat de speler gedurende het spel gefrustreerd raakt. Volgens de Amerikaanse onderzoeker Dollard en collega's (1939) kan de frustratie die optreedt als iemand keer op keer zijn doel niet bereikt, agressie veroorzaken. De 'frustratie-agressiegedachte' is onderzocht in een onderzoek van Marcel Keij (1995), waarin een aantal jongens van twaalf tot achttien jaar het videospel *Mortal Kombat* speelde. Geen van de jongens had het spel eerder gespeeld. Bij één deel van de jongens bracht Keij voordat ze begonnen een speciale 'vereenvoudigingscode' aan in het spel, waardoor de kans groot werd dat de jongens het gevecht zouden winnen (de wingroep). Bij een tweede deel van de jongens drukte hij net voor het einde van het gevecht stiekem op de 'reset'- knop van de computer, waardoor deze uitviel (de ongelukgroep). Bij de overige jongens (het derde deel van de groep) deed hij niets. Omdat deze jongens het spel echter voor het eerst deden, was de kans groot dat ze het gevecht zouden verliezen (verliesgroep). Om de frustratie bij het verliezen zo groot mogelijk te maken, werd alle spelers verteld dat eerdere spelers zeer goede resultaten bij het spel hadden behaald, en dat de beste speler een cd-bon zou krijgen. De jongens uit de ongelukgroep, die het meest gefrustreerd zouden moeten zijn, waren na afloop ongeveer tweemaal zo agressief als de jongens in de wingroep. De jongens uit de verliesgroep scoorden qua agressie in het midden. Dit onderzoek suggereert dat frustratie in combinatie met geweld in video- en computerspellen een aannemelijke oorzaak is voor de toename in agressief gedrag na een vechtspel.

Conclusie. Video- en computerspellen hebben verschillende positieve en negatieve effecten op de ontwikkeling van kinderen. Kinderen die veel met de spellen spelen, zijn in het voordeel wat betreft oog-handcoördinatie, ruimtelijk inzicht en ook algemene computervaardigheden. Het is echter niet verstandig om het spelen te overdrijven, want dan kunnen RSI-klachten optreden en bovendien gaat het spelen dan te veel ten koste van andere activiteiten, zoals huiswerk, lezen, sociale contacten en sport. De negatieve effecten van video- en computerspellen hebben vooral met de inhoud van de spellen te maken. Onderzoek leert dat het geweld in de spellen kinderen agressief kan maken.

[1] Verschillende onderzoeksresultaten die in dit hoofdstuk zijn opgenomen, zijn nog niet gepubliceerd. Tenzij anders aangegeven, hebben de resultaten in dit hoofdstuk betrekking op data die Petra Smale in de zomer van 2001 heeft verzameld, en waarover binnenkort gepubliceerd zal worden.

[2] De passages van *gamers* zijn overgenomen uit Ankersmit & Van Veen (1995).

[3] Mark Griffiths (1998) noemt in zijn artikel dat 20% van de kinderen zich classificeert als 'afhankelijk van (verslaafd aan) computerspellen'. Dit percentage is naar mijn inschatting te hoog. Griffiths heeft kinderen die hoger dan 4 op een schaal van 1 tot 8 scoorden als 'afhankelijk van computerspellen' genoemd. De eerste vier vragen van de schaal zijn echter zo algemeen dat vrijwel alle spelers er positief op kunnen antwoorden. Voorbeelden: Speel je vaak elke dag? Speel je vaak langere perioden achter elkaar? Speel je voor de opwinding of kick? En speel je om je score te verbeteren? Het lijkt me onterecht om kinderen die deze vier vragen positief beantwoorden, aan te merken als 'afhankelijk van computerspellen'.

[4] Rob Sijmons, *Vrij Nederland*, 1994.

Referenties

Abma, R. (1990). *Jeugd en tegencultuur: Een theoretische verkenning.* Nijmegen: Sun.

Acuff, D. S. (1997). *What kids buy and why: The psychology of marketing to kids.* New York: Free Press.

Adams, R. J. (1987). An evaluation of color preference in early infancy. *Infant Behavior and Development, 10,* 143-150.

Alexander, A., & Morrison, M. A. (1995). Electric Toyland and the structures of power: An analysis of critical studies on children as consumers. *Critical Studies in Mass Communication, 12,* 344-353.

Anderson, C. A., & Bushman, B. J. (2001). Effects of violent video games on aggressive behavior, aggressive cognition, aggressive affect, physiological arousal, and prosocial behavior: A meta-analytic review of the scientific literature. *Psychological Science, 12*(5), 353-359.

Anderson, D. R., & Burns, J. (1991). Paying attention to television. In J. Bryant & D. Zillmann (Eds.), *Responding to the screen: Reception and reaction processes* (pp. 3-25). Hillsdale, NJ: Erlbaum.

Anderson, D. R., Lorch, E. P., Field, D. E., Collins, P. A., & Nathan, J. G. (1986). Television viewing at home: Age trends in visual attention and time with TV. *Child Development, 57,* 1024-1033.

Anderson, J. C., Williams, S., McGee, R., & Silva, P. A. (1987). DSM-III disorders in preadolescent children. *Archives of General Psychiatry, 44,* 69-76.

Ankersmit, L., & Veen, J. van (1995). *Special moves: Gebruik en betekenis van videospellen.* Doctoraalscriptie. Afdeling Communicatiewetenschap, Universiteit van Amsterdam.

Astington, J. W. (1993). *The child's discovery of the mind.* Cambridge, MA: Harvard University Press.

Atkin, C. K. (1975a). *First year of experimental evidence: The effects of television advertising on children, Report 1.* East Lansing, MI: Michigan State University. (ERIC Document Reproduction Service No. ED116783).

Atkin, C. K. (1975b). *Second year of experimental evidence: The effects of television advertising on children, Report 2.* East Lansing, MI: Michigan State University. (ERIC Document Reproduction Service No. ED116784).

Atkin, C. K. (1975c). *Survey of pre-adolescent's responses to television commercials: The effects of television advertising on children, Report 6.* East Lansing, MI: Michigan State University. (ERIC Document Reproduction Service No. ED116820).

Atkin, C. K. (1975d). *Survey of children's and mother's responses to television commercials: The effects of television advertising on children, Report 8.* East Lansing, MI: Michigan State University. (ERIC Document Reproduction Service No. ED123675).

Atkin, C. K. (1978). Observation of parent-child interaction in supermarket decision-making. *Journal of Marketing, 42*, 41-45.

Atkin, C. K., & Block, M. (1983). Effectiveness of celebrity endorsers. *Journal of Advertising Research, 32*(1), 57-61.

Badinand-Hubert, N., Mureau, M., Hirsch, E., Masnou, P., Nahum, L., Parain, D., & Naquet, R. (1998). Epilepsies and video games: Results of a multicentric study. *Electroencyphalography and Clinical Neurophysiology, 107*(6), 422-477.

Bandura, A. (1965). Influence of model's reinforcement contingencies on the acquisition of imitative responses. *Journal of Personality and Social Psychology, 1*, 589-595.

Bandura, A. (1973). *Aggression: A social learning analysis.* Englewood Cliffs, NJ: Prentice-Hall.

Bandura, A. (1986). *Social foundations of thought and action: A social cognitive theory.* Englewood Cliffs, NJ: Prentice-Hall.

Bandura, A. (1994). Social cognitive theory of mass communication. In J. Bryant & D. Zillmann (Eds.), *Media effects* (pp. 61-90). Hillsdale, NJ: Erlbaum.

Bauer, D. H. (1976). An exploratory study of developmental changes in children's fears. *Journal of Child Psychology and Psychiatry, 17*, 69-74.

Berkowitz, L. (1984). Some effects of thoughts on anti-social and prosocial influences of media effects: A cognitive-neoassociation analysis. *Psychological Bulletin, 95*, 410-427.

Berkowitz, L., & Alioto, J. T. (1973). The meaning of an observed event as a determinant of its aggressive consequences. *Journal of Personality and Social Psychology, 28*, 206-221.

Berkowitz, L., & Powers, P. C. (1979). Effects of timing and justification of witnessed aggression on the observers' punitiveness. *Journal of Research in Personality, 13*, 71-80.

Boer, C. de, & Brennecke, S. I. (1998). *Media en publiek: Theorieën over media-impact.* Amsterdam: Boom.

Boush, D. M. (2001). Mediating advertising effects. In J. Bryant & J. A. Bryant (Eds.), *Television and the American family* (pp. 397-414). Hillsdale, NJ: Erlbaum.

Bruin, J. de (1999). *De spanning van seksualiteit: Plezier en gevaar in jongerenbladen.* Amsterdam: Het Spinhuis.

Bruner, J. S. (1966). On cognitive growth I & II. In J. S. Bruner, R. R. Oliver & P. M. Greenfield (Eds.), *Studies in cognitive growth* (pp. 1-67). New York: John Wiley.

Buckingham, D. (2000). *After the death of childhood: Growing up in the age of electronic media.* Cambridge, UK: Polity Press.

Buijzen, M., & Valkenburg, P. M. (2000a). Television commercials and children's toy wishes. *Journal of Broadcasting and Electronic Media, 44*, 456-469.

Buijzen, M., & Valkenburg, P. M. (2000b). Appeals in commercials gericht op kinderen, adolescenten en volwassenen. *Tijdschrift voor Communicatiewetenschap, 28*, 252-269.

Buijzen, M., & Valkenburg, P. M. (2002). *De effecten van televisiereclame op materialisme, ouder-kind conflict en ongelukkigheid: Een meta-analytisch review.* Manuscript ter publicatie ingediend.

Bushman, B. J. (1998). Priming effects of media violence on the accessibility of aggressive constructs in memory. *Personality and Social Psychology Bulletin*, 24(5), 537-545.

Bushman, B. J., & Huesmann, L. R. (2001). Effects of televised violence on aggression. In D. Singer & J. L. Singer (Eds.), *Handbook of children and the media* (pp. 223-254). Thousand Oaks, CA: Sage.

Cantor, J. (1991). Fright responses to mass media productions. In J. Bryant & D. Zillmann (Eds.), *Responding to the screen* (pp. 169-197). Hillsdale, NJ: Lawrence Erlbaum.

Cantor, J. (1998a). *Mommy I'm scared: How TV and movies frighten children and what we can do to protect them*. San Diego, CA: Harcourt Brace.

Cantor, J. (1998b). Children's attraction to violent television programming. In J. Goldstein (Ed.), *Attractions of violence* (pp. 88-115). New York: Oxford University Press.

Cantor, J. (2001). Fright reactions to mass media. In J. Bryant & D. Zillmann (Eds.), *Media effects*. Hillsdale, NJ: Erlbaum.

Cantor, J., & Hoffner, C. (1990). Children's fear reactions to a televised film as a function of perceived immediacy of depicted threat. *Journal of Broadcasting & Electronic Media, 34*, 421-442.

Cantor, J., & Nathanson, A. I. (1996). Children's fright reactions to television news. *Journal of Communication, 46*, 139-152.

Cantor, J., Wilson, B. J., & Hoffner, C. (1986). Emotional responses to a televised nuclear holocaust film. *Communication Research, 13*, 257-277.

Cantril, H. (1940). *The invasion from Mars: A study in the psychology of panic*. Princeton, NJ: Princeton University Press.

Clavadetscher, J. E., Brown, A. M., Ankrum, C., & Teller, D. Y. (1988). Spectral sensitivity and chromatic discriminations in 3- and 7-week-old human infants. *Journal of the Optical Society of America, 5*, 2093-2105.

Clements, D. H. (1991). Enhancement of creativity in computer environments. *American Educational Research Journal, 28*(1), 173-187.

Cohen, J. (1988). *Statistical power analysis for the behavioral sciences: second edition*. Hillsdale, NJ: Erlbaum.

Cohen, L. B. (1972). Attention-getting and attention-holding processes of infant visual preference. *Child Development, 43*, 869-879.

Constanzo, P. R., & Shaw, M. E. (1966). Conformity as a function of age level. *Child Development, 37*, 967-975.

Corder-Bolz, C. R. (1980). Mediation: The role of significant others. *Journal of Communication, 30*(3), 106-108.

Cunningham, H. (1995). *Children and childhood in Western society since 1500*. London: Addison Wesley Longman Ltd.

Cupitt, M., Jenkinson, D., Ungerer, J., & Waters, B. (1998). *Infants and television*. Sidney, Australia: Australian Broadcasting Authority.

Dasberg, L. (1981). *Grootbrengen door kleinhouden als historisch verschijnsel*. Amsterdam: Boom.

Davidson, S. D. (1999). Cyber-cookies: How much should the public swallow? In D. Shumann & E. Thorson (Eds.), *Advertising and the World Wide Web* (pp. 219-

232). Mahway, NJ: Erlbaum.

Davies, H., Buckingham, D., & Kelley, P. (2000). In the worst possible taste: Children, television and cultural value. *European Journal of Cultural Studies, 3*(1), 5-25.

Davies, M. M. (1997). *Fake, fact, and fantasy: Children's interpretations of television reality.* Hillsdale, NJ: Erlbaum.

Derbaix, C., & Bree, J. (1997). The impact of children's affective reactions elicited by commercials on attitudes toward the advertisement and the brand. *International Journal of Research in Marketing, 14,* 207-229.

Dietz, T. L. (1998). An examination of violence and gender role portrayals in video games: Implications for gender socialization and aggressive behavior. *Sex Roles, 38*(5/6), 425-442.

Dollard, J., Miller, N.E., Doob, L.W., Mowrer, O. H., & Sears, R. H. (1939). *Frustration and aggression.* New Haven, CT: Yale University Press.

Dominick, J. R. (1984). Videogames, television violence, and aggression in teenagers. *Journal of Communication, 34,* 136-147.

Drabman, R. S., & Thomas, M. H. (1974). Does media violence increase toleration of real-life aggression? *Developmental Psychology, 10,* 418-421.

Dubow, J. S. (1995). Advertising recognition and recall by age – including teens. *Journal of Advertising Research, 35*(5), 55-60.

Dunand, M., Berkowitz, L., & Leyens, J. (1984). Audience effects when viewing aggressive movies. *British Journal of Social Psychology, 23,* 69-76.

Egli, E. A., & Meyers, L. S. (1984). The role of video game playing in adolescent life: Is there a reason to be concerned? *Bulletin of the Psychonomic Society, 22,* 209-312.

Elkind, D. (1981). *The hurried child: Growing up too fast too soon.* Reading, MA: Addison-Wesley.

Eron, L. D., Huesmann, L. R., Lefkowitz, M. M., & Walder, L. O. (1972). Does television cause aggression? *American Psychologist, 27,* 253-263.

Fagot, B. I. (1994). Peer relations and the development of competence in boys and girls. *New Directions for Child Development, 65,* 53-65.

Fernald, A. (1985). Four-month-old infants prefer to listen to motherese. *Infant Behavior and Development, 8,* 181-196.

Fernie, D. E. (1981). Ordinary and extraordinary people: Children's understanding of television and real life models. In H. Kelly & H. Gardner (Eds.), *Viewing children through television. New directions in Child Development, 13,* 47-58.

Feshbach, S. (1976). The role of fantasy in response to television. *Journal of Social Issues, 32*(4), 71-86.

Finkelhor, D., Mitchell, K. J., & Wolak, J. (2000). *Online victimization: A report on the nation's youth.* National Centre for Missing & Exploited Children. Online available: www.missingkids.com.

Fischer, P. M., Schwartz, M. P., Richards, J. W., Goldstein, A. O., & Rojas, T. H. (1991). Brand logo recognition by children aged 3 to 6 years. *JAMA, 266,* 3145-3148.

Flavell, J. H., Miller, P., & Miller, S. A. (1993). *Cognitive development.* Englewood Cliffs, NJ: Prentice-Hall.

Flynn, J. R. (1987). Massive IQ gains in 14 nations: What IQ tests really measure. *Psychological Bulletin, 101,* 171-191.

Flynn, J. R. (1999). Searching for justice: The discovery of IQ gains over time. *American Psychologist, 54*(1), 5-20.

Fowles, J. (1999). *The case for media violence.* Thousand Oaks, CA: Sage.

Fraiberg, S. H. (1994). *De magische wereld van het kind.* Houten: Unieboek.

Freedman, J. L. (1984). Effect of television violence on aggressiveness. *Psychological Bulletin, 96,* 227-246.

Frijda, N. H. (1988). The laws of emotion. *American Psychologist, 43,* 349-358.

Frijda, N. H. (1989). Aesthetic emotions and reality. *American Psychologist, 44,* 1546-1547.

Frijda, N. H. (2001). The laws of emotion. In W. G. Parrott (Ed.), *Emotions in social psychology* (pp. 57-70). Ann Arbor, MI: Edwards Brothers.

Fritz, J. (1995). *Warum computerspiele faszinieren: Empirische Annäherungen an Nutzung und Wirkung von Bildschirmspiele.* Weinheim: Juventa Verlag.

Gagnon, D. (1985). Videogames and spatial skills. *Educational Communication and Technology, 33,* 263-275.

Galst, J. P., & White, M. A. (1976). The unhealthy persuader: The reinforcing value of television and children's purchase-influencing attempts at the supermarket. *Child Development, 47,* 1089-1096.

Ganchrow, J. R., Steiner, J. E., & Daher, M. (1983). Neonatal facial expressions to different qualities and intensities of gustatory stimulation. *Infant Behavior and Development, 6,* 189-200.

Geen, R. G., & Rakosky, J. J. (1973). Interpretations of observed aggression and their effects on GSR. *Journal of Experimental Research in Personality, 25,* 289-292.

Gerbner, G. (1992, December). *Testimony at hearings on violence on television before the House Judiciary Committee, Subcommittee on Crime and Criminal Justice, New York* (field hearing).

Gerbner, G., Gross, L., Morgan, M., & Signorielli, N. (1994). Growing up with television: The cultivation perspective. In J. Bryant & D. Zillmann (Eds.), *Media effects: Advances in theory and research* (pp. 17-42). Hillsdale, NJ: Erlbaum.

Ghesquiere, R. (1988). *Het verschijnsel jeugdliteratuur.* Leuven, België: Acco.

Giroux, H. (1998). Are Disney movies good for your kids? In S. Steinberg & J. Kincheloe (Eds.), *Kinderculture: The corporate construction of childhood* (pp. 53-68). Boulder, CO: Westview.

Goldberg, M. E. (1990). A quasi-experiment assessing the effectiveness of TV advertising directed to children. *Journal of Marketing Research, 27,* 445-454.

Goldberg, M. E., & Gorn, G. J. (1978). Some unintended consequences of TV advertising to children. *Journal of Consumer Research, 5*(1), 22-29.

Goldstein, J. H. (1998). *Why we watch: The attractions of violent entertainment.* New York: Oxford University Press.

Gorn, G. J., & Florsheim, R. (1985). The effects of commercials for adult products on children. *Journal of Consumer Research, 11,* 962-967.

Gorn, G. J., & Goldberg, M. E. (1977). The impact of television advertising on children from low-income families. *Journal of Consumer Research, 4,* 86-88.

Gorn, G. J., & Goldberg, M. E. (1980). Children's responses to repetitive television commercials. Journal of Consumer Research, 6, 421-424.

Graf, W. D., Chatrian, G. E., Glass, S. T., & Knauss, T. A. (1994). Video game-related seizures: A report on 10 patients and a review of the literature. Pediatrics, 93(4), 551-556.

Greenberg, B. S., & Brand, J. E. (1993). Television news and advertising in schools: The 'Channel One' controversy. Journal of Communication, 43(1), 143-151.

Greenberg, D. J., & O'Donnell, W. J. (1972). Infancy and the optimal level of stimulation. Child Development, 43, 639-645.

Greenfield, P. (1998). The cultural evolution of IQ. In U. Neisser (Ed.), The rising curve: Long-term gains in IQ and related measures (pp. 81-123). Washingron, DC: American Psychological Association.

Greenfield, P. M., Brannon, C., & Lohr, D. (1994). Two-dimensional representation of movement through three-dimensional space: The role of video game expertise. Journal of Applied Developmental Psychology, 15, 87-103.

Greenfield, P. M., de Winstanley, P., Kilpatric, H., & Kaye, D. (1994). Action video games and informal education: Effects on strategies for dividing visual attention. Journal of Applied Developmental Psychology, 15, 105-123.

Griffith, J. L., Voloschin, P., Gibb, G. D., & Bailey, J. R. (1983). Differences in eye-hand motor coordination of video-game users and non-users. Perceptual & Motor Skills, 69, 243-247.

Griffiths, M. D. (1998). Dependence on computer games by adolescents. Psychological Reports, 82, 475-480.

Griffiths, M. D., & Hunt, N. (1995). Computer game playing in adolescence: Prevalence and demographic indicators. Journal of Community and Applied Social Psychology, 5, 189-193.

Grodal, T. (2000). Video games and the pleasures of control. In D. Zillmann & P. Vorderer (Eds.), Media entertainment: The psychology of its appeal. Mahwah, NJ: Erlbaum.

Gullone, E. (2000). The development of normal fear: A century of research. Clinical Psychology Review, 20, 429-451.

Gunter, B., & Furnham, A. (1984). Perceptions of television violence: Effects of programme genre and type of violence on viewers' judgments of violent portrayals. British Journal of Social Psychology, 23, 155-164.

Gunter, B., McAleer, J., & Clifford, B. R. (1991). Children's view about television. Aldershot, UK: Avebury Academic Publishing Group.

Hall, J., Shaw, M., Johnson, M., & Oppenheim, P. (1995). Influence of children on family consumer decision making. European Advances in Consumer Research, 2, 45-53.

Harris, P. L. (2000). Understanding children's worlds: The work of the imagination. Oxford, UK: Blackwell.

Harris, R. (1999). A cognitive psychology of mass communication. Hillsdale, NJ: Erlbaum.

Heath, L. (1984). Impact of newspaper crime reports on fear of crime: Multimethodological investigation. *Journal of Personality and Social Psychology, 47*, 263-276.

Heeter, C. (1988). Gender differences in viewing styles. In C. Heeter & B. Greenberg (Eds.), *Cableviewing*. Norwood, NJ: Ablex Publishing Company.

Henke, L. L. (1999). Children, advertising and the Internet: An exploratory study. In D. Shumann & E. Thorson (Eds.), *Advertising and the World Wide Web* (pp. 73-79). Mahway, NJ: Erlbaum.

Heslop, L. A., & Ryans, A. B. (1980). A second look at children and the advertising of premiums. *Journal of Consumer Research, 6*, 414-420.

Hicks, D. J. (1965). Imitation and retention of film-mediated aggressive peer and adult models. *Journal of Personality and Social Psychology, 2*, 97-100.

Himmelweit, H. T., Oppenheim, A. N., & Vince, P. (1958). *Television and the child: An empirical study of the effect of television on the young*. London, UK: Oxford University Press.

Hite, C. R., & Hite, R. E. (1995). Reliance on brand by young children. *Journal of the Marketing Research Society, 37*(2), 185-193.

Hoekstra, S. J., Harris, R. J., & Helmick, A. L. (1999). Autobiographical memories about the experience of seeing frightening movies in childhood. *Media Psychology, 1*, 117-140.

Hoffman, M. L. (2000). *Empathy and moral development: Implications for caring and justice*. Cambridge, UK: Cambridge University Press.

Hoffner, C., & Cantor, J. (1985). Developmental differences in children's responses to a television character's appearance and behavior. *Developmental Psychology, 21*, 1065-1074.

Hoffner, C., & Cantor, J. (1991). Perceiving and responding to mass media characters. In J. Bryant & D. Zillmann (Eds.), *Responding to the screen: Reception and reaction processes* (pp. 63-102). Hillsdale, NJ: Erlbaum.

Holden, G. W. (1983). Avoiding conflict: Mothers as tacticians in de supermarket. *Child Development, 54*, 233-240.

Hovland, C., & Weiss, W. (1951). The influence of source credibility on communication effectiveness. *Public Opinion Quarterly, 15*, 635-650.

Howard, S. (1998). Unbalanced minds? Children thinking about television. In S. Howard (Ed.), *Wired-up: Young people and the electronic media* (pp. 57-76). London: UCL Press.

Isler, L., Popper, E. T., & Ward, S. (1987). Children's purchase requests and parental responses: Results from a diary study. *Journal of Advertising Research, 27*(5), 29-39.

Jaglom, L. M., & Gardner, H. (1981). The preschool viewer as anthropologist. In H. Kelly, & H. Gardner (Eds.), Viewing children through television. *New directions in Child Development, 13*, 9-29.

James, N. C., & McCain, T. A. (1982). Television games preschool children play: Patterns, themes and uses. *Journal of Broadcasting, 26*, 783-800.

Johnston, D. D. (1995). Adolescents' motivations for viewing graphic horror. *Human Communication Research, 231*, 522-552.

Joy, L. A., Kimball, M. M., & Zabrack, M. L. (1986). Television and children's aggressive behavior. In T. M. Williams (Ed.), *The impact of television: A natural experiment in three communities* (pp. 303-360). Orlando, FL: Academic Press.

Keij, M. (1995). *C'est plus fort que toi.* Doctoraalscriptie. Afdeling Communicatie-wetenschap, Universiteit van Amsterdam.

Kellner, D. (1998). Beavis and Butt-Head: No future for postmodern youth. In S. Steinberg & J. L. Kincheloe (Eds.), *Kinderculture: The corporate construction of childhood* (pp. 85-102). Boulder, CO: Westview Press.

Kent, R. D., & Miulo, G. (1995). Phonetic abilities in the first year of life. In P. Fletcher & B. MacWhinney (Eds.), *The handbook of child language.* Cambridge, MA: Blackwell.

Kiesler, S., Siegel, J., & McGuire, T. W. (1984). Social psychological aspects of computer-mediated communication. *American Psychologist, 39*(10), 1123-1134.

Kinder, M. (1996). Contextualizing video game violence: From Teenage Mutant Ninja Turtles 1 to Mortal Kombat 2. In P. M. Greenfield & R. R. Cocking (Eds.), *Interacting with video* (pp. 25-38). Norwood, NJ: Ablex Publishing.

Kinder, M. (1999). *Kids' media culture.* London: Duke University Press.

King, N. J., Gullone, E., & Ollendick, T. H. (1998). Etiology of childhood phobias: Current status of Rachman's three pathways theory. *Behaviour Research and Therapy, 36*, 297-309.

Kirby, L. (1988). Male hysteria and early cinema. *Camera Obscura, 17*, 112-131.

Klapper, J. T. (1960). *The effects of mass communication.* New York: Free Press.

Kraut, R., Patterson, M., Lundmark, V., Kiesler, S., Mukopadhyay, T., & Scherlis, W. (1998). Internet paradox: A social technology that reduces social involvement and psychological well-being? *American Psychologist, 53*(9), 1017-1031.

Krcmar, M., & Valkenburg, P. M. (1999). A scale to assess children's moral interpretations of justified and unjustified violence and its relationship to television viewing. *Communication Research, 26*, 608-634.

Kubey, R., & Larson, R. (1990). The use and experience of the new video media among children and young adolescents. *Communication Research, 17*, 107-130.

Kuhlman, J. S., & Beitel, P. A. (1991). Videogame experience: A possible explanation for differences in anticipation of coincidence. *Perceptual and Motor Skills, 72*, 483-488.

Kunkel, D. (1988). Children and host-selling television commercials. *Communication Research, 15*, 71-92.

Lasswell, H. D. (1927). *Propaganda technique in the World War.* New York: Peter Smith.

Leaper, C. (1994). Exploring the consequences of gender segregation on social relationships: Causes and consequences. *New Directions for Child Development, 65*, 67-85.

Lemish, D. (1987). Viewers in diapers: The early development of television viewing. In T.R. Lindlof (Ed.), *Natural audiences: Qualitative research of media uses and effects* (pp. 33-57). Norwood, NJ: Ablex.

Lenhart, A., Rainie, L., & Lewis, O. (2001). *Teenage life online: The rise of the Instant-Message generation and the Internet's impact on friendships and family relations.* Washington, DC: Pew Internet & American Life Project. Online available:

www.pewinternet.org.

Lesser, G. S. (1974). *Children and television : Lessons from Sesame Street*. New York: Random House.

Leyens, J. P., Camino, L., Parke, R. D., & Berkowitz, L. (1975). Effects of movie violence on aggression in a field setting as a function of group dominance and cohesion. *Journal of Personality and Social Psychology, 32*, 346-360.

Lin, S., & Lepper, M. (1987). Correlates of children's usage of video games and computers. *Journal of Applied Social Psychology, 17*, 72-93.

Linn, M. C., Benedictis, T. de, & Delucchi, K. (1982). Adolescent reasoning about advertisements: Preliminary investigations. *Child Development, 53*, 1599-1633.

Linz, D. G., Donnerstein, E., & Penrod, S. (1984). The effects of multiple exposures to filmed violence against women. *Journal of Communication, 34*(3), 130-147.

Livingstone, S. (1998). *Making sense of television: The psychology of audience interpretation*. London: Routledge.

Livingstone, S., & Bovill, M. (1999). *Young people, new media. Report of the research project children, young people, and the changing media environment*. London: London School of Economics and Political Science.

Loughlin, M., & Desmond, R. J. (1981). Social interaction in advertising directed to children. *Journal of Broadcasting, 25*, 303-307.

Luke, C. (1990). *TV and your child*. Sydney, Australia: Angus and Robertson.

Luykx, T. H. (1970). *Overzicht van de ontwikkeling der communicatiemedia*. Brussel, België: Elsevier Sequioia.

Maccoby, E. (1951). Television: Its impact on school children. *Public Opinion Quarterly, 15*, 421-444.

Maccoby, E. E. (1988). Gender as a social category. *Developmental Psychology, 24*, 755-765.

Maccoby, E. E. (1990). Gender and Relationships: A developmental account. *American Psychologist, 45*, 513-520.

Macgregor, D. M. (2000). Nintendonitis? A case report of repetitive strain injury in a child as a result of playing computer games. *Scottisch Medical Journal, 45*(5), 150.

Macklin, M. C. (1983). Do children understand TV ads? *Journal of Advertising Research, 23*(1), 63-70.

Macklin, M. C. (1994). The effects of an advertising retrieval cue on young children's memory and brand evaluations. *Psychology & Marketing, 11*, 291-311.

Macklin, M. C. (1996). Preschoolers' learning of brand names from visual cues. *Journal of Consumer Research, 23*, 251-261.

Mangleburg, T. F. (1990). Children's influence in purchase decisions: A review and critique. *Advances in Consumer Research, 17*, 813-825.

Martin, C. L. (1994). Cognitive influences on the development and maintenance of gender segregation. *New Directions for Child Development, 65*, 35-51.

Martin, M. C., & Kennedy, P. F. (1993). Advertising and social consequences for female preadolescents and adolescents. *Psychology & Marketing, 10*, 513-530.

Maurer, A. (1965). What children fear? *The Journal of Genetic Psychology, 106*, 265-

277.

McCartney, K., & Rosenthal, R. (2000). Effect size, practical importance, and social policy for children. *Child Development, 71*, 173-180.

McGhee, P. E. (1979). *Humor: Its origin and development.* San Francisco: W. H. Freeman and Company.

McLaren, P., & Morris, J. (1998). Mighty Morphin Power Rangers: The aesthetics of phallo-militaristic justice. In S. Steinberg & J. L. Kincheloe (Eds.), *Kinderculture* (pp. 115-128). Boulder, CO: Westview Press.

McNeal, J. U. (1992). *Kids as customers: A handbook of marketing to children.* New York: Lexington Books.

McNeal, J. U. (1999). *The kids market: Myths and realities.* New York: Paramount Market Publishing.

Meltzoff, A. N., & Moore, M. K. (1989). Imitation in newborn infants: Exploring the range of gestures initiated and the underlying mechanisms. *Developmental Psychology, 27*, 222-235.

Meyrowitz, J. (1985). *No sense of place: The impact of electronic media on social behavior.* New York: Oxford University Press.

Middelmann, A., & Melzer, B. (1984). The importance of brand preference in adolescence for brand loyalty later on – new answers to a fundamental question of youth marketing. In *Seminar on marketing to children and young consumers – Tactics for today, and strategies for tomorrow* (pp. 161-176). Nuerenberg, Germany: European Society for Opinion and Marketing Research.

Mielke, K. W. (1983). Formative research on appeal and comprehension in 3-2-1 contact. In J. Bryant & D. Anderson (Eds.), *Children's understanding of television: Research on attention and comprehension* (pp. 241-263). Hillsdale, NJ: Erlbaum.

Miller, J. H., & Busch, P. (1979). Host selling vs. premium TV commercials: An experimental evaluation of their influence on children. *Journal of Marketing Research, 16*, 323-332.

Mischel, H. N., & Mischel, W. (1983). The development of children's knowledge of self-control strategies. *Child Development, 53*, 603-619.

Mischel, W., & Ebbeson, E. B. (1970). Attention in delay of gratification. *Journal of Personality and Social Psychology, 16*, 329-337.

Mitchel, E. (1985). The dynamics of family interaction around home video games. *Marriage and the Family Review, 8*, 121-135.

Mitchel, K. J., Finkelhor, D., & Wolak, J. (2001). Risk factors for and impact of online sexual solicitation on youth. *JAMA, 285*, 3011-3014.

Mizerski, R. (1995). The relationship between cartoon trade character recognition and attitude toward product category in young children. *Journal of Marketing, 59*, 58-70.

Montgommery, K. (2000). Children's media culture in the new millennium: Mapping the digital landscape. *Future of the Children, 20*(2), 145-168.

Moog, H. (1976). The development of musical experience in preschool children. *Psychology of Music, 4*(2), 38-45.

Moore, E. S., & Lutz, R. J. (2000). Children, advertising, and product experiences: A multimethod inquiry. *Journal of Consumer Research 27*, 31-48.

Moschis, G. P., & Moore, R. L. (1981). A study of the acquisition of desires for products and brands. In K. Bernardt, I. Dolich, M. Etzel, W. Hehoe, T. Kinnear, W. Perreault, & K. Roering (Eds.), *The changing marketing environment: New theories and applications* (pp. 201-204). Chicago, IL: American marketing Association.

Moschis, G. P., & Moore, R. L. (1982). A longitudinal study of television advertising effects. *Journal of Consumer Research, 9,* 279-286.

Muris, P., Merckelbach, H., & Collaris, R. (1997). Common childhood fears and their origins. *Behaviour Research and Therapy, 35,* 929-937.

Muris, P., Merckelbach, H., Gadet, B., & Moulaert, V. (2000). Fears, worries, and scary dreams in 4- to 12-year-old children: Their content, developmental pattern, and origins. *Journal of Clinical Child Psychology, 29,* 43-52.

Musgrave, F. (1966). *The family, education and society.* London: Routledge and Kegan Paul.

Nathanson, A. (1999). Identifying the relationship between parental mediation and children's aggression. *Communication Research, 26,* 124-144.

Neelankavil, J. P., O'Brien, J. V., & Tashjian, R. (1985). Techniques to obtain market-related information from very young children. *Journal of Advertising Research, 25*(3), 41-47.

Neijens, P. (2000). *Verleidingskunsten op het raakvlak van voorlichting, commercie en vrije publiciteit.* Inaugurele rede. Amsterdam: Vossiuspers AUP.

Neisser, U. (1998). Using test scores and what they mean. In U. Neisser (Ed.), *The rising curve: Long-term gains in IQ and related measures* (pp. 3-22). Washington, DC: American Pscyhological Association.

Nelson, K. (1973). Structure and strategy in learning to talk. *Monographs of the Society for Research in Child Development, 38* (1-2, serial no. 149).

Nelson, M. R., & Steinberg, S. R. (1998). Dealing from the bottom of the deck: The business of trading cards, past to present. In S. Steinberg & J. L. Kincheloe (Eds.), *Kinderculture* (pp. 181-206). Boulder, CO: Westview Press.

Nomikos, M., Opton, E., Avetrill, J., & Lazarus, R. (1968). Surprise versus suspense in the production of stress reaction. *Journal of Personality and Social Psychology, 8,* 204-208.

NOP Research Group (2000, July). *Mobile phones: The teen's must have.* Online available: www.nop.co.uk.

O'Brien, M., & Huston, A. C. (1985). Development of sex-typed play behavior in toddlers. *Developmental Psychology, 21*(5), 866-871.

Okagaki, L., & Frensch, P. A. (1994). Effects of video game playing on measures of spatial performance: Gender effects in late adolescents. *Journal of Applied Developmental Psychology, 15,* 33-58.

Ollendick, T. H., & King, N. J. (1991). Origins of childhood fears: An evaluation of Rachman's theory of fear acquisition. *Behaviour Research and Therapy, 29,* 117-123.

Osborn, D. K., & Endsley, R. C. (1971). Emotional reactions of young children to tv violence. *Child Development, 42,* 321-331.

Paik, H. (2001). The history of children's use of electronic media. In D. Singer &

J. Singer (Eds.), *Handbook of children and the media* (pp. 7-28). Thousand Oaks, CA: Sage.

Paik, H., & Comstock, G. (1994). The effects of television violence on antisocial behavior: A meta-analysis. *Communication Research, 21*, 516-546.

Parker, J. (1995). Age differences in source monitoring of performed and imagined actions on immediate and delayed tests. *Journal of Experimental Child Psychology, 60*, 84-101.

Parks, M. R., & Roberts, L. D. (1998). 'Making MOOsic': The development of personal relationships on line and a comparison to their off-line counterparts. *Journal of Social and Personal Relationships, 15*(4), 517-537.

Peck, E. (1999). *Gender differences in film-induced fear as a function of type of emotion measure and stimulus content: A meta analysis and laboratory study.* Unpublished doctoral dissertation. University of Wisconsin, Madison.

Peeters, A. L., & Valkenburg, P. M. (1999). *Classificatie van audiovisuele media: Wat willen ouders?* Hilversum: NOS Kijk- en Luisteronderzoek.

Phelps, J. E., & Hoy, M. G. (1996). The Aad-Ab-PI relationship in children: The impact of brand familiarity and measurement timing. *Psychology & Marketing, 13*(1), 77-105.

Piaget, J. (1929). *The child's conception of the world.* London: Routledge & Kegan.

Piaget, J. (1954). *The construction of reality in the child.* New York: Basic Books.

Piaget, J. (1981). *Intelligence and affectivity: Their relationship during child development.* Palo Alto, CA: Annual Reviews.

Postman, N. (1983). *The disappearance of childhood.* London: W. H. Allen.

Provenzo, E. (1991). *Video kids: making sense of Nintendo.* Cambridge, MA: Harvard University Press.

Rachman, S. J. (1991). Neoconditioning and the classical theory of fear acquisition. *Clinical Psychology Review, 11*, 155-173.

Rakow, L. (1988). Women and the telephone: the gendering of a communications technology. In C. Kramarae (Ed.), *Technology and women's voices: keeping in touch* (pp. 207-229). New York: Routledge en Kegan Paul.

Rice, M. L., Huston, A. C., Truglio, A. C., & Wright, J. (1990). Words from 'Sesame Street': Learning vocabulary while viewing. *Developmental Psychology, 26*, 421-428.

Richards, J., & Gibson, T. (1997). Extended visual fixation in young infants: Fixation distributions, heart rate changes, and attention. *Child Development, 68*, 1041-1056.

Richins, M. L. (1991). Social comparison and the idealized images of advertising. *Journal of Consumer Research, 18*, 71-83.

Riecken, G., & Ugur, Y. (1990). Children's general, product and brand-specific attitudes towards television commercials. *International Journal of Advertising, 9*, 136-148.

Roberts, D. F. (2000). Media and youth: Access, exposure and privatisation. *Journal of Adolescent Health, 27*(2), 8-14.

Roberts, D. F., Foehr, U. G., Rideout, V. J., & Brodie, M. (1999). *Kids & media at the new millennium.* Menlo Park, CA: Kaiser Family Foundation.

Robertson, T. S., Rossiter, J. R., & Ward, S. (1985). Consumer satisfaction among children. *Advances in Consumer Research*, 12, 279-284.

Roschelle, J. M., Pea, R. D., Hoadley, C. M., Gordin, D. N., & Means, B. M. (2000). Changing how and what children learn in school with computer-based technologies. *Future of Children*, 10(2), 76-101.

Rosengren, K. E., & Windahl, S. (1989). *Media matter: TV use in childhood and adolescence*. Norwood, NJ: Ablex.

Rosenthal, R., & Rubin, D. B. (1982). A simple, general purpose display of magnitude of experimental effect. *Journal of Educational Psychology*, 74, 166-169.

Ross, R. P., Campbell, T., Wright, J. C., Huston, A. C., Rice, M. L., & Turk, P. (1981). When celebrities talk, children listen: An experimental analysis of children's responses to TV ads with celebrity endorsement. *Journal of Applied Developmental Psychology*, 5, 185-202.

Ruff, H. A., & Lawson, K. R. (1990). Development of sustained focused attention in young children during free play. *Developmental Psychology*, 26, 85-93.

Sanger, J., Willson, J., Davis, B., & Whittaker, R. (1997). *Young children, videos and computer games: Issues for teachers and parents*. London: Falmer Press.

Sapolsky, B. S., & Molitor, F. (1996). Content trends in contemporary horror films. In J. B. Weaver & R. Tamborini (Eds.), *Horror films: Current research on audience preferences and reactions* (pp. 33-48). Hillsdale, NJ: Erlbaum.

Sapolsky, B. S., & Zillmann, D. (1978). Experience and empathy: Affective reactions to witnessing child-birth. *Journal of Social Psychology*, 105, 131-144.

Sarafino, E. P. (1986). *The fears of childhood*. New York: Human Science Press.

Schie, E. van, Wiegman, O., Kuttschreuter, M., & Boer, H. (1996). Speelfrequentie, vrijetijdsbesteding en sociale integratie bij computerspelen. *Tijdschrift voor Communicatiewetenschap*, 24, 29-39.

Schramm, W., Lyle, J., & Parker, E. (1961). *Television in the lives of children*. Stanford, CA: Stanford University Press.

Seiter, E. (1998). Children's desires/Mothers dilemmas: The social context of consumption. In H. Jenkins (Ed.), *The children's culture reader* (pp. 297-317). New York: New York University Press.

Selman, R. L. (1980). *The growth of interpersonal understanding*. New York: Academic Press.

Selman, R. L., & Byrne, D. (1978). A structural analysis of levels of role-taking in middle childhood. *Child Development*, 45, 803-807.

Setten, H. van (1987). *In de schoot van het gezin: Opvoeding in Nederlandse gezinnen in de twintigste eeuw*. Nijmegen: Sun.

Severin, W. J., & Tankard, J. W. (1997). *Communication theories: Origins, methods, and uses in the mass media: Fourth edition*. White Plains, NY: Longman.

Sheldon, L. (1998). Children and television: Cool or just plain boring. In S. Howard (Ed.), *Wired-up: Young people and the electronic media* (pp.77-94). London, UK: UCL Press Ltd.

Sheldon, L., & Loncar, M. (1996). *Kids talk TV: 'Super wicked' or 'dum'*. Sidney, Australia: Australian Broadcasting Authority.

Sheldon, L., Ramsay, G., & Loncar, M. (1994). *'Cool' or 'gross': Children's attitudes to violence, kissing and swearing on television.* Sidney, Australia: Australian Broadcasting Authority.

Sherry, J. (2001). The effects of violent video games on aggression? A meta-analysis. *Human Communication Research, 27,* 409-431.

Shimp, T. A., Dyer, R. F., & Devita, S. F. (1976). An experimental test of the harmful effects of premium-oriented commercials. *Journal of Consumer Research, 3,* 1-11.

Siegler, R. S. (1998). *Children's thinking: Third Edition.* Englewood Cliffs, NJ: Prentice Hall.

Smith, S., & Wilson, B. J. (2000). Children's reactions to a television news story: The impact of video footage and proximity of the crime. *Communication Research, 27,* 641-673.

Sparks, G. G. (1986). Developmental differences in children's reports of fear induced by the mass media. *Child Study Journal, 16,* 55-66.

Sparks, G. G., & Sparks, C. W. (2000). Violence, mayhem, and horror. In D. Zillmann & P. Vorderer (Eds.), *Media entertainment: The psychology of its appeal* (pp. 73-92). Hillsdale, NJ: Erlbaum.

Steinberg, S., & Kincheloe, J. L. (1998). *Kinderculture.* Boulder, CO: Westview Press.

Stoneman, Z., & Brody, G. H. (1983). Immediate and long-term recognition and generalization of advertised products as a function of age and presentation mode. *Developmental Psychology, 19,* 56-61.

Stotland, E. (1969). Exploratory investigations of empathy. In L. Berkowitz (Ed.), *Advances in experimental social psychology* (pp. 271-314). New York: Academic Press.

Subrahmanyam, K., & Greenfield, P. M. (1994). Effect of video game practice on spatial skills in girls and boys. *Journal of Applied Developmental Psychology, 15,* 13-32.

Subrahmanyam, K., & Greenfield, P. M. (1998). Computer games for girls: What makes them play? In J. Cassell & H. Jenkins (Eds.), *From Barbie to Mortal Kombat: Gender and computer games* (pp. 46-71). Cambridge, MA: MIT press.

Subrahmanyan, K., Greenfield, P., Kraut, R., & Gross, E. F. (2001). The impact of computer use on children's and adolescents' development. *Journal of Applied Developmental Psychology, 22*(1), 7-30.

Subrahmanyam, K., Kraut, R. E., Greenfield, P. M., & Gross, E. F. (2000). The impact of home computer use on children's activities and development. *The Future of Children, 10*(2), 123-144.

Tamborini, R., & Weaver, J. (1996). Frightening entertainment: A historical perspective of fictional horror. In J. B. Weaver & R. Tamborini (Eds.), *Horror films: Current research on audience preferences and reactions* (pp. 1-14). Hillsdale, NJ: Erlbaum.

Thayer, J. F., & Levinson, R. W. (1983). Effects of music on psychophysiological responses to a stressful film. *Psychomusicology, 3,* 44-52.

Thomas, M. H., Horton, R. W., Lippincott, E. C., & Drabman, R. S. (1977). Desensitization to portrayals of real-life aggression as a function of exposure to television violence. *Journal of Personality and Social Psychology, 35,* 450-458.

Thompson, K. M., & Haninger, K. (2001). Violence in e-rated video games.

JAMA, 286(5), 591-597.

Tobin, J. (2000). *Good guys don't wear hats: Children's talk about the media.* New York: Teachers College Press.

Turow, J. (2001). Family boundaries, commercialism, and the Internet: A framework for research. *Journal of Applied Developmental Psychology, 22*, 73-86.

Turow, J., & Nir, L. (2000). *The Internet and the family 2000: The view from parents, the view from kids.* Washington DC: The Annenberg Public Policy Center.

Ullian, D. Z. (1977). The development of conceptions of masculinity and femininity. *Dissertation Abstracts International, 37*(7-B)3590.

Valkenburg, P. M. (1997). *Vierkante ogen: Opgroeien met tv en pc.* Amsterdam: Balans.

Valkenburg, P. M. (1999). De ontwikkeling van kind tot consument. *Tijdschrift voor Communicatiewetenschap, 27*, 30-46.

Valkenburg, P. M. (2001). Television and children's developing imagination. In D. Singer & J. Singer (Eds.), *Handbook of research on children and the media* (pp. 121-134). Thousand Oaks, CA: Sage.

Valkenburg, P. M., & Cantor, J. (2000). Children's likes and dislikes of entertainment programs. In D. Zillmann & P. Vorderer (Eds.), *Media entertainment: The psychology of its appeal* (pp. 135-152). Hillsdale, NJ: Erlbaum.

Valkenburg, P. M., & Cantor, J. (2001). The development of a child into a consumer. *Journal of Applied Developmental Psychology, 22*, 61-72.

Valkenburg, P. M., Cantor, J., & Peeters, A. L. (2000). Fright reactions to television: A Child Survey. *Communication Research, 27*, 82-99.

Valkenburg, P. M., & Hellendoorn, J. (1992). Fantasie. In T. W. J. Schulpen, G. Cluckers, M. Meijer, R. Kohnstamm, R. Willemaers, J. Rispens & G. A. Bakker (Eds.), *Handboek kinderen en adolescenten: Vol. 17* (pp. 1-17). Deventer: Van Loghum Slaterus.

Valkenburg, P. M., & Janssen, S. C. (1999). What do children value in entertainment programs? A cross-cultural investigation. *Journal of Communication. 26*, 3-21.

Valkenburg, P. M., & Soeters, K. (2001). Children's positive and negative experiences with the Internet. *Communication Research, 28*, 653-676.

Valkenburg, P. M., Walma van der Molen, J., & Peeters, A. L. (2001). Should news on child homicides be broadcast? Opinions of parents, teachers, and children. *Communications:The European Journal of Communication Research, 26*, 229-245.

Valkenburg, P. M., & Wijnbergen, C. van (2002). Merklogoherinnering bij vier- tot negenjarige kinderen. *Tijdschrift voor Communicatiewetenschap, 29*. In druk.

Venn, J. R., & Short, J. G. (1973). Vicarious classical conditioning of emotional responses in nursery school children. *Journal of Personality and Social Psychology, 28*, 249-255.

Voort, T. H. A. van der (1997). *De invloed van televisiegeweld.* Amsterdam/Lisse: Swets & Zeitlinger.

Vroone, M. (1999). *Baby's, peuters en kleuters en hun televisiegedrag.* Doctoraalscriptie. Afdeling Communicatiewetenschap, Universiteit van Amsterdam.

Walker, J. R., & Bellamy, R. V. (2001). Remote control devices and family viewing. In J. Bryant & J. A. Bryant (Eds.), *Television and the American family* (pp. 75-90).

Mahwah, NJ: Erlbaum.

Walma van der Molen, J. H., Valkenburg, P. M., & Peeters, A. L. (2001). *Television news and fear: A child survey.* Manuscript submitted for publication.

Walters, K. S. (1989). The law of apparent reality and aesthetic emotions. *American Psychologist, 44,* 1545-1546.

Walther, J. G., Anderson, J. F., & Park, D. W. (1994). Interpersonal effects in computer-mediated interaction: A meta-analysis of social and antisocial communication. *Communication Research, 21,* 460-487.

Ward, S., & Wackman, D. B. (1971). Family and media influences on adolescent consumer learning. *American Behavioral Scientist, 14,* 415-427.

Ward, S., & Wackman, D. B. (1972). Children's purchase influence attempts and parental yielding. *Journal of Marketing Research, 9,* 316-319.

Ward, S., Wackman, D. B., & Wartella, E. (1977). *How children learn to buy: The development of consumer information-processing skills.* Beverly Hills, CA: Sage.

Weiss, B. W., Katkin, E. S., & Rubin, B. M. (1968). Relationship between a factor analytically derived measure of a specific fear and performance after related fear induction. *Journal of Abnormal Psychology, 73,* 461-463.

Wellman, H. M. (1990). *The child's theory of mind.* Cambridge, MA: Bradford Books/MIT Press.

Williams, L. A., & Burns, A. C. (2000). Exploring the dimensionality of children's direct influence attempts. *Advances in Consumer Research, 27,* 64-71.

Wilson, B., Kunkel, D., Linz, D., Potter, J., Donnerstein, E., Smith, S., Blumenthal, E., & Berry, M. (1998). Violence in television programming overall. In Center for Communication and Social Policy (Ed.), *National television violence study 2* (pp. 4-204). Thousand Oaks, CA: Sage.

Wilson, B. J., & Weiss, A. J. (1992). Developmental differences in children's reactions to a toy advertisement linked to a toy-based cartoon. *Journal of Broadcasting & Electronic Media, 36,* 371-394.

Wood, W., Wong, F. Y., & Chachere, J. G. (1991). Effects of media violence on viewers aggression in unconstrained social interaction. *Psychological Bulletin, 109,* 371-383.

Woodard, E. H., & Gridina, N. (2000). *Media in the home 2000: The fifth annual survey of parents and children.* Washington, DC: Annenberg Public Policy Center.

Wotring, C. E., & Greenberg, B. S. (1973). Experiments in televised violence and verbal aggression: Two exploratory studies. *Journal of Communication, 23,* 446-460.

Wright, J. C., Huston, A. C., Reitz, A. L., & Piemyat, S. (1994). Young children's perceptions of television reality: Determinants and developmental differences. *Developmental Psychology, 30,* 229-239.

Wright, J. C., St. Peters, M., & Huston, A. C. (1990). Family television use and its relation to children's cognitive skills and social behavior. In J. Bryant (Ed.), *Television and the American family* (pp.227-252). Hillsdale, NJ: Lawrence Erlbaum.

Wright, N. D., & Larsen, V. (1993). Materialism and life satisfaction: A meta-analysis. *Journal of Consumer Satisfaction, Dissatisfaction and Complaining Behavior, 6,*

158-165.

Young, B. (1990). *Television advertising and children.* Oxford, UK: Clarendon Press.

Zillmann, D. (1978). Attribution and misattribution of excitatory reactions. In J. H. Harvey, W. Ickes, & R. F. Kidd (Eds.), *New directions in attribution research* (pp. 335-368). Hillsdale, NJ: Erlbaum.

Zillmann, D. (1982). Television viewing and arousal. In D. Pearl, L. Bouthilet & J. Lazar (Eds.), *Television and behavior: Ten years of scientific progress and implications for the eighties* (pp. 53-67). Washington, DC: US Government Printing Office.

Zillmann, D. (1991). Television viewing and psychological arousal. In J. Bryant & D. Zillmann (Eds.), *Responding to the screen: Reception and reaction processes* (pp. 103-133). Hillsdale, NJ: Erlbaum.

Zillmann, D., & Gibson, R. (1996). Evolution of the horror genre. In J. B. Weaver & R. Tamborini (Eds.), *Horror films: Current research on audience preferences and reactions* (pp. 15-32). Hillsdale, NJ: Erlbaum.

Zillmann, D., Weaver, J. B., Mundorf, N., & Aust, C. F. (1986). Effects of an opposite-gender companion's affect to horror on distress, delight, and attraction. *Journal of Personality and Social Psychology, 51,* 586-594.

Zoonen, L. van (2000). *Virtuele vrouwen: Constructies van gender online.* Inaugurele rede. Universiteit van Maastricht.

Zuckerman, M. (1979). *Sensation seeking: Beyond the optimal level of arousal.* New York: Wiley.

Zuckerman, M. (1996). Sensation seeking and the taste for vicarious horror. In J. B. Weaver & R. Tamborini (Eds.), *Horror films: Current research on audience preferences and reactions* (pp. 147-160). Hillsdale, NJ: Erlbaum.

Zuckerman, P., Ziegler, M., & Stevenson, H. W. (1978). Children's viewing of television and recognition memory of commercials. *Child Development, 49,* 96-104.

Namenregister

Zakenregister